教师教育专业课堂教学技能训练系列教材

中小学信息技术

微格教学教程

主　编　黄宇星

厦门大学出版社
XIAMEN UNIVERSITY PRESS
国家一级出版社
全国百佳图书出版单位

前 言

微格教学是培训教师教育专业学生教学技能的有效方式。本书以教育心理学、教育学和信息技术课程与教学论的理论知识为基础，紧密结合我国中小学信息技术课堂教学的实际，根据信息技术学科教学的特点，对信息技术微格教学最基本的导课技能、提问技能、调控技能、强化技能、变化技能、演示技能、多媒体教学技能、结课技能、板书技能、说课技能、评课技能的概念、特点和实施步骤及评价方案做了详细的阐述；对每个信息技术课堂教学技能的概念与作用、类型与设计、应用与评价作了可操作性的论述和讲解。其中，调控、多媒体教学技能、说课技能、评课技能是我们新的尝试，在同类书中是没有涉及的。

全书力求以提升中小学“信息技术”课程新教师教学水平为出发点，提倡“新课程”、“新理念”、“新方法”，对各项教学技能进行了全面的介绍，突出实践性和可操作性，帮助教师教育专业学生掌握课堂教学的各项技能，提高教学中的实际应用能力。本书采用了中小学信息技术新课程改革的一些典型课例，力图结合当前基础教育新课程改革的现状，有一定的指导价值和意义。本书可作为高等师范院校计算机（师范类）、教育技术专业和各级教育学院的微格教学培训教材或参考书，也可作为中小学信息技术教师的继续教育用书和教学参考书。

本教材由黄宇星策划、编写、统稿，在编写过程中，得到了福建师大教育学院教育技术系以及福建教育学院信息技术研修部老师们的大力支持，在此一并表示真挚的谢意！

由于作者水平有限，在书稿中不免存在不少问题和错误，恳请读者批评指正！

编　者

2013 年 7 月 25 日

目　录

Microteaching
教师教育专业课堂教学技能训练系列教材

微格
Microteaching
教师教育专业课堂教学技能训练系列教材

第一章

微格教学理论研究

第一节　微格教学概述

一、什么是微格教学

微格教学英文 Microteaching,可译为“微型教学”、“微观教学”、“小型教学”等,国内称之为“微格教学”,是一种利用现代教学技术手段来培训教师教学技能的教学方法。通常,让参加培训的学员(师范生或在职教师)分成若干小组。在导师的理论指导下,对一小组学生进行 10 分钟左右的“微格教学”,并当场将实况摄录下来。然后在指导教师引导下,组织小组成员一起反复观看录制成的视听材料,同时进行讨论和评议,最后由导师进行小结。这样依次让所有学员轮流进行多次微格教学训练,使师范生或在职教师的教学技能、技巧有所提高,从而提高教师的整体素质。

微型教学的创始人、美国斯坦福大学爱伦(Dwght W. Allen)教授将它定义为:“它是一种缩小了的可控制的教学环境,它使准备成为或已经是教师的人有可能集中掌握某一特定的教学技能和教学内容。”其实,微格教学是一种通过“讲课→观摩→分析→评价”的方法,通过音视频记录制装置和实验室式的教学练习,对需要掌握的知识、技能进行选择性的模拟,使师范生及在职教师的各种教学行为的训练,变得可被观察、分析和评价。

结合我国实际,微格教学可定义为:“微格教学是一个有目的、有控制的实践系统。它使师范生和教师能集中解决某一特定的教学行为,或在有控制的条件下进行学习。它是建立在教育教学理论、视听理论和教学技术基础上,系

统训练教师教学技能的方法。”[①]

二、微格教学的产生和发展

1. 微格教学的产生

第二次世界大战后，直到20世纪50年代中期，美国的教育状况没有多大改观。1957年10月苏联第一颗人造地球卫星上天，引起美国朝野和教育界的极大震惊。于是，美国从20世纪50年代末开始，开展了较大规模的教育改革运动，其主要目标是为了改变教育状况，使美国的教育水平与现代科学技术的发展相适应。改革涉及教育思想、教育结构、教育评价、教师培训、教学管理以及课程现代化等方面。作为培训教师手段的微格教学，便伴随着现代科学技术的应用，在美国教育改革浪潮中应运而生。

作为教育改革的一部分，美国大学的教育学院对师范生的培训方法进行改革，斯坦福大学的爱伦和他的同事们认为，师资培训的科学化、现代化是师范教育改革的主要任务之一。多年来，师范生在毕业前都要进行教学实习，要像教师一样到课堂上去授课，再由指导教师提出指导意见。爱伦教授和他的同事发现师范生的“角色扮演”(相当于我国的实习试讲)过程存在许多问题，主要有：(1)初登讲台的实习生很难适应正式的教学环境；(2)每个实习生试讲时间太长，指导教师很难自始至终地认真听讲、记录和评估；(3)给实习生评价意见多属印象性的，较笼统，实习生难以操作和改正，一般也没有机会立即改正；(4)试讲学生对自己的教学没有直观感受，难以进行客观的自我评估。

爱伦和他的同事们经过多次反复试验，提出了由师范生自己选择教学内容、缩短教学时间，并用摄像机记录教学过程，以便课后对整个过程进行更细致地观察和研究。1963年，斯坦福大学爱伦教授第一个将手提式摄像机带入课堂，应用于师资培训，创立了微格教学。

2. 微格教学的发展

微格教学出现后，迅速在美国各地得到推广、应用和研究。20世纪60年代末传入英国、德国等欧洲各国，20世纪70年代又传入日本、澳大利亚、新加坡等国家和我国的香港地区，20世纪80年代开始传入中国大陆、印度、泰国、印尼以及非洲的一些国家。

在英国，微格教学得到了教师们的支持，该课程的每部分都引起了教师的广泛兴趣。四年的教育学士课程中，微格教学课程通常被安排在第四学年，学

---

① 孟宪恺：《微格教学基本教程》，北京师范大学出版社1992年版，第1页。

生在教育实习前先学习“微格教学概论”、“课堂交流技巧”的理论和实践及“课堂交流与相互作用分析”。微格教学课程共安排42周，每周5学时，共计210学时，师范生接受了微格教学训练后，再到各中学进行教育实习。20世纪70年代初，澳大利亚悉尼大学教育学院注意到微格教学对师范教育和在职教师进修的促进作用，在初步实践的基础上，由国家投资进行了微格教学课程的开发项目，并编写出版了一套(共五册)《悉尼微格教学技能》教材，在国内外引起了强烈反响，并得到广泛推广。经进一步应用实践，悉尼大学微格教学项目小组又将第一、二分册重新编写，并于1983年出版，教材中的培训技能有强化技能、基本提问技能、变化技能、讲解技能、导入和结束技能及高层次提问技能，对于以上六项技能还配以完整的录像示范资料，使微格教学培训课程更加生动、有效。

微格教学在发展过程中，吸收了许多新的教育思想和方法，使之不断系统化并日趋完善。譬如，美国著名教育心理学家布鲁姆的“教育目标分类”和“掌握学习”理论，加涅的“学习的条件”、“学习的分类”等学习与教学的著名原理，均为微格教学中教学目标的制定、教学技能的划分、教学设计的思想方法提供了理论基础和依据。弗朗德的“师生相互作用分析”为分析教师教学和学生学习行为，提供了记录范畴和分析方法。录像机、电子计算机等教育新媒体的运用，为行为的记录和分析创造了更为理想的条件。目前，许多国家不仅已将微格教学列为师资培训的必修课程，而且还应用于其他教育类别的技能训练中，如职业技术教育、特殊教育、医学、军事、体育、戏剧、舞蹈等，并获得了良好的效果。

3. 我国微格教学的发展

20世纪80年代，微格教学开始传入我国，北京教育学院80年代首次从英国引进了微格教学。从此，微格教学开始在全国各地推广开来。

(1) 微格教学培训的展开

自1983年起，北京教育学院受国家教委师范司的委托，举办了两期外国专家微格教学讲习班，五期国内微格教学讲习班，培养了一批我国开展微格教学的实践和研究人才。1986年原上海教育学院开始运用微格教学，开展在职教师的教育培训，并取得很好的效果。按照国家教育委员会师范教育司的意见和要求，1989年三、四月间，在北京教育学院举办了两期“微格教学研讨班”，全国有70多所教育学院的教师参加学习和研讨。

1991年6月至7月，受国家教育委员会外资贷款办公室委托，在北京举办了“世界银行贷款项目院校教师教育与微格教学讲习班”，聘请了澳大利亚

悉尼大学教育学院的科力夫·特尼(Cliff Turney)和肯·阿尔提斯(Ken Eltis)两位教授任主讲教师,两位专家介绍了师范教育中微格教学课程的地位、微格教学的基本教学技能分析及实施。1992年1月,同样性质的讲习班在原北京师范学院举办,聘请了英国诺丁汉大学的乔治·布朗和帕丁顿夫妇三位专家,为我国的高师教育工作者介绍微格教学课程在师范教育中的应用,促进了微格教学在国内高等师范教育中的发展。

1992年2月,全国性的教学研究组织——"世界银行贷款中学教师培训项目"微格教学协作组在海南教育学院正式成立,协作组挂靠在北京教育学院下,并定期出版《微格教学研究》专刊。1992年12月,由北京教育学院和四川教育学院联合举办的全国首期微格教学高级研讨班在成都举行,会议讨论了微格教学的理论和实践问题。微格教学的实践活动已从全国教育学院系统和师范院校发展到中师、幼师、小学,国内一些院校已开发出各具特色的微格教学示范录像带,探讨了微格教学的某些理论问题,开始编写适应不同层次教育工作者的培训教材和分学科的微格教学教材。

1994年4月及1997年4月,分别在海南省琼山市及湖南省常德市召开微格教学现场会暨全国微格教学研究会年会,各地市教育局在会上介绍了在中小学推广微格教学的经验,并作了实地考察,交流了国内外微格教学理论研究和实践方面的经验,促进了我国的微格教学研究的发展。

1998年10月,全国微格教学协作组年会在云南教育学院召开,来自美国的微格教学创始人之一——爱伦教授作了"关于微格教学新旧模式对比"的报告,展示了新型微格教学的实习与评价模式;来自香港的任伯江教授作了"优质教学,以微观教学为首"的演讲。大会交流的论文从数量到质量均超过以往各届,表明我国的微格教学研究经过十多年的探索,已不断深入,成效显著。

(2) 微格教学实验的开展

80年代中期,随着我国电化教育的重新崛起,微格教学在国内开始受到重视。1988年10月,中国第一次派代表参加联合国教科文组织在香港举行的"亚太地区微格教学国际交流会",正式把微格教学列入国内研究项目,随之各地逐步开展了微格教学实验。如北京丰台区教科所从1989年秋季开始,首先在一所条件较差的农村小学进行"利用微格教学培训教师掌握教学技能、提高教学水平实验",取得了较好的效果。几年来,他们不断扩大实验范围,充实实验内容,探索培训规律,积极摸索适合该区特点的微格教学培训模式。又如海南省琼山市教育局教研室从1992年10月开始,共举办了六期微格教学骨干培训班,先后选定了四所小学和教师进修学校、琼山中学作为微格教学的实验点,通过试点,总结经验教训,1993年下半年全市逐步推广微格教学。

(3)微格教学研究的深入

我国开展微格教学十几年来,大、中专院校及广大中、小学的教育工作者撰写出了一批质量较高的科研论文,先后出版了《微格教学初步》(孙文杰)、《微格教学与教学测量》(陈献芳等)、《微格教学》(王维平)、《微格教学数学教程》(金井平)、《教师教学技能》(郭友)等一批专著。

1991年,由全国微格教学协作组秘书长孟宪恺主编的《微格教学基本教程》出版。1992年,北京教育学院与河南平顶山矿务局教师进修学校合作出版了《微格教学(示范带)》五集,并先后在该院学报上出版了《微格教学研究》专刊5期,为全国从事微格教学研究和教学的同志提供了参考资料。1997年,北京教育学院孙立仁主编的《微格教学理论与实践研究》以及配套的中小学各学科微格教学教程出版,标志着微格教学的研究和实践在我国不断地深入开展,为教师的专业化发展发挥了重要的作用。

三、微格教学的基本特点

微格教学将复杂的教学过程作了科学细分,并应用现代化的视听技术,对细分了的教学技能逐项进行训练,帮助师范生和在职教师掌握有关的教学技能,提高他们的教育、教学能力。微格教学具有如下特点:

1.技能单一集中性。微格教学是将复杂的教学过程细分为容易掌握的单项技能,如导入技能、讲解技能、提问技能、强化技能、演示技能、组织技能、结束技能等等,使每一项技能都成为可描述、可观察和可培训的,并能逐项进行分析研究和训练,以提高培训效能。

2.目标明确可控性。微格教学中的课堂教学技能以单一的形式逐一出现,使培训目标很明确,容易控制。课堂教学过程是各项教学技能的综合运用,只有对每项细分的技能都反复培训、熟练掌握,才能形成完美的综合艺术。微格教学培训系统是一个受控制的实践系统,要重视每一项教学技能的分析研究,使培训者在受控制的条件下朝着明确的目标发展,最终提高综合课堂教学能力。

3.参加的人数少。在训练过程中学生角色一般由7～10名学生组成,而且学生可以频繁地调换。实践表明,这样便于机动灵活地实施微格教学,深入进行讨论与评价。例如,福建师范大学教育科学与技术学院,连续多年采用微格教学模式,对师范生进行课堂教学技能的训练,组织微格教学课时,一般包括教师角色1人,学生角色5～6人,评价员2～3人(可由学生轮流担任),摄

像控制人员1人，指导教师仅起组织和指导作用。

4.上课时间短。微格教学每人每次实践过程的时间很短，通常只有5～10分钟。在这期间集中训练某一单项教学技能，如讲解技能或板书技能，以便在较短的时间内掌握这项技能。

5.运用视听设备。借助现代视听设备真实记录课堂互动细节，使受训者获得自己教学行为的直接反馈，并可运用慢速、定格等手段，在课后进行反复观摩、讨论、自我分析和再次实践，以行为结果确定个别进度，强调合格标准。

6.反馈及时全面。微格教学利用了现代视听设备作为记录手段，真实而准确记录了教学的全过程。这样，对执教者而言，课后所接收到的反馈信息有来自于导师的，也有来自于听课的同伴的，更为主要的是来自于自己的教学信息，反馈是及时而全面的。

7.角色转换多元。微格教学冲破了传统的教师培训的理论灌输或师徒传带模式，运用了现代化的摄像技术，对于课堂教学技能研究既有理论指导，又有观察、示范、实践、反馈、评议等内容。在微格教学课程中，每个人从学习者到执教者，再转为评议者，如此不断地转换角色，反复地从理论到实践，经过实践再进行理论分析、比较研究，这种角色转换多元化的培训方式，既体现了教学方法、教学模式的改进，又体现了新形势下教育观念的更新。

8.评价科学合理。传统训练中的评价主要是凭经验和印象，带有很大的主观性。微格教学中的评价因参评者的范围广、评价内容比较具体、评价方法比较合理、可操作性强，使评价结果包含的个人主观因素成分减少，因此，比较科学合理。

9.心理负担微小。由于微格教学上课持续时间短，教学内容少，而且班级人数不多，这样，可以使受训者的紧张感与焦虑感减少到比较弱的程度，从而减轻受训者的实质性心理紧张。又由于评价既指出不足，更要肯定其优点，会增加自信心与成功感。另外，微格教学的环境是特殊安排的，是在一定控制条件下进行实践活动，避免了学生的干扰，因而也减轻了被培训者的心理负担。

四、微格教学的作用

从以上的特点我们可以看到，微格教学具有理论联系实际、目的明确、重点突出、反馈及时、自我教育、利于创新、心理压力小等特征，容易被受训者接受。其次，微格教学培训是在微型课堂中进行的角色扮演，其过程是在事前对微格教学理论进行学习和研究，确定培训技能后，又在观看了教学示范录像的基础上，编写教案，然后进行微格教学实践。在教学实践的过程中用现代化手段准确记录教学实况，再经过重放录像、自我分析和讨论评价后，对教案进行修改。如果微格教学实践中存在的问题较多，还可以再反复进行实践，直到达到预期的效果。这些过程都为受训者提高教学技能，创造了和谐的氛围和条件。微格教学还具有以下方面的作用：

1.完善和丰富了培训内容。多年来，师范院校对未来的教师进行职前的技能训练，主要措施是开设教学法课程。然而，传统的教学法在培训师范生教学技能方面，目标笼统而不具体，师范生不能很好地掌握这些技能。微格教学使教学内容变得让学生感到有兴趣、有意义、有价值，而且容易学习；使教学过程对学生有吸引力。微格教学训练目标的完成，是通过具体的内容细节和实际的操作步骤进行的。而且，对这些细节和步骤的了解和掌握，是通过受培训者亲自参与实践活动来实现的，培训内容具体、有效。

2.培训方法趋向科学合理。传统的培训方法主要是通过教师的言传身教，使师范生理解教学、学习教学，但由于言传身教的粗犷性和随意性，使师范生很难把握教学的原理和原则。而微格教学则将日常复杂的课堂教学分解简化，创造出一种可操作、易重复、易观测的教学环境。师范生在学习、把握教学时，不再主要靠心领神会，而是通过不断学习、实践，不断改进来进行。同时，微格教学按照人类的行为形成的规律，来设计整个教学过程。它的训练前提是：人类行为的塑造和改进，是一个逐步实现或达到的过程。一个从未登过讲台的人，必须经过多次反复的训练，才能培养成为一个训练有素的职业教师。

3.理论联系实际。微格教学把传统的以理论灌输为特点的教师培训，改变为以技能训练为主体的教师培训，这就抓住了提高教师教学能力的关键。但是，微格教学的技能训练并没有脱离理论的指导。培训对象在学习每一项教学技能的开端，都要学习有关的理论，在微格教学的每一个步骤中，都有教育专家或专职教师的理论指导，这就使技能更容易地与教学理论相结合。

4.真实反馈与过程的有效调控。微格教学把传统的脑记、笔录为主要根据的反馈，改变为以摄像、放像为主要手段的反馈，为技能评价提供了真实而全面的反馈信息。有了这种反馈信息就可以非常客观、准确的评价，使评价更为有效。在此基础上，被评价者可以提出更好的改进措施，以调控自己的教学行为，迅速地掌握教学技能。

因此，微格教学在教师的职前教育和职后培训中起到了重要的作用。

五、微格教学与教育现代化

1.微格教学与教学改革

(1)教师培训方法的改革。微格教学是一种在教育学和心理学理论指导下,以现代科技设备为手段的可控制的教学实践系统。微格教学把教学这个复杂过程,按照教学过程的基本阶段以及人们认识事物的规律,划分成多个“微小”部分,以求得“格物致知”,并采用多媒体手段,使整个教学过程具有控制性和可操作性。这种控制性和可操作性表现为教学的导入技能,提问技能,讲解技能,教学语言技能,演示技能,板书技能,变化技能,结束技能等形式,无疑对教师培训方法的改革具有重要意义。

(2)教法课的改革。目前师范院校的教法课教材,将教育学、心理学中的基本原理、原则运用于分析学科的教学目的、任务、学科教学过程的特点和规律、学科教学中的原则等方面是成功的,突出了学科的特点,揭示了学科教学过程的某些规律。但在涉及教学方法、教师备课和教学手段这些针对实践的教学内容方面,教育学、心理学理论则缺乏具体指导作用,同时也缺乏可操作的具体行为模式,这样理论与实践之间就出现了一个断层。造成这种情况的原因是一直没有找到一种研究方法,来有效地控制复杂的教学活动中的各种变量,使得理论难于指导实践。

微格教学在教学理论与实践之间,已架起了一座可操作性的桥梁。微格教学的创始人,美国爱伦和伊夫(A. W. Eve)认为,微格教学“使教师教育理论与实践,研究与培训,改革与改革的实施有机地结合在一起了。”微格教学在师范教育中最重要的贡献是,找到了一种使教育理论与实践有机地结合起来的研究方法,并且研究出了一套可具体描述、可示范(可观察)、可供师范生操作训练的教学技能模式,促进了教学法课的改革和创新。

2.微格教学与教育科研

微格教学起源于美国,适合西方教育的特点。我国目前的教育形式和方法与西方国家有一定的差别。如师范生的班级人数多,教学设备落后等。但是,越在这种情况下越需要变革,越需要对微格教学进行科学研究,努力提高师资水平,促进教育现代化。

沈阳大学师范学院与铁岭师专的教育科研工作者,借助70年代中期教育心理学的研究中提出的“次认知”概念,建立了中间环节理论,有利于深入对师范教育模式内涵的认识,拓宽了对师范教育改革的视野,特别是引起人们对中间教学环节,即中间认知教学方式——微格教学的重视。云南教育学院在微格教学中引入同侪训练的研究，对师资培训方法改革进行新尝试，在中等师范学校和教师进修学校中取得了明显的教学效果。镇江师专结合我国的国情，利用简陋设备，在训练师范生的教学技能过程中进行模拟性的微格教学试验，获得了初步成功，取得了一些经验。随着我国微格教学的深入开展，只要我们以科学的态度去引进、吸收和消化世界上的先进成果，并与我国的实际情况结合起来，创造性地学习，微格教学的科研之花必将能在中国的大地上结出硕果。

2.微格教学与教师专业发展

教师专业化是指教师在整个专业生活中，通过终身专业训练，习得教育技能，实施专业自主，体现专业道德，逐步提高从教素质，成为教育专业工作者的专业成长过程。

教师专业化已成为世界性的潮流，要求高质量的教师不仅是有知识、有学问的人，而且是有道德、有理想、有专业追求的人；不仅是高起点的人，而且是终身学习、不断自我更新的人；不仅是学科的专家，而且是教育的专家。在教师专业化的进程中人们努力谋求两个方面的内容，一方面是教师职业的专业地位和权利，另一方面是实现教师的专业发展。

教师专业发展包含两层含义：一是教师作为一名专业人员。其发展内涵是多层面、多领域的。既包括了知识的积累、技能的熟练、能力的提高。也包括了态度的转变。它要求教师教育课程的设置必须也是多层面、多领域的，在知识技能上。必须以促进教师本体性知识和条件性知识的整合为目标。二是教师的专业发展空间是无限的，要经历一个由不成熟到相对成熟的专业人员的发展历程。它要求教师树立终身学习的信念，教师教育课程体现终身教育的特性。

为了实现教师符合专业发展的要求，教师必须在能力上有所突破，在专业上有所提升。这不但要加强传统的教师能力要求，更要掌握现代教育理念和信息技术等一系列新的专业能力要素。

1.信息处理能力。信息处理能力又称为信息选择与加工能力，通常包括：文献检索能力、使用工具书的能力、运用外语交流信息的能力；计算机操作与使用能力、对各种信息进行编码、分类的能力；网络资源的开发利用、多媒体课件制作与运用能力等。

2.教学分析与设计能力。能根据对教学大纲或课程标准、学生实际、教材内容的分析来确定教学目标、教学重点及难点，并依据教学规律及教学原则来选择教学策略、教学媒体和资源、组织教学内容、设计教学程序与方法，编写出

具有教师个人风格的教学设计教案。

3.课堂教学组织实施能力。包括课堂组织与管理、语言表达、讲解与提问、板书板图、演示操作、反馈与回应，进程调控与突发事件处理的应变能力。

4.人际交往能力。教师与学生的关系，既是一种教育关系，又是一种人际交往的关系。教育过程实际上是师生之间在理性和情感两方面的动态的人际交往过程，只有在师生关系民主平等、和谐一致、亲密无间时，教师的主导作用和学生的主体地位才能真正得到保证，教育和教学才会收到应有的成效。

5.教学监控与评价能力。教学监控能力是指教师为了保证教学的成功，达到预期的教学目标，在教学的全过程中将教学活动作为意识的对象，不断地对其进行积极主动的计划、检查、评价、反馈、控制和调节的能力。它是构成教师专业能力的核心要素，主要可分为三个方面：一是教师对自己教学活动的事先计划和安排；二是对自己实际教学活动进行有意识的监控、评价和反馈；三是对自己的教学活动进行调节、校正和有意识地进行自我控制。具备良好的教学监控能力，教师就可以面对变化的环境，自如地处理和应付教学中的各种问题。

6.教学反思及教育科研能力。教师应当具备较强的教学反思能力，能够不断总结经验，扬长避短，不断改进教学，并能够在教学中注重开展科学研究，不断提高研究能力。

7.课程开发能力。新一轮基础教育课程改革，明确将建立完整的三级课程管理体制，这也使教师不得不扮演校本课程和地方课程开发者、教材编制者、教材选择者的角色。因此，教师必须具备对国家必修课程、校本及地方课程的相关资源的收集、分类、开发与应用等能力。

8.教育创新能力。教育创新能力是指教师在教育和教学过程中，表现出来的独创精神和独创能力。教师的劳动是一种创造性的劳动，不仅如此，我们的培养目标也要求使学生在个性方面能够得到充分、自由的发展，成为具有创新意识和创造精神的新型人才。特别是在大力倡导素质教育的今天，创新能力的培养已成为素质教育的核心。大量事实表明，只有创新型的教师，才能培养出具有一定创新意识、创新思维、创新能力以及创新个性的学生。

通过微格教学实践，能够更快更好地促进教师能力的提高，特别是信息处理能力、教学分析与设计能力、课堂教学组织实施能力、人际交往能力、教学监控与评价能力、教学反思及教育科研能力、教育创新等能力的发展和提高，促使教师尽快从“生手”型变成“熟手”型教师，并向专家型教师发展。

第二节　微格教学的理论基础

微格教学是20世纪60年代以来在教育实践中产生的。在其发展过程中，人们又不断加深对微格教学的认识，在微格教学培训过程的每一阶段，都涉及相应的理论。了解这些理论将会加深对微格教学的认识，促进微格教学的发展。

对微格教学起重要指导作用的理论主要有：认知学习理论、当代教育理论、传播理论及系统科学理论等。

一、认知学习理论

主要代表学说有加涅的学习层次论、布鲁纳的认知发现说、奥苏伯尔的认知同化论。

（一）加涅的学习层级理论

加涅将学习结果分为五种类型：(1)言语信息；(2)智慧技能；(3)认知策略；(4)动作技能；(5)态度。这一分类层次是经过详尽定义和验证的，而且指出了不同层次的学习需要不同的条件，很好地揭示了人类的认识过程和思维机制。加涅将智慧技能的学习分为六个层级：(1)连锁；(2)辨别；(3)具体概念；(4)定义概念；(5)规则；(6)高级规则。他还指出每个高一级的层次都以低一级的层次为基础，学习要从低层级向高层级发展。

加涅的这一理论，对微格教学中技能的分类及对不同对象确定不同的培训技能，均有一定意义。

（二）布鲁纳的认知发现说

美国心理学家和教育家布鲁纳所倡导的认知发现说，通常称之为发现法，其基本精神就是组织和引导学生自己去探索、去发现。要求教师必须提供若干体现概念或规律的例证材料。要求学生积极思维，亲自探索和主动研究，并把事物整理归纳，从而成为"发现者"。这需要运用分类、比较、分析、归纳、推理、猜测等较高级的心理过程。在课堂教学中，教师应该在认知领域中，充分利用新奇、怀疑、矛盾、困难去引起学生思维的冲突，诱导他们主动解决问题。其中心思想是教学生学会如何学习，即教给儿童解决问题的各种策略，帮助他们知道如何着手学习。其目的是启发学生积极思维，牢固掌握学科内容，成为自立自主的思想家。

发现学习的过程一般是：

1. 情景。教师创设一定情景，使学生在这个情景中产生矛盾；

2. 问题。教师提出问题（课题），并提供一定材料，引导学生自己去分析研究；

3. 假设。根据问题和已有的材料，在分析研究的基础上提出假设；

4. 检验。从理论上或实践上检验假设，如有不同看法，可以展开辩论；

5. 概括。对问题作出结论，获得理论知识。

布鲁纳认为要培养具有发明创造才能的科技人才，不但要使学生掌握学科的基本概念、基本原理，而且要发展学生对待学习的探索性态度。他指出："发现不限于寻求人类尚未知晓的事物，确切地说，它包括用自己的头脑亲自获得知识的一切方法。"教学中的发现学习通常是在教师指导下的发现学习。可见，在微格教学的每一阶段中，导师的指导是至关重要的。

（三）奥苏贝尔的认知同化论

奥苏贝尔的认知同化论认为，学习者原有的认知结构就是原有的知识经验及其组合，它可以吸收新的信息，而新的信息吸收后，又使原来的认知结构发生某些改变，这种获得新概念的方式叫做认知同化。奥苏贝尔认为，认知结构是按一定层次组织起来的，较高概括、抽象和包含性的观念，分类涵盖较低概括、抽象和包含性的从属概念及具体的事实数据。

根据美国教育心理学家奥苏贝尔提出的三种学习方式，进行分析：

上位学习：新知识（材料）的抽象概括程度，高于学生原有认知结构中的知识水平的学习。需要学习者利用原有的下位概念或命题，以归纳的方式学习和掌握新材料的意义。

下位学习（类属学习）：新知识（材料）的抽象概括程度，低于学生原有认知结构中的知识水平的学习。即新知识从属于原有知识的学习。又分为：派生类属关系，即新知识只是原有知识的特例，可从旧知识中派生出来；相关类属关系，即新知识是在原有知识的基础上经过扩展、精确、限制或修饰，引起原知识在意义上的某些变化的学习。

并列结合学习：利用相关学科的知识背景，来理解掌握新知识（材料）的学习。即当新知识与原有认知结构处于互不包含的并列关系时，就属于并列学习。如利用哲学、数学、信息技术等学科的相关知识，来掌握物理学的知识。

同时这种类属过程又引起原有认知结构的不断分化。奥苏伯尔的理论提醒教师关注学生的已有想法，有经验的教师都察觉到学生对一些未经教授的概念，往往已有一套自己的想法。多年来的研究表明，这些先入为主的想法不易改变，学生头脑中这些不同于正确概念的相异构想，如果得不到纠正，将影响新材料的同化和顺应。

在微格教学过程中，导师要根据学员原有的教学基础和经验，适当加入较高层次的课堂教学技能的新材料，通过理论——实践的训练过程，达到同化。

二、当代教育理论

与微格教学相关的当代教育理论，主要有杜威的“从做中学”理论、陶行知的“教学做合一”的思想、巴班斯基的认识活动分类理论等，它们对微格教学起到了积极的指导作用。

(一)杜威的“从做中学”理论

杜威是进步主义教育改革运动的主要代表人物，也是现代教育史上最有影响的代表人物。他建立了一个庞大的教育理论体系，其中的核心部分就是他的教学理论。“从做中学”是杜威全部教学理论的基本原则。在杜威看来，“做”是人的生物本能活动。他指出，在课程中占中心位置的应是各种形式的活动作业。在教学组织形式方面，杜威要求采用活动教学，在课堂上要为儿童准备好充分活动的场地，备有适合儿童活动所需要的各种材料和工具，让儿童在制作的活动中学习。杜威主张的教学方法，不在于教师怎样教，而在于解决儿童怎样学的探讨。杜威提出思维的五个步骤，他称之为“反省思维的五个形态”，即：

1. 暗示。在情境中感觉到要解决某种问题的暗示；
2. 问题。明确要解决的疑问是什么；
3. 假设。提出问题的假设；
4. 推理。推演观念或假设的含义；
5. 检验。在行动中检验假设，从而解决疑难，取得直接经验。

杜威根据思维的五个步骤，提出了教学的五个步骤。他指出：教学法的要素和思维的要素是相同的，这些要素就是：

1. 学生要有一个真实的经验情景——要有一个对活动本身感兴趣的连续的活动；
2. 在这个情景内部产生一个真实的问题作为思维的刺激物；
3. 他要占有知识资料，从事必要的观察，对付这个问题；
4. 他必须负责一步一步地展开他所想出的解决问题的方法；
5. 他要有机会通过应用来检验他的想法，使这些想法意义明确，并且让他自己去发现它们是否有效。

杜威主张教学方法要促使学生能动地活动，积极地思考，重视学生的兴趣与需要，为微格教学的开展，奠定基础。

（二）陶行知的“教学做合一”的思想

陶行知先生认为“行是知之始，知是行之成”。在教学活动方面，他十分重视“做”，在教学方法上，主张“教、学、做合一”。陶行知先生在他的《教学做合一》一文中说，教学做是一件事，不是三件事。我们要在做上教、做上学。在做上教的是先生，在做上学的是学生。从先生对学生的关系说：“做便是学。先生拿'做'来教，乃是真教；学生拿‘做’来学，方是实学。不在‘做’上用功夫，教固不成教，学也不成学。”因此，他的“教学做合一”的学说，是以“做”为基础的。

陶行知先生的“教学做合一”的思想、杜威的“从做中学”的思想方法，在教学上是有进步意义的，对于微格教学的学习研究具有积极的意义。

（三）巴班斯基的认识活动分类

巴班斯基是苏联著名的教育理论家，“教学过程最优化”理论的创立者。他的教学认识活动分类，也引起教育界的重视。其分类有三个层次，第一层次是大类，第二层次是小类，第三层次是方法，即大类中有小类，小类中有方法。

巴班斯基在第一层次中将教学认识活动分为三大类：

第一大类，教学认识活动的组织进行——是用以保证学生个人的认识加工活动过程。

第二大类，教学认识活动的刺激与动机——是用以保证教学活动中学生学习的意志、情绪和积极性。

第三大类，教学认识活动效率的检查和自我检查——是用于实现教学过程中的控制和自我控制的功能。

第一大类是根据列宁关于认识论的原理提出来的。列宁曾指出：“从生动的直观到抽象的思维，并从抽象的思维到实践，这就是认识真理，认识客观实在的辩证途径。”它是通过传授知识和感受教材的方法——讲述法、直观法等，以建立学生的生动的直观；通过归纳法、演绎法、问题探索法等，启发学生的思维活动；通过练习、实验室实验、实际劳动操作等，使学生把获得的知识用于实践。这样，从生动的直观到抽象的思维，再到实践，在教学方法上形成了完整的认识过程体系。

第二大类是根据唯物辩证法关于内因与外因关系的原理提出来的。唯物辩证法认为：事物发展的根本原因，不是在事物的外部，而是在事物的内部。“外因是变化的条件，内因是变化的根据，外因通过内因而起作用”。学生的学习动机是推动学生学习的内部动力，可以通过学生感兴趣的认识性游戏，讨论、争论，创造情绪、情景和提出要求，激发、鼓励、调动学生学习的积极性；通过一定的批评，说服教育，激励学生的学习意志力。

第三大类是根据控制论的基本原理提出来的。根据控制论原理，教学过程是知识信息的传递过程。在教学过程中，师生之间、个体感受与效应之间，是依靠信息和反馈信息来进行的。一切控制系统都是用反馈来实现其控制的，对教学过程的调节控制，也要通过反馈，依靠关于这种教学的反馈信息，进行调节控制，以取得最好的教学效果。

根据上述基本观点，巴班斯基的教学方法具体分类如下：

1.组织学生认识活动的方法（第一大类），其中有：(1)口述法，包括讲述、讲解、讲演、谈话等。(2)直观法，包括演示、图解等。(3)实践法，包括练习、实习、实验、操作等。(4)思维求知法，包括归纳法、演绎法等。(5)控制学习法，包括问题探索法、复述法、教师指导下的自学法等。

2.刺激学生认识活动的方法（第二大类），其中有：(1)刺激学习兴趣，引发学习动机法。包括认识性游戏、讨论，创造情绪、创设情景等。(2)认识学习义务，引发学习动机的方法。包括提出要求、鼓励、批评等，以增强学生的学习意志。

3.检查学生认识活动效果方法（第三大类），其中有：(1)口头检查法，包括课堂提问等。(2)直观检查法，包括检查书面作业、体育动作表现、美术作品、设计、表演等。(3)实习检查法，包括学生在实习实践中的表现等。

在微格教学的训练实施过程中，既包括有知识信息的传递方法，也包括了引发学生学习动机，增强学习动力，以及检查评价学习效果，获得反馈信息，提高培训效率等方法。因此，要掌握这些方法，必须正确理解并应用列宁关于认识论的基本原理、唯物辩证法关于内因和外因关系的原理及控制论原理。

三、传播理论

传播理论认为，教学过程是一种信息传播过程，而且是一种特殊的人际交流过程，但它也遵循传播学的规律。因此，课堂教学设计理论的一个重要方面是以传播理论为基础发展起来的。

(一)拉斯韦尔的传播理论

传播理论的模式很多，这里主要介绍拉斯韦尔的“五 W”模式，用一句话表示为“Who, Says What, in Which Channel, to Whom, With What Effect.”（谁，说了什么，通过何种途径，对谁，产生了什么效果）。从“五 W”模式中，可以看到教学信息传播过程中涉及的要素：

1. Who(谁):用于控制分析,即分析教师的职业角色概念,教师的教书育人、敬业意识。

2. Says What(说了什么):用于内容分析,即分析确定本课程要传播的教学目标和内容。

3. Which Channel(用什么途径):用于媒体分析,即利用何种媒体来传输教学信息,教学环境如何。

4. Whom(对谁):用于受众分析,即分析教学对象的兴趣、特点、智力因素和非智力因素、影响接受的因素。

5. What effect(什么效果):用于效果分析,即分析教学信息传播后产生什么样的效果,是有效、低效还是无效;也是教学诊断、评价。

以上传播模式虽然完全符合教育传播过程,但忽略了信息反馈。

(二)香农—施拉姆模式

传播与教学传播的一个最主要的目标是扩展与加深接受者或学习者的经验领域,信息所代表的意义和信息如何被理解,这两个要点非常重要的。施拉姆(Wilbur Schramm)对香农的传播模式作了改进,加入了反馈要素,如图 1-1 所示。

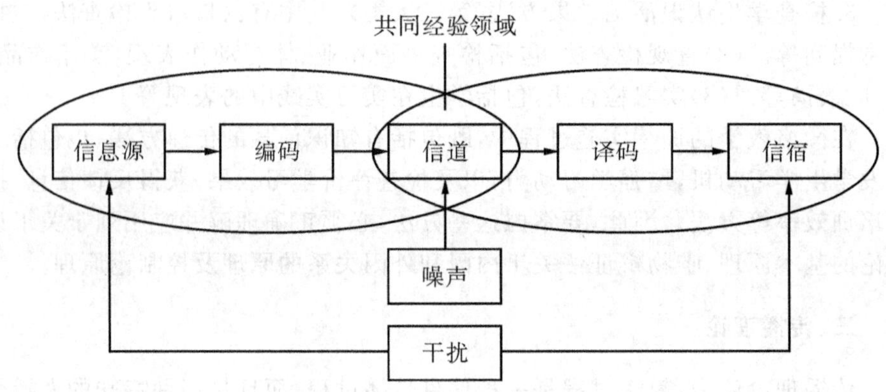

图 1-1　香农一施拉姆模式

传播过程分为六个基本要素:信息源、编码、信道、译码、信宿(信息接收者)、噪声和干扰。他们认为,传播的过程是"信息源"即传者,把要提供的信息经过"编码",即转变为某种符号,如声音、文字、图片、图像等,通过一种或多种媒体传出。"信息接收者"即受者,对经过"编码"的信息进行"译码",即解释符号的意义。

此外，在传播过程中还存在"噪声"和干扰信号可能对信息源、编码、信道、解码、信息接收者等部分产生影响。

香农一施拉姆模式强调了，只有信息源与信息接收者（信宿）的经验领域有重叠的共同经验部分，传播才能完成，否则受者难以理解或正确解释所接收到的信息。

受者收到信息后，必然在心理上、生理上产生反应，并通过各种形式"反馈"给传者，传者根据反馈的情况重新设计或变换传播内容，使之更适合受者的需要，提高传播效率。

在传播过程中，传播者和接受者都要根据他们的知识和技能进行编码或译码。在反馈过程中，接受者要把自己对信息的解释进行编码后传回到传播者那里。传播者也必须对反馈信号进行译码。实际上，在这种情况下，接受者变成了传播者，而传播者则变成了接受者。两者都是依据自己的经验领域解释信息，因此，有效的传播，应当把握好师生经验的重叠范围。

较理想的教学应该是教师提供或展示的教学材料，必须有一部分是在学习者有效的经验范围之中，以便他们能够学到需要学的知识；同时又要提供足够的经验范围以外的信息，使学习富有挑战性，使他们学的更多、更广，学习者的经验范围也因此而不断得到扩展。在教学过程中，教师和学生都存在不断寻求经验领域的扩展问题，若开展合作学习，师生在寻找答案的共同研究过程中会取得有效的学习效果。

传播理论，为微格教学的原理及信息的有效传递，提供了模型，并奠定了理论与实践基础。

四、系统科学理论

信息论、控制论、系统论是第二次世界大战后出现的横跨多学科的综合性科学。它们相互渗透，同步发展，从不同侧面揭示了客观物质世界的本质联系与运动规律，被通称为"三论"或"横断科学"。"三论"作为崭新的科学方法论，显示了对复杂事物研究的特殊有效性，为现代科学技术的发展乃至整个人类思维科学的发展提供了新概念、新思路、新方法。

"三论"的基本原理（如整体原理、有序原理、反馈原理）和思维方法（如信息方法、控制方法、系统方法）对微格教学具有重要的指导作用。

系统论、信息论、控制论的许多原理被广泛运用于教育系统分析，运用于课堂教学的信息加工、反馈和控制。这些研究使人们对复杂的教学过程中的信息传递、反馈、控制等问题有了新的理解。

系统即研究对象，它是由多个要素构成的。结构就是系统内部各要素的组织形式。系统在一定环境条件下所能发挥的作用即功能。系统状态的变化称为过程，系统特征的量度就表征为状态。这就要求在课堂教学设计过程中，以研究对象为系统，了解它由哪些因素构成？它们之间存在何种层次关系？如何相互作用？随着外界条件的变化，如何度量这些变化？

"三论"的基本原理：

反馈原理：任何一个系统只有通过信息反馈，才能实现控制。在课堂教学中，要实现教学目标，只有通过设问、测试、练习、感知、活动等方式反馈信息，才能发现教学中存在的问题，修正教学策略，改进教学方法，提高教学质量。

有序原理：任何系统只有开放，与外界有信息交换，才能有序。任何独立系统，都会自发地达到最大的无序状态，开放系统由低级结构转为高级结构，即为有序。课堂教学设计作为学科教育的子系统，应该采用开放式的研究，不断融入其他相关学科的新观点、新方法和新技术，以达到不断地发展、完善的目的。

整体原理：任何系统都是有结构的，系统的结构功能不等于各孤立部分的功能之和，系统各部分协调，可以形成新结构，从而产生新功能。教师在教学中不仅要传授知识，还要培养学生科学的态度和能力，从而在整体上提高学生的素质。

系统论、信息论、控制论之间的联系十分密切，它们是一组有着内在联系的学科群。毋庸讳言，微格教学这个教学系统离不开信息，因为信息是系统与环境、系统与子系统之间的联系不可缺少的重要因素。系统的运行离不开控制，而对系统的控制又离不开信息，因为控制主要依赖于反馈信息。微格教学只有通过信息反馈，不断调节才能达到其目的。

五、微格教学的理论依据

1. 以系统的思想为指导研究培训教学技能

教学过程是复杂的，是由许多环节和许多师生的具体活动而构成的一个整体。因此，教学是一个系统，教学过程是一个系统的运行过程。所谓系统，是由相互联系、相互制约、相互作用的要素而构成的，具有特定功能的有机整体。要对系统进行研究，必须首先对其构成要素进行分解和研究，要使系统达到优化，首先必须使各要素达到优化。对教学研究也是如此。教学技能是教学系统的基本构成要素，要使课堂教学达到优化，实现教学的总体目标，首先要使每一个教学技能达到优化，然后再把它们有机组合起来，相互作用而形成

教学的整体。

2. 示范为被培训者提供模仿的样板和信息

示范是对事实、观念、过程形象化的解释，是通过实际动作、电视等进行演示，来说明某件事是如何进行的，以便让被培训者学会应该如何去做。在微格教学培训中，为被培训者提供多种风格的教学示范，辅以对各种技能的说明，使他们获得直接的感受，有了模仿的样板。示范无论是通过实际动作还是电视提供的，都是从视听两个方面作用于被培训者的感官。许多实验已经证明，视听并用的方法能使信息接受者获得大量的信息，比只用语言描述的方法好得多。

人类在利用自身的各种感官接受信息时，由于各种感官的分辨率不同，感受时不同，接受信息的比率也不同。但如果把几种感官综合起来利用，就会获得更多更全面的信息。根据信息传输量的香农(C. E. Shannon)—维纳(Norbert Wiener)公式：

$$S=Bt\,\log_2(1+\frac{P}{N})$$

公式中 S 代表接收的信息量，B 表示通道的频带宽度，N 是原有信息量，P 是所传递的信息量。其中频带宽度 B 与学习者所接收的信息量是成正比关系。在微格教学中用视听结合的方法提供技能示范，会使被培训者接收的信息量大大增加，对某种教学技能更好地感知。

3. 技能训练是掌握复杂活动的途径

在微格教学中，主要是通过对教学技能的分解和分别训练，使被培训者形成教学能力。技能按其本身的特点，可分为动作技能和心智技能两种。原苏联心理学家加里培林等人在对心智技能的研究中，建立了心智活动分阶段形成的学说，他们认为："心智活动是一个从外部的物质活动向内部的心理活动的转化过程。"

在微格教学训练中，同样也包括心智技能和动作技能两个方面。它的外部物质活动是借助讲解、角色扮演、录像示范等为支柱而进行的，通过观察使被培训者形成对活动过程和效果的感知，形成表象。在准备教学和实际训练中，再以此为基础进行各种语言阶段的心智活动。根据动作技能和心智技能形成过程具有不同的阶段性，即掌握局部动作阶段、初步掌握完整动作阶段、动作协调和完善阶段的特点，在微格教学训练中即可分技能、分阶段逐步进行，当每一个技能都掌握以后再把它们综合起来，形成较为完善的课堂教学能力。这种学习和训练教师教学技能的方法，是符合心理学中动作技能和心智

技能形成规律和原理的。

4、直接的反馈对改变人的行为有重要作用

反馈是控制的基本方法和过程，其目的是使控制者知道以往的活动或过程的结果，并以此调节下一步活动的过程，实现所要达到的目的。反馈应同时具有两个条件，一是准确性，二是及时性，二者缺一不可。准确性是指反馈信息必须真实可靠，错误的反馈信息会导致作出错误的判断，而使控制失效。及时性是指反馈的速度要大于受控体状态改变的速度，即反馈要在下一次决策之前完成，只有这样才能起到有意义的调节作用，才能达到控制的目的。

人的技能学习是以反馈为基础的，学习的过程是一个不断反馈强化的过程。人在进行有目的的活动时，都有一种要获得及时反馈的迫切需求。由于科学技术的迅速发展，录像技术被广泛地应用于艺术、体操、军事、医学、教育等各种训练活动之中，为被培训者及时得到准确的反馈创造了有利条件。微格教学中利用各种现代技术条件为被培训者提供训练的反馈信息，正是满足人类学习的这种要求，以保证被培训者教学技能的迅速形成。

心理学研究已经证明，人类在观察了自身行为后所得到的反馈刺激，要比他人提供的反馈强烈得多。如果一个教师在教学中有不雅观的行为习惯，当别人提出时改正可能较慢，而当他自己观察到的时候，就会立刻注意，急于改正。反馈对于达到一定的目的具有重要的作用。微格教学就是要为师范生或在职教师在教学技能训练时提供及时、准确、自我反馈的刺激，帮助他们较好地形成教学技能。

5、定性分析与定量评价相结合，有利于被培训者改进提高

在微格教学中对被培训者的评价是形成性评价，不把评价结果作为最终成绩，或对某人教学技能高低进行定性，而作为学习者改进、提高教学技能的依据，明确自己在哪些方面还存在着不足或问题。微格教学的评价，有自我分析、小组分析、指导教师分析三结合的定性分析评价，也有按照一定评价标准制定的评价量表的定量分析，以量化的结果说明在哪些指标上还存在问题，以及技能整体所达到的程度。定量分析给出具体的量化结果，定性分析找出产生不足的原因，指出努力的方向，被评价者容易接受。因此，两种评价相结合的方法有利于被培训者改进和提高，完善自己的教学技能。[①]

① 武汉教育信息网：http://www.whjy.net/jyjs/xxjs/57090.shtm，下载日期：2013年1月14日。

第三节　微格教学的模式

微格教学从60年代初产生至今已有40多年的历史，培训对象从师范生发展到在职教师及许多其他行业的从业人员，应用地域也已发展到世界各国。微格教学在发展应用的过程中，实践者结合了本国的国情，融入了各种教育观念和思想，由此产生了多种模式。

一、斯坦福大学及芝加哥大学模式(美国)

(一)斯坦福大学的"行为改变"模式

美国的斯坦福大学是微格教学的起源地。爱伦和他的同事们经过数年的探索、试验、研究，在1963年确立了微格教学的基本模式，从此微格教学从美国迅速走向世界。微格教学在世界各国推广、应用的过程中，逐渐产生了一些变化模式，尤其是80年代初在非洲一些国家的应用中，由于当地教育环境较差、教育资源匮乏，必须在新的环境资源条件下，对较复杂、正规的早期微格教学模式进行改革，由此产生了新的模式。新旧微格教学模式的主要变化对比如下：

1. 教学时间

微格教学实习片断的时间从原来长达20分钟缩短为5分钟，新模式认为5分钟即可形成单一概念的片断课。实际上教学时间的长短是根据班级人数、课时安排、场地环境等多种因素而定的。

2. 微格教学的学生

过去在微格教学实习时，要从中小学请来真正的学生，这会带来接送、管理、资金等一系列的问题，在新模式中启用同侪(peen)，即由教师扮演者的同伴来扮演学生。目前，这种同侪训练方法的效果已被证实是切实可行的。

3. 小组规模

从原来全组约20人减为4到5名学生为一组。爱伦认为若小组规模大到约20人，则要19人去听1人讲课，每人要听19次，这样的方式使学员听课过多，反而会使学员感到疲劳、抓不住重点，而且因为时间太长，使重教困难。新模式的5人小组规模小，导师布置好训练任务后，即让学生自己管理。学生可以自选课题，自找实习场地，即使设有正规的微格教学室，只要有摄像机即可，还能实行重教。小组规模小，能使每个学员得到多次重教机会。当然，小

组的活动记录和反馈意见要及时交给指导老师。

4.教学技能

爱伦和他的同事们根据经验和参考有关的教育理论文献，以统一意见的方式提出14项课堂教学技能，它们是：

(1)变化刺激(stimulus variation)；

(2)导入(set induction)；

(3)结束(closure)；

(4)非语言暗示(silence and nonverbalcues)；

(5)强化学生参与(reinforcement of student participation)；

(6)流畅的提问(fluency in asking questions)；

(7)探查性提问(probing questions)；

(8)高水平组织的提问(higher－order questions)；

(9)发散性提问(divergent questions)；

(10)确认(recognizing attending behaviour)；

(11)举例说明(illustrating and use Of examples)；

(12)讲演(lecturing)；

(13)有计划的重复(planned repetition)；

(14)完整的交流(completeness of communication)。

4.反馈与评价

原来的微格教学模式对每项技能有完整的评价表，评价项目多到有时连执教者的衣着也在评价之列，以至于在重教时，执教者往往失去方向，抓不住重点。在微格教学新模式中，爱伦教授提出了2＋2的重点反馈方式，即小组每位成员听完课后要提出2条表扬性的意见及2条改进性建议，最后指导教师根据这些反馈信息，总结出2条表扬性意见和2条改进性建议。这种评价指导方式操作简单、目标明确、重教效果显著。

(二)芝加哥大学的“动力技能模式”

美国芝加哥大学的高奇(Guelcher)和詹科森(Jackson)等人在1970年提出了“动力技能模式”，他们批评斯坦福模式“很大程度上忽略了各技能之间的关系和技能的恰当组织形式与某一特殊的教学情境的关系”。他们认为“教学是一种有目的的活动，技能在这种有目的教学过程中的应用同样是重要的。在技能训练中，教学内容本身也需要同时考虑在内，这样才能使学生获得恰当的，综合使用技能的决策经验”。

芝加哥模式考虑教学中的两个方面——教学内容和教师行为。强调在教学计划中依据学科内容，设计应用各项教学技能的教学过程，这样，教学技能(如强化技能、课堂组织技能等)被作为子系统，而不是彼此孤立的行为来运用。麦可格瑞指出："动力技能模式的基础是基于学科内容分析的系统化教学计划。它强调所训练的技能必须小心地编排到教学计划中，在课程逻辑结构中，师范生能够将教学活动集中于重要的师生相互作用中，在这个意义上教学技能被认为是促进中小学生学习的动力因素，提出这些师生间的相互作用，对于促进中小学生学习的逻辑发展是必要的。"

二、悉尼大学模式(澳大利亚)

微格教学由克利夫·特尼(Cliff Turney)等人在70年代初引入澳大利亚的悉尼大学。他们开设的"悉尼微型技能"(Sydney microskills)课程，基本上坚持了"细分"和"可观察的行为改进"的斯坦福模式的做法，但作了一些改进。特尼指出："教学是一个非常复杂的过程，对于刚刚开始从事这一职业的人来说，它需要被分解为有意义的和可获得的各个部分，涉及其中的某些部分，经过特殊的选择，这些部分是可观察的教学行为或技能，而且是建立在有效教学的基础上的。这些技能的构成表现为将复杂的教学过程分解为相对分立的、便于定义的行为，而且可以迁移到大多数的课堂教学中，并适合于各种有目的的不同组合。"

悉尼大学的微格教学是以教学技能的训练为主线展开的，教育思想和教育教学的理论及实验研究融合在各项教学技能之中。整个微格教学课程分成五个系列，前两个系列包括六项基本的教学技能，后三个系列是三项小综合式的教学技能：

系列1：(1)强化(reinforcement)；
(2)基础提问(basic questioning)；
(3)变化(variability)；

系列2：(4)讲解(explaining)；
(5)导入和结束(introductory procedures and closure)；
(6)高层次提问(advanced questioning)

系列3：(7)纪律和课堂组织(treats classroom management and discipline skills)；

系列4：(8)小组讨论、小组教学和个别化教学：(treats skills of guiding small group discussion, small group teaching, and individualized teaching)；

系列5:(9)通过发现学习和创造性学习,发展学生思维能力(deals with skills concerned with developing pupils′ thinking through guiding discovery learning and fostering creativity)。

澳大利亚悉尼大学对微格教学的开发应用及研究是很有成效的。澳大利亚悉尼的微格教学模式有以下特点:

1.开发出完整的微格教学教材

悉尼大学开发的微格教学教材在世界上享有一定声誉,《悉尼微格教学技能》一书被许多国家采用。教材中列出的六项课堂教学基本技能——强化技能、一般提问技能、变化技能、讲解技能、导入和结束技能及高层次提问技能。每项技能都从教育学和心理学的理论出发加以论述,并且对每项技能都配以生动形象的示范用录像资料。

2.重视学生的自我发展

澳大利亚是一个多民族的移民国家,在学校教育中十分注意尊重每个人的个性,重视发现个人的特点,并给以引导发展,希望每个人都获得成功。学校教育对学生个性差异和心理健康发展颇有研究。在微格教学课程的第一周先安排每个学生在摄像机镜头前作一两分钟的自我介绍或表演,内容自选,轻松自然,然后再让同学们在愉快的气氛中观看评论。这样的活动既提高了学生对微格教学的兴趣,又使师范生消除了面对摄像镜头的紧张心理,为扮演角色时的正常发挥打下良好的基础。

悉尼模式还在充分研究了学生的认知心理基础上建立了微型观察室。如新南威尔士大学教育学院内的一组微型观察室,每间只有约2平方米大小,导师们考虑到师范生在角色扮演后,希望自己先看到自己的表演录像,或找一位最信得过的好朋友一起观看评议,而微型观察室正好仅供一二位学生闭门观看。执教者可以先与"好朋友"边看边商量,先听取他的看法和意见,在心理学上这时的意见无疑是一个"强刺激",是最容易接受的,也是印象最深的。根据这些意见,学生先写出对自己扮演的角色的评价,这一做法充分体现了微格教学中重视学生自我发展的教育原则。

3.自我评价贯穿微格教学始终

澳大利亚的微格教学模式中,评价是很重要的。评价方式是贯穿于整个过程之中的。评价不是由别人来对某位学生的录像加以评论、分等级打分数,而是通过学生自己在微型观察室中的观看,根据微格教学过程中各个环节的反馈及"好朋友"的反馈信息,自己来评价自己。导师经常以肯定、表扬为主,对存在的问题以提示、暗示等方式启发学生自己发现。最后让学生在评价单

上作自我评价，做到的项目画一记号，还没有做到的不画，再根据整个微格教学过程中来自各方面的反馈信息认真地写自我评价，从而提高学生的教学技能和教学实习效果。

澳大利亚的微格教学主要步骤有：

(1)示范。播放教学技能的示范录像，讲解教学技能的构成、有关理论知识及要求。帮助师范生认识教学技能，有重点的观察，用不同的类型示范同一技能，促进对技能的掌握。

(2)角色扮演。为师范生提供实践机会，增强自信心。

(3)反馈。为师范生改进自己的教学行为提供明确、具体的帮助。

(4)重教。当师范生对自己的教学行为非常不满意时才进行，对大多数师范生来说这一步可取消。

从上述步骤可以看出，澳大利亚的微格教学强调四个环节：示范、角色扮演、反馈和重教。没有列出评价这一环节，因为评价是贯穿于全过程中的，而且主要是启发学生自我评价，这正体现了尊重学生的教育原则。

三、新乌斯特大学及斯特灵大学模式(英国)

1. 新乌斯特大学的“社会心理学模式”

60 年代末微格教学引入英国时，当时的一些模式已受到了一些批评。斯通斯(Stones)和莫里斯(Morris)指出：“微格教学的目的和作用需要重新澄清，应该将方向转移到加强教学理论与教学实践的联系上来。”他们两人都认为，“微格教学是一种有价值的革新，比一般的教学有更大程度的可控性，所以强调理论与实践的关系可以挖掘出更大的潜力，可以使师范生掌握教学模式”。

莫里斯等人发现，有社会能力的教师在教学中表现得更为突出，并从社会心理学的角度看待教学，认为教学是一种社会活动技能，教学依赖于人际关系和师生间的交流。将社会心理学的观点引入微格教学，首先对教学中的社会技能进行定义，并且对师范生进行分技能的训练，然后将各项社会技能综合在一起，整体地运用到完整课的教学中。

布朗(Brown)在 1975 年将这一模式引入了新乌斯特大学，哈奇(Hargie)于 1977 年在乌斯特学院，进行了这一模式的微格教学。他们认为微格教学需要集合三个方面的要素——计划、角色扮演和反馈认知。

(1)计划的方法，是通过课堂讲授和小组研讨来学习的，师范生学习如何将一个课题分解为各个概念成分，并将这些组织成一个序列；选择合适的教学

方法。

(2)角色扮演,首先是训练斯坦福大学模式中的各项技能,如提问、强化、刺激变化、讲解、导入和结束,然后把各项技能综合起来运用到完整课教学中去。

(3)反馈和认知是师范生与指导教师一起讨论微型课的录像,使师范生学习在与中小学生相互作用时自己所应充当的角色。这种对师生相互作用的认知将使师范生的教学行为得到改进,并影响序列计划和完整课的教学行为。取消了重教,但师范生在微格教学的各个环节都要进行充分的讨论。

哈奇还强调了与技能相关的理论的重要性,各项教学技能的教学不仅提供音像示范,而且还要说明依据人际关系社会心理学所建立的各项技能的理论基础,这样才能使师范生不仅知道如何应用技能,而且还知道什么时候使用它。微格教学不只是关于行为的改进,而且也应该是关于认知结构的改进。

由于新乌斯特大学在微格教学中强调技能的综合应用,强调学员在微格教学中形成对教学的认知结构,以及依据社会心理学,强调在微格教学中的人际间相互作用的情感因素,所以教学技能只是作为微格教学课程的组成部分而没有单独列出来进行训练。

现将他们的微格教学的课程介绍如下,从中可以分析出他们所重视的教学技能成分:

(1)微格教学的理论(以学员小组的组织方式)(micro teaching)(group organisation)

(2)教一个概念(设备操作训练)(teaching a concept)(equipment operation);

(3)教学计划(教学员小组中的同伴)(lesson planning)(teaching peers);

(4)导入和结束(教实际的学生)(set and closure)(teaching pupils);

(5)教师解释(教实际的学生)(teacher explanation)(teaching pupils);

(6)教师的生动活泼(教实际的学生)(teacher liveliness)(teaching pupils);

(7)学生强化(教实际的学生)(pupil reinforcement)(teaching pupils);

(8)学生参与(教实际的学生)(pupil participation)(teaching pupils);

(9)提问中的流畅(教实际的学生)(fluency in questioning)(teaching pupils);

(10)高水平组织的提问(教实际的学生)(higher order questioning)(teaching pupils);

*(11)综合的教学技能(教实际的学生)(integrating the skills)(teaching pupils);

*(12)师生相互作用,环境要素(教实际的学生)(teacher/pupil interaction,environmental factors)(teaching pupils)。

(最后两项*内容是以综合教学技能的形式设定的)

2.斯特灵大学的"认知结构模式"

1969年,斯坦福大学的模式被引入斯特灵大学的微格教学,经过几年的实践和研究,在70年代中期,麦克因泰尔(McIntyre)等人提出了"认知结构模式"。他们发现斯坦福大学模式中的技能描述和反馈评价只停留在技能行为上,"这些只能给师范生若干个作为假定的教学技能的特殊教学行为方式"(麦克因泰尔、马克莱德,1977)。然而,在这些特殊的教学技能的有效性方面存在着相当程度的不确定性。在课堂教学的经验性研究中,相关的心理学理论和有经验教师的一致意见,只能当作合理化的建议,而不是权威性的评价表述。于是,在斯特灵大学,这些教学技能只是作为教学大纲的组成部分,而不是作为理论基础。

斯特灵大学的研究者们认为,师范生关于教学的认知结构,在他们的教学活动中起决定性的作用。技能训练和反馈的重要性,在于使师范生的认知结构发生改变,这种改变是通过将各项技能中的认知概念,有机地结合在一起而形成的。在研究的基础上,他们对师范生在微格教学中认知结构的形成过程进行了如下的推论:

(1)在进入微格教学之前,每个师范生都具有彼此不同的复杂的教学概念的图式(schemata),这些图式与对教学的评价有很大的关系。

(2)个人的图式之间存在着较大的差异,但通过将这些图式与教学内容体系相结合,仍然存在很多的共同之处。

(3)这些图式表现出较高程度的稳定性,但通过微格教学的学习和实践,从中可获取新的结构和概念原则,这些图式将会逐渐发生变化。

(4)师范生的这些图式很大程度上控制着他们的教学行为,并且图式的改变导致教学行为的改变。

建立在这些推论基础上的"认知结构模式",将微格教学对师范生所起的作用解释为使师范生的教学认知结构产生变化,并帮助他们形成自己的作为教师的概念结构。为此,他们强调教学技能应该用"可组织的概念"这些术语来定义,这些术语可以描述由复杂的课堂相互作用所产生的信息过程,而不是由可描述的教学行为来定义教学技能。师范生可以运用这一概念结构,对在

教学中什么时候应该用什么教学技能进行决策，并能帮助他们在实际教学活动中感知教学技能，从而形成对技能表现的价值评价。技能示范可以帮助师范生将各项技能的概念有组织地纳入他们的认知结构中。微格教学中的反馈，可以提供师范生现已存在的教学认知结构的信息，从而改进和扩充这一认知结构。

四、对各国微格教学模式的分析

由于各国各大学进行微格教学的培养目的不同，所依据的理论观点和理论基础不同，各个微格教学模式之间都存在着一定的差异，现分析如下：

(1)斯坦福大学所开展的微格教学，是建立在对宏观教学活动的分解，以及进行行为描述的基础上，强调在有控制的条件下对单项技能的训练，强调音像示范和反馈评价的作用；

(2)芝加哥大学的微格教学，强调教学技能应实现教学目的、发挥教学功能，他们认为斯坦福模式在这方面所存在的缺陷，是由于技能训练没有很好地与教学内容相结合，没能系统地综合应用各项教学技能所造成的。所以他们强调将各项技能作为子系统经过结合应用到教学中，并强调在应用技能时与教学内容结合在一起进行系统分析，在这种系统计划中获得应用技能的决策经验。芝加哥大学微格教学的目的，是在完整课的教学中培养结合教学内容的、综合应用各项教学技能的决策能力和实践能力。

(3)悉尼大学所开展的微格教学，仍然强调对宏观教学活动的分解和对可观察的教学行为进行描述，但对教学技能中的行为在有效性方面，进行了较深入的实验研究，使所提出的教学技能，满足澳大利亚教育工作者对师范教育的理论观点和实验研究的检验。强调了基于某些教学观点的几项小综合型的教学技能训练，并通过控制实现从单项技能到小综合技能训练的过渡。

(4)新乌斯特大学微格教学的特点是：先进行分技能的训练(同时强调控制变量)，后综合到完整课教学中；强调用社会心理学作为各项技能的理论基础，以此来保证技能应用的有效性；在完整课的综合应用中，强调以社会心理学为基础，通过计划决策和实践形成认知结构。可以看出，新乌斯特大学微格教学的培养目的是建立以社会心理学为基础的课堂教学综合能力。

(5)斯特灵大学微格教学的特点是，指出了斯坦福模式中的技能行为描述在有效性方面存在很大的不确定性。为此，提出用心理学理论和成功的教学经验的概念来描述技能，并形成对技能的价值评价；强调了内部心理机制对外部教学行为的调节和控制作用。基于以上观点，认为微格教学主要是通过改

进认知结构来实现对教学行为的改进，并认为认知结构的改进是通过各项技能中的认知概念有机结合在一起而形成的，认知结构可以促进应用教学技能时的决策能力，促进在实际教学中感知教学技能，从而形成对技能的价值评价。由此可见，斯特灵大学微格教学的目的是在综合应用各项教学技能的实践中建立教学的认知结构。

综上所述，我们可以看出各国开展微格教学的情况虽不尽相同，但斯坦福模式中的教学技能成分和体现科学方法论的一些做法，在各国的微格教学中基本上被保留了下来。同时我们还可以看出各大学在对斯坦福模式进行改进时所共同关心的问题，即这些改进或发展很大程度上都源于对行为描述的教学技能，发现其在教学中的有效性存在着很大程度上的不确定性，从而使实施技能时的目的性和在评价中的价值判断出现困难。但各大学对这一问题解决的方法是不同的，在保证教学技能的目的性、有效性和价值判断方面，芝加哥大学是强调技能与教学内容的结合，从教学内容的系统分析上来实现的；悉尼大学是通过对所提出来的技能行为进行实验验证来实现的；新乌斯特大学是从师生相互作用的角度，强调以人际交往的社会心理学理论作为教学技能的理论基础来解决技能价值不确定的问题；斯特灵大学强调用心理学和成功教学经验的概念原则系统作为技能的理论基础，从而保证技能应用的目的性、有效性和价值判断。

对斯坦福模式的发展还表现出将各项教学技能综合应用到完整课教学中去的趋势，某些大学已经把微格教学深入到综合教学能力的培养这一较为广泛的领域，但对于“综合教学能力”的理解和所依据的理论观点，各大学有较大的差异，但各种综合应用教学技能都是建立在对各技能成分训练的基础上，或建立在对宏观层次的教学活动分析的基础上的，在这一点又是比较一致的。[①]

五、我国的微格教研模式

微格教学自80年代中期引入我国后，先后在一些教育学院以及高等、中等师范院校和许多中小学展开了积极的研究和实践，并进行了广泛的交流。开始的研究和实践主要集中在吸收借鉴国外微格教学的做法，并在实践中移植到自己的微格教学中。随着研究的深入，各地院校也提出了一些共同关心的问题，即微格教学与传统教法之间的区别和微格教学中的科学方法论问题；教学技能中的教育学、心理学理论基础的问题；适合我国国情的教学技能分类

---

① 孙立仁主编:《微格教学理论与实践研究》，科学出版社 1997 年版，第 7 页。

的问题;微格教学的技能训练与完整课教学能力之间的关系问题等。这些问题实际上与国外微格教学所提出的问题是类似的,反映出微格教学中的共性问题。北京教育学院微格教学研究室在引进、借鉴国外微格教学的基础上,对以上问题进行了认真的研究,取得了系列研究成果。

各地教育工作者在应用微格教学时,都结合了本地区本学校的实际情况,对微格教学的基本模式有所变通和发展,使之成为发展我国师资培训教育的有效方式。上海市华东理工大学附属中学推行的"微格教研"活动就是微格教学的一种变通模式。该模式采用了微格教学的合理内核,提取微格教学流程中的重要环节,采取摄录像方式,供教研组在教研活动时进行局部的定格研讨。这样,既学习了有关理论,也探讨了具体操作方法,从而获得完整的认识,提高了教师的整体能力和素质。微格教研的基本结构是:先进行在特定课题理论指导下的实际教学的现场观摩与实况录像;再重放录像、观摩录像,进行自我反思与直观再现式同侪研讨;然后进行理性总结、理论升华;最后还要将理论运用到教学实践中去予以检验、拓展。在一所学校的各个教研组中,推行微格教研活动,将教学技能研究的要求与教研组活动结合起来,首先是增强了研究气氛。过去教研组活动,由于教师们担任不同年级的课,共同的话题较少,在教研组中的微格教研活动,则形成了浓浓的研究气氛。其次,运用了微格教研的方法,给教研组活动定位于教法、学法研究。由于录像的形象性和再现功能,使教研活动丰富生动,又因为每次活动只研究一项技能,使研究的问题的切入点小,所以挖掘就会更深一些。随着资料的积累,更便于作纵向及横向的比较研究。微格教研活动对于经验不足的青年教师是有实际意义的,对于有经验的老教师,也可启示自我提炼、概括总结教学特点,互相交流、共同提高,起到精化教学的作用。

第四节　微格教学室建设及使用

一、微格教学室的组成与设计

1. 微格教学室的要求与布局

微格教学是一个有控制的实践系统,为了顺利地完成微格教学的任务,必须筹建与之配套的符合其特点规律的微格教学室。

教学组织形式的小组化是微格教学的重要特征,它决定了微格教学室的小型化，其面积公般在20平方米左右，能容纳6～20名学生。微格教学室是一个具有真实课堂情境的模拟教室。它除了常规的教学设备如黑板、讲台、学生课桌、计算机、多媒体投影机之外，还要有进行技能学习、实践、评价的现代化视听设备。微格教学室应尽量减少外界的干扰，防止受训者受到非智力因素的影响。同时也有利于提高传声器的录音质量。此外如有条件，还应为微格教学室建立配套的资料室，用于保存教学技能的示范资料和被培训者角色扮演的资料，供指导教师、研究人员教学和研究使用。

微格教学室的建设可与其他电教用房综合考虑。微格教学室视听设备与其他电教设备具有相关性和相似性，因此微格教学室的控制室可以和卫星教育电视、闭路电视系统、电视节目制作的控制室合并，把它们有机地联系起来形成一个相互关联的网络，还可把微格教学室建设成一个多功能的音像资料视听室。一般情况下，微格教学室的教学全貌，可以通过具有良好封闭隔音性能的单向玻璃进行观察，这样有利于研究人员分析讨论，也可通过闭路电视的大屏幕彩电观察教学。

总之要根据微格教学的特点和学校的实际情况，从经济、实用、便于教学几方面来考虑微格教学室的布局。

2.微格教学室的类型

(1)从训练规模看，微格教学系统可分为标准型和集中控制下的分布式训练型。

标准型微格教学系统一般由模拟教室(微型教室)、观摩研讨室、控制室、准备室和声锁间五部分组成。

分布式微格教学系统一般由观摩室、控制室、示范室和多间模拟教室(微型教室)组成。

(2)从技术模式看，微格教学系统可分为视听型和多媒体型。

视听型微格教学系统一般由摄像机、录像机、视音频切换器、混音器、监视器、云台控制器和话筒等多种视听设备构成，并通过视听技术手段实现教学实况录像、播放、转播、监控和示范教学等功能。

多媒体型微格教学系统是在视听技术基础上引进多媒体技术和通信控制技术，通过多媒体计算机实现对各室的录像、播放、转播和监控，并实现对各室摄像机云台的控制。

(3)从训练内容看，微格教学系统可分为教学技能训练型、实验技能(主要是理工科实验)型、运动技能训练型和音乐技能训练型等。

各学科微格教学共同的基本教学技能训练可在标准配置的微格教学室中

完成，而学科专有技能的训练可以在简易或标准型配置的基础上，通过增加一些某种学科教学特殊需要的设备，如生物课教学需用的彩色显微摄像装置等构成为某一学科专用的微格教学室。

3. 几种典型微格教学室的设计方案

(1)简易型微格教学室

这种简易微格教学室(见图 1-2)适用于小规模的微格教学，一般采用双机拍摄，操作、视听均在同一场地，容易组织，设备简单，控制方便。

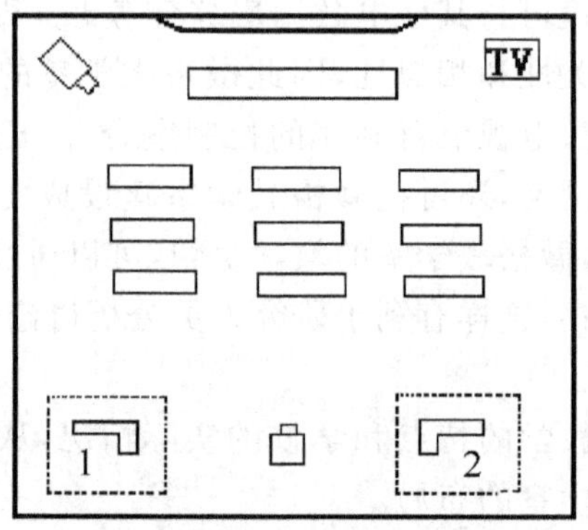

1 为操作区　2 为视听区

图 1-2　简易微格教学室布局

(2)角色扮演与视听分析分离

这种类型的微格教学室(见图 1-3)一般需将学员分为两大组，角色扮演

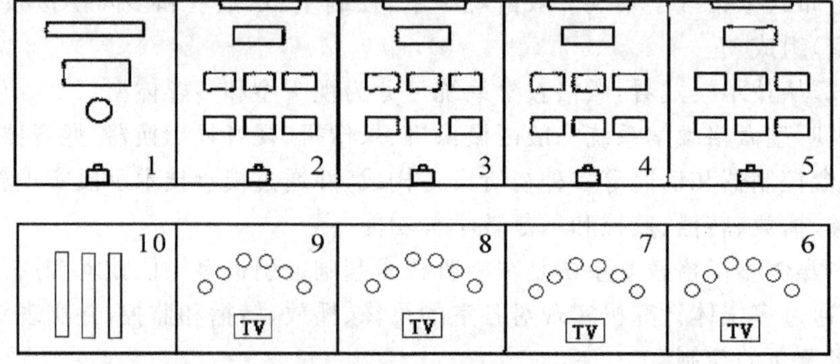

1. 总控室　2—5. 角色扮演室　6—9. 视听分析室　10. 资料室

图 1-3　角色扮演与视听分析分离型微格教学室布局

的四个小组与视听分析的四个小组轮换场地。摄、录、放设备四套，角色扮演室可加装单向观察玻璃。

(3)角色扮演与视听分析合一

这类微格教学室(见图 1-4)可以让一个教学班同时进行角色扮演，之后学员可以原地不动，进行反馈评议，教学过程紧凑，时间利用率较高。各间均有完整的摄录设备和播放设备，走廊两边的墙上亦可安装单向观察玻璃。

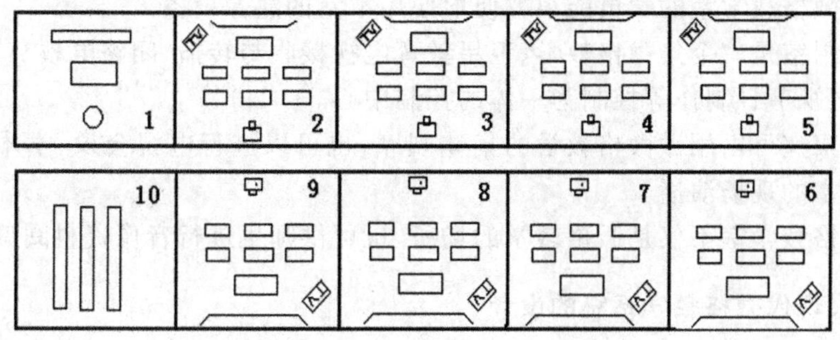

1.控制室　2～9.角色扮演、视听分析室　3.资料室

图 1-4　角色扮演与视听分析合一型微格教学室布局

(4)微格教学室设计一例(旧房改造)

以下是由几间旧的办公室改造成的微格教学室，工程不大，结构合理，使用方便(见图 1-5)。

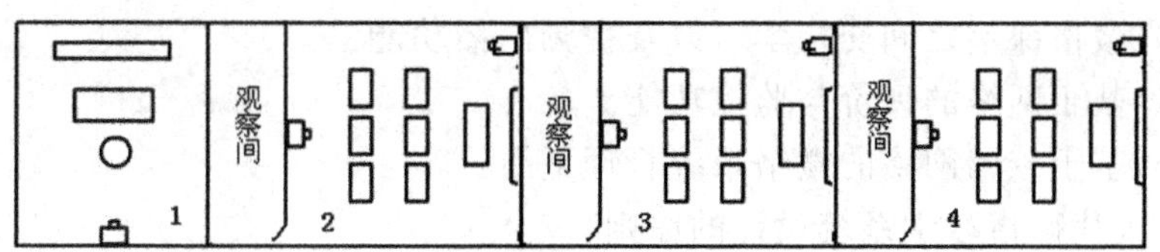

1～8.微格教学室(角色扮演与视听分析合一)兼音像资料阅览室

9.总控室(微格教学、卫星教育电视、闭路电视、电教节目制作等控制)

10.观察室(兼演播室，演播电视会议、小型课堂、学术报告等)　11.走廊图

图 1-5　微格教学室设计一例(旧房改造)布局

该套微格教学室具有以下特点：

能保证教学组织形式的小组化，学习小组的成员可在七人以下。

保证一个普通教学班所有学员在第一次单循环的同一时间内，能同步进行技能学习、技能实践和技能评价，学员中途不变换场地，教学过程紧凑。

指导教师在总控室能在全体或个别的方式，对各微格教学室的学员进行教学组织或教学指导。

各微格教学室的图像和声音能实时传送至总控室，可在对应的监视器上显示，并能得到准确记录，也可转接到旁边的观察室或闭路电视网中。

总控室能向各微格教学室统一播放相同的音像资料和一一对应地重放各微格教学室的角色扮演实况。

各微格教学室的学员能很方便地使用本室的放像设备。

控制室是一个集微格教学、卫星教育电视接收与转播、闭路电教节目前端传输、电视节日制作等控制为一体的控制中心。

观察室可以用做微格教学的集体观摩，也可以进行电视会议、学术报告、小型课堂的现场演播。

微格教学室不仅是微格教学的场所，也可供师生进行音像资料阅读。

二、现代微格教学系统的设计

1.现代微格教学室特点

随着现代教学理论以及信息技术的发展，新型的现代微格教学系统应该是一个集多媒体教学、视频点播、数字化现场直播、远程监控与评价和信息化综合管理为一体的数字化网络系统。整体上它应该具备以下的功能：

(1)多媒体微格教学功能。

(2)教育技术技能操作与实训功能。

(3)微格课室之间交互学习以及视频广播功能。

(4)基于网络的评价与监控功能。

(5)基于校园网络的微格系统管理平台。

2.现代微格教学系统设计的原则

现代微格教学系统的设计包括实验室设计和教学设备设计两方面内容。因此，现代微格教学系统的设计原则应该从实验室和设备需要两方面出发，遵循以下几个原则：

1.易控性原则。现代微格教学系统是一种智能化、数字化的系统，对它的设计应当满足使用人员操作的真实性、有效性和便利性。整个系统的操作简洁明了，即使系统本身，就技术而言，它可以是相当复杂的，但是它最终面向用户的交互界面应该是简洁的，容易操作的。易控性在很大程度上满足了教学的需要，简化了学生和在职教师提高教学技能的程序。

2.开放性原则。它主要是指硬件设备的通用性。即设备的指标是否和国内外认可的标准相一致或是相接近。如在视频的截取录入时，所保存的格式是否具有通用性。监视器的输入输出接口是否与主流的线制一样等。设备的开放性有利于日后设备的更新或是升级。同时，在设备的选择上也应当顺应时代发展的需要，对微格教学发展趋势做出科学的预测，并予以实现。

3.实用性原则。它是指设计应该注意整个系统的性价比，在保证教学、训练需求的同时，微格教学系统的构建还需要考虑到适当的性价比。我们在设计的过程中，不能一味地选择先进的、价格高的设备，应讲究实用。如视频传输系统，不是越贵的系统，它的整体性能就越好，更多的是体现在个别方面。所以，我们要看所要选择的系统是否适合于在微格教室中使用。

3.现代微格教学系统的设计要求

根据现代微格教学系统的特点和设计原则，现代微格教学系统的设计必须满足下列要求：

1.微格教学系统必须具有全面的信息化教学环境配置。

如多媒体计算机、实物投影机等，为学生提供真实的信息化教学环境，让学生通过实践掌握信息技术与课程整合的专业技能。在微格教学训练的过程中，指导教师根据现代教学理论与方法诱导学生利用信息化教学手段贯穿教学过程，并通过教学设计使学生深入探讨信息技术与学科课程整合的方法与策略。

2.信息化的微格教学过程管理与评价管理平台。

微格教学的过程是一个不断修正教学设计与教学方法的实践过程.所以需要改变传统的实践与评价方式，使用信息化的手段与方法，将学生教学实践过程用文件夹方式管理起来，运用过程性评价的方法，通过学习文件夹的评价的方法有机地将教学、学习与评价结合起来。评价过程中着重学生自评、学生互评和小组评价，教师还可以借助“教学过程管理与评价管理平台”监控学生的微格训练过程，并组织不同小组、不同班级的学生进行实时或通过学习文件夹开展研讨与互评活动。

3.指导教师能够基于网络实现现场实时观察、指导与分时个别指导。

在微格教学中往往是多组同时进行，教师通过网络双向性，观察每组学生教学过程，针对教学过程出现的问题，及时进行指导，并对优秀的教学方法或出现的常见问题，组织全体学生进行观看、交流、对话。同时。将学生施教过程记录存档。指导教师通过网络随时浏览学生文档，并将评价意见批注在学生的文档中，供学生参考。

4.学生自我演练、自我修正的管理模式。

现代微格教学系统应具有开放性，允许学生反复演练，指导教师与学生之间、学生与学生之间不断沟通、评价，以使学生迅速掌握教学方法与教学技能。因此，管理平台是基于校园网络的，每次的微格教学过程，师生可以实时或分时将评价意见批注在视频记录中，学生可以通过网络进行浏览，自己对比，自我评价，不断修正教案，提高教学水平。

4.现代微格教学系统构成

微格教学系统构成由主控室＋多间微格教学室组成，其中每间微格教学室背后配有观察室，系统构成如下图 1-6 所示。

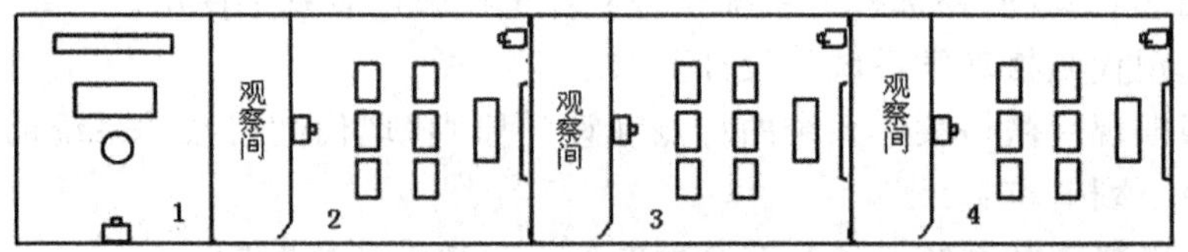

1.主控室　2～4.微格教学室

图 1-6　微格教学系统构成示意图

(1)主控室

图 1-7　主控室

主要配置设备：监控台、主控计算机、摄像头、录像机、VCD、监视器、对讲机等。

主控室设计功能：

①控制任一微格教室中的摄像云台和镜头，可以监视和监听任一微格教室的图像和声音。

②对微格教室播放教学录像与电视节目。

③可以把某个微格教室的情况转播给其他的微格教室。

④可以录制某个微格教室的教学实况供课后讲评。

图 1-8　微格教学室(1)

(2)微格教学室

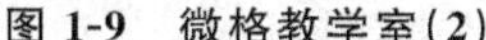

图 1-9　微格教学室(2)

图 1-10　微格教学室——教师控制台

主要配置设备：

①多媒体投影机：用于投放教学课件资源。

②学生摄像机：用于拍摄在座观摩学生的情况。

③教师摄像机；用于拍摄试讲者的教学情况。

④教师工作台(讲台)：用于控制投影机及屏幕的工作，并配备计算机进行多媒体辅助教学，同时记录和播放课堂实录。

⑤回放音箱：用于播放音频声音。

多媒体微格教室设备连接图如图 1-11 所示：

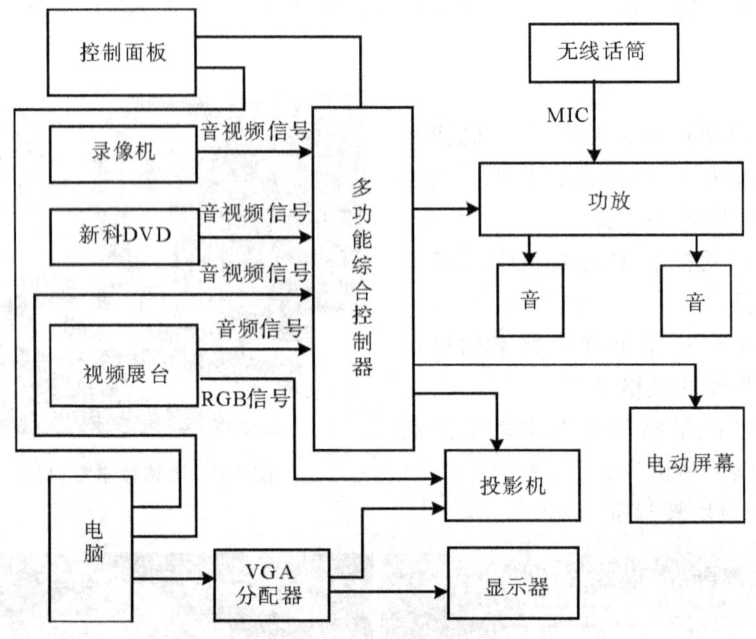

图 1-11　多媒体微格教室设备连接图

(3)微格教学室功能

①在微格教室中可以呼叫主控室,经允许与主控室对讲。

②微格教室中可以控制本室的摄像系统,录制本室的声音和图像,以便对讲课情况进行分析和评估。

③分控机可以遥控选择主控室内的哪一台录像机、VCD机等其他影像输出设备进行工作,并能遥控已选择设备的播放、停止等操作。

5. 微格教学系统整体功能设计

现代微格教学系统是一个集多媒体影音编辑制作、视频点播、网络现场直播为一体的微格教室系统。系统整体功能设计如下:

(1)该系统采用智能网络控制方式进行系统的控制和管理,可通过系统分别控制各摄像机的动作,选择观看各微格教室的现场教学情况,对各教学现场的学生、老师进行远程教学评估和观摩。

(2)该系统可将各种音视频信号和计算机信号切换到电视机上进行显示。

(3)系统可与校园网络有效连接,用户通过校园网也可点播服务器的视频内容。

(4)系统采用数字化录像 MPEG4,实时压缩成 asf 和 JPGE 文件格式,两种格式同时存储微格教学内容在服务器上，可用多种方式进行剪辑和合成。

(5)各微格室可以方便的自行控制摄、录、放、存、删除全部操作(对资源库文件的修改或删除须经授权方可)。

(6)系统可将各微格教室的现场情况调到中控室的主控计算机上进行观看，同时各微格教室通过网络也可方便地播放其他微格教室现场情况，无需中控室进行转播。

(7)管理员不仅可以在系统总控室对整个系统进行控制，同时也可进行远程控制。

(8)控制室能观看到任一间微格室的教学情况(通过显示器)。每间微格室除可观看到本微格室的教学情况，同时也能通过电视机看到其他微格室的教学情况。

三、微格教学室设备使用与教学过程控制

1. 微格教学室常用设备

(1)摄、录、放像设备

摄像设备摄像设备的好坏，直接影响角色扮演情况记录的好坏，应该选用质量较好、性能稳定的摄像设备。①摄像镜头。摄像镜头有变焦、定焦，自动光圈和手动光圈之分.要根据实际情况选配。②摄像机。一般采用低照度，水平分辨力至少在30线以上，信噪比在46db以上的电荷耦合CCD摄像机。

录像、放像设备①录像设备。一般采用一般采用带高频头的VHS录放机，而现代微格教学系统则广泛使用硬盘录像系统。②放像机。放像设备要具有有利于教学分析的慢速重放，逐帧重放和完全静止等功能。现在VCD和DVD比较实用，可作为放像设备使用。或直接通过计算机系统将硬盘系统中的数字化音像资料播放出来。

(2)传声设备

微格教学室对传声器的要求是失真度小、灵敏度高、指向性强。一般采用高级拾音器，但采用这种拾音器要有专用电源。现在普遍采用一间微格教学室中，师生共用一个同定在天花板或黑板上方墙壁上的拾音器的传声方法，效果较好。

(3)控制设备

一般的控制设备是机械式面板控制，但它有如下弱点：一是操作不便；二是一个面板控制器只能控制有限的几个摄像头。目前，已开发研制出新一代控制设备，即键盘控制系统。它操作简便，只用一个控制键盘就可控制多个摄

像头，另外，还出现了更先进的多媒体控制设备，配置辅助信息沟通系统。使得微格教学室和主控室的信息沟通变得更为方便，主控室和微格教学室之间距离比较大时，也能迅速沟通，不受任何干扰。

(4)照明设备

角色扮演时．要把整个过程用摄像机拍摄下来，要求微格教学室有较好的白然照明条件，以保证画面的应有层次。为了补充自然光线的不足，可在微格教学室中加装新闻灯。微格教学室要避免日光灯的镇流器的蜂鸣声，因此应该采用工作时无噪音的节能型电子镇流器。如用线圈镇流器，则要把它安装在室外。

(5)多媒体计算机

多媒体计算机上安装有各种视音频采集、非线性编辑系统、音频处理系统等应用型软件。多媒体计算机可以由 1 台或多台计算机组成，安放在控制室内，负责整个设备系统的控制、管理和制作功能以及充当视音频展示器的功能。

2. 微格教学室设备使用指南

多媒体微格教学室的使用操作步骤：

打开 MFC－ⅤS 型多功能综合控制器的电源即可使用系统。MFC－Ⅴ多媒体综合电教室控制系统的全部设备应用资源均由 MFC－Ⅴ电教室多功能控制面板统一控制管理，操作直观、快捷。控制面板界面分为设备电源控制和切换区、设备功能控制区。(见图 1-12)

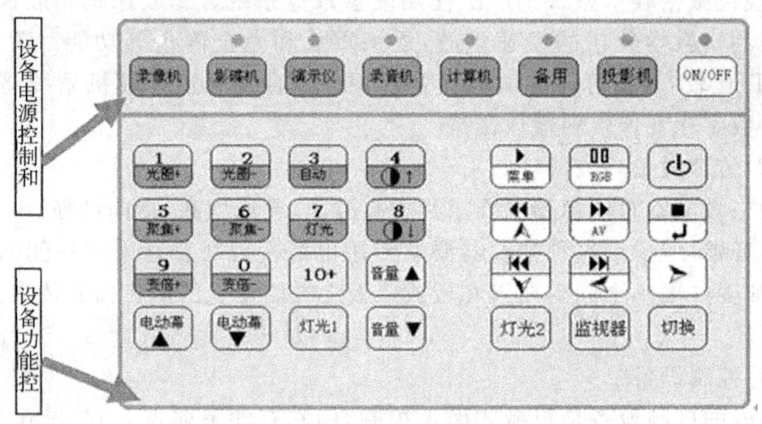

图 1-12　多功能控制面板图

第一：设备电源控制

通过控制面板的按键操作，可控制多媒体电教室所有设备的供电电源，并可控制一个电动幕的升降运动，两组环境灯光的电源通断。

（1）在整个系统的供电电源打开后，ON/OFF 按钮上方的指示灯为红色，按 ON/OFF 按钮一下，其上方的指示灯变为绿色，这时就可以对面板上其他按钮进行操作。

（2）按下设备电源控制区内的按键，该键上方指示灯点亮，表示对应该键的设备供电电源打开，同时该设备的音视频信号被切换到音视频输出的第一路，当再次按下设备按键时，只起音视频切换功能。

（3）环境设备（电动幕和灯光）的控制有四个键，分别是电动幕▲、电动幕▼、灯光 1、灯光 2。按电动幕▲电动幕做上升运动，再按电动幕▲电动幕停止运动，按电动幕▼电动幕做下降运动，再按电动幕▼电动幕停止运动，当电动幕在运动过程中时，按反方向的按键可使电动幕停止后马上反方向运动。灯光的控制方式是按一下开，再次按下即关。

（4）设备电源的关断：设备的电源不能单独切断，需通过按住ON/OFF按键不动，等其上方的红绿灯交替闪烁时即松开，再等待十秒钟左右后全部设备的电源即切断。在全部关断前控制面板自动执行如下动作：

①发出投影机遥控关机命令，先实现软关机，让散热风扇运转几分钟，保证了投影机的正常关机，提高了投影机的使用寿命。

②发送电动幕上升命令，保证关机前投影幕全部收上。

第二：音视频切换控制

（1）直接按设备电源控制和切换区的前六个选设备按键录像机、影碟机、演示仪、录音机、计算机、备用是控制该设备的音视频信号切换到音视频输出的第一路。

（2）按下选设备按键后，再按切换键，可将该设备信号切换到音视频输出的第二路；若按下选设备按键后，再按监视器键，可将该设备信号切换到音视频输出的第三路。

（3）若需直接将电脑信号切换到投影机，先按投影机键，再按RGB键或AV键即可。

1. 设备播放功能控制

（1）录像机控制

按选设备键录像机，在设备功能控制区的右边即可控制录像机的各种动作，功能控制按键的灰色按键即对应录像机的各功能键。在输出通道 1 可监

视到调节状况。

(2)影碟机控制

按选设备键影碟机,在设备功能控制区的左边即可控制影碟机的各种动作,功能控制按键的灰色按键即对应影碟机的各功能键。在输出通道1可监视到调节状况。

(3)演示仪控制

演示仪若为遥控控制方式则可通过读码后采用控制面板集中控制,先按下演示仪键,设备功能控制区左边的深灰色按键对应演示仪的各功能键。

(4)录音机控制

录音机若为遥控控制方式则可通过读码后采用控制面板集中控制,先按下录音机键,设备功能控制区右边的灰色按键对应录音机的各功能键。

(5)投影机和音响的控制

音响的音频信号和投影机的视频信号应是一对输出信号,音量控制键指控制遥控功放的音量或者是控制投影机自带音响的音量。按投影机可实现对投影机的控制,设备功能控制区右边的蓝色按键对应投影机的各功能键。

(3)微格教学过程的控制

第一:试讲录制操作(在微格教室中进行)

(1)调整拍摄对象的大小位置

①打开微格录制平台(软件)

左键双击桌面"CMNS—2000 客户端"图标(见图 1-13)。

图 1-13 "CMNS—2000 客户端"图标

②进入 CMNS－2000 客户端管理界面(见图 1-14)。

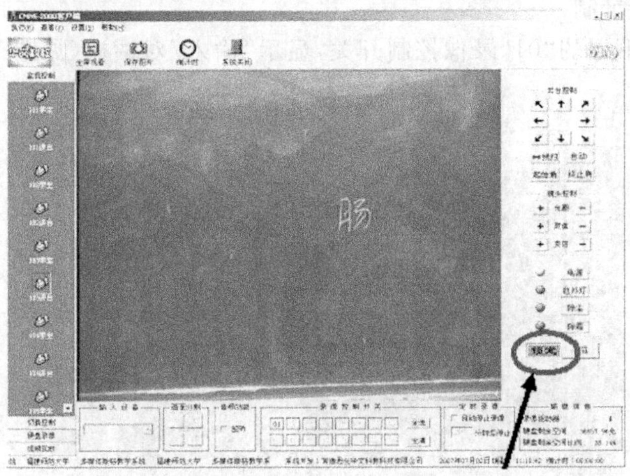

图 1-14　CMNS－2000 客户端管理界面

③单击"锁定"按钮,可对教室内教师摄像机的拍摄角度及镜头进行控制(见图 3-2)。

"锁定"后方可调节摄像机角度、调焦、大小;调整到试讲者及屏幕的大小、位置合适为止,如下图 1-15 所示。

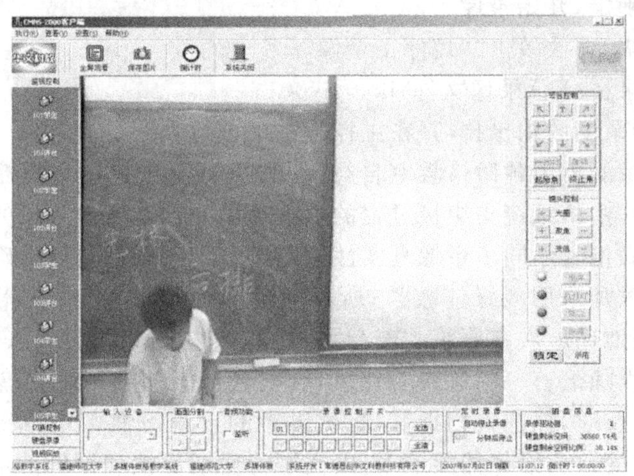

图 1-15　调整画面到合适的位置和大小为止

④再单击“锁定”取消调节，准备录像。

(2)开始录制

①单击下方的“01”录像控制开关，显示“输入”对话框(见图 1-16)。

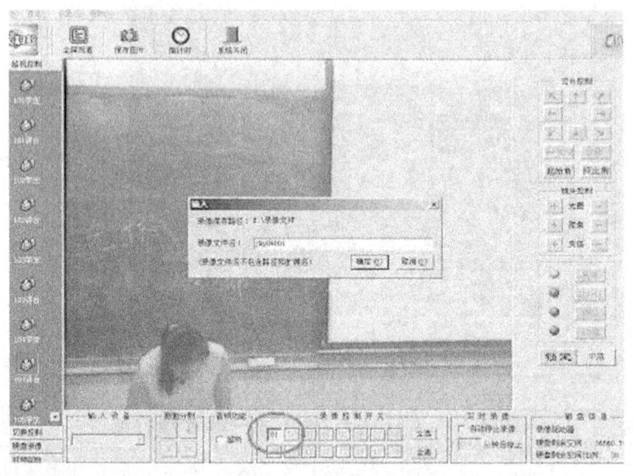

图 1-16　输入对话框

②输入文件名：jky04jy001，单击“确定”，开始录像。

(注意所在路径 E:\录像文件，以便课后拷贝)

③单击确定，开始录像

④录像毕，再次单击“01”停止录像。

文件被录在：E:\录像文件\jky04jy001

(3)同步录制的拍摄技巧(在主控制室中进行)

现场录像既可由各微格教室自行控制，也可由主控制室来控制。在主控室可以完成一些精细镜头组接过程的示教片段和示范教学片段的录制。同步录制应遵循微格教学同步录像真实性原则，使声音、图像得到准确还原。由于90%以上的教师采用多媒体教学，所以应确保在拉上窗帘、关闭教室照明灯时，也能较好地还原教室原貌。声音则用固定机上的机内话筒来拾取，让周围的环境声和教师语言一同进入麦克风，真实还原教室当时的声音环境。同步录像要准确、及时，抓住人物细节，将试讲者的自身习惯，不易察觉，如多余的动作、习惯性的口头语等捕捉下来，以便进行后期反馈和评价。录像人员注意力要高度集中，根据教师在课堂上随时的变化及时做出反应，使教师各方面技能完美无缺地记录下来。

①引入技能的拍摄。引入是教师如何引导学生进入所学内容的过程。开

始时我们一般以全景反映教室的环境气氛，然后将镜头推向教师的特写，重点拍摄教师如何引起学生的注意，留给学生的第一印象如何，捕捉教师的表情、手势等，接着用摇镜头扫过学生的表情，观察教师是否很快就能把学生的思绪引入课堂情境，同时把青年教师开始时因紧张而产生的下意识动作和不自然及时抓拍下来。

②教师讲解技能的拍摄。用近景拍摄教师的面部表情，如讲课时习惯性的视觉方向、目光和口型等，教师在语言运用上出现错误时立刻推至特写；教师讲解大多运用多媒体课件，这时应该调整景别、光圈，使画面清楚地反映其中的文字、公式，让专家后期能看清楚画面，以便作为评判教学内容是否合理的依据。但是专家看到的画面并不是课堂中学生的观察点，我们穿插用全景拍摄的画面，确定光圈，使画面明暗与学生实际观察的效果差不多，作为教室中的学生视点，以“他”的观看效果评判教师的多媒体课件是否合理。

③教师提问技能的拍摄。提问主要表现的是教师和学生相互交流的情况，除了教师行为外，还要拍摄学生的行为，体现交互的活动过程。我们一般用近景拍摄教师提问，用特写表现学生的回答，用中景并摇镜头拍摄其他同学的反应。

④演示技能的拍摄。演示技能是教师给学生演示的某种技能技巧，这个过程中的主体是教师。比如我们在拍摄物理系的老师演示测量仪器的使用时，用特写镜头跟着其手部动作，用中近景表现整个演示过程，观察仪器部件是否交代清楚，调整是否到位，并将出现的错误或不当的操作及时拍摄下来，作为专家评判和纠正的依据；同时也以教室内学生的角度，穿插全景镜头，观察是否都能看清楚演示过程。

⑤教师的板书技能的拍摄。板书技能包括两个方面，一方面以黑板和教师为中心，另一方面是多媒体画面内容的布局。我们一般用全景来表现教师对整个黑板的安排；在教师进行板书的过程中，从教师板书的全景推至近景，突出教师板书细节以中景或近景拍摄多媒体画面，观察字体选择是否美观，大标题、小标题是否分明，反差是否得当，文字、图片、动画等组合运用是否合理；用中景跟镜头表现教师如何运用板书、多媒体内容进行讲解。

⑥教师课堂组织技能的拍摄。组织技能包括两个方面：一是教师组织整个教学内容的能力，它贯穿于整个教学过程中，是教师多方面技能要素的整合；二是教师组织学生、调动学生的情绪的能力。用全景表现课堂气氛，用跟镜头表现教师如何进入学生之中，创设问题情境，组织学生讨论。

⑦总结技能的拍摄。用近景或特写表现下课铃响之前，教师对本节课内

容的总结，或者对未授完内容的控制，为下一课的讲解做铺垫，并将镜头渐渐拉至全景，表现下课气氛。

1. 试讲回放操作（在微格教室中进行）

（1）单击左下角的“视频回放”按钮，进入回放界面（见图 1-17）。

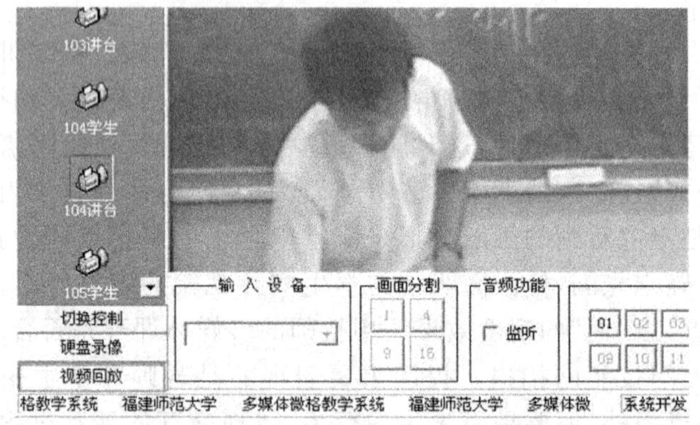

图 1-17　“视频回放”按钮(左下角)

（2）单击右边的“文件”下拉按钮，并从下拉文件名列表中选择本人的文件即可（见图 1-18）。

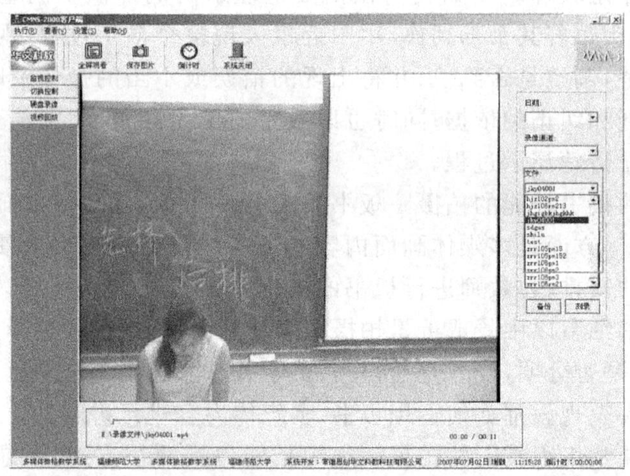

图 1-18　视频回放界面

(3)单击右边的“播放”按钮，即可回放。并可进行：暂停、快放、慢放、停止备份及刻录等操作(见图1-19)。

图1-19　回放过程可进行的操作

(4)还可通过屏幕下方的进度钮，进行选择性的播放(见图1-20)。

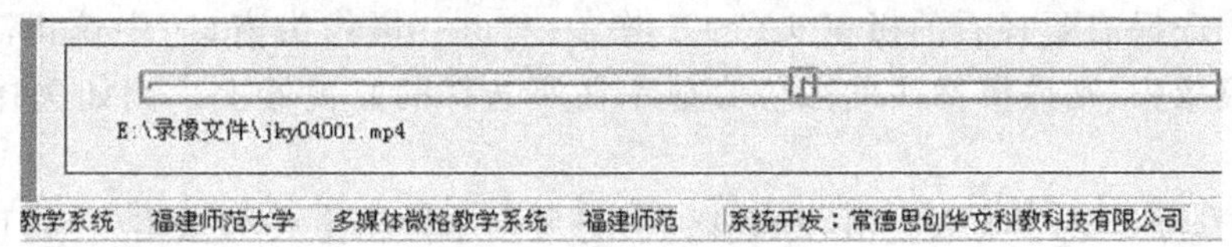

图1-20　播放进度钮

第二：音视频导播与点播操作

(1)音视频导播服务

总控制室通过软件可实现对每个微格教室中的多媒体设备进行远程操作控制。在总控制室的电视墙上可以观看到任一微格教室的教学情况，教室可通过不同的用户名登录CMNS－2000客户端观看到其他教室的教学情况，总控室可将音视频处理器的任一输入信号强制性的送到每一教室。通过该功能教师可以对所有班级或指定的某年级的学生讲解教学内容，实现教学实况转播；也可以把某个教室的实况转播给所有的班级或指定的某几个班级，从而实现转播教学。在总控制室中还可以通过CMNS－2000客户端和各微格教室进行可视对讲，以及教室和教室之间进行可视对讲。例如要在101教室和102教室进行对讲，则可在101教室用102用户名登录客户端软件采集到102的图像和声音，而在102教室用101用户名登录客户端软件采集到101的图像和声音从而实现教室和教室之间的对讲。

(2)监视图像切换

主控软件可将系统中的任意一路音视频输入切换到系统中的任意一或多路音视频输出。通过监视图像的切换。在操作过程中，所选中的监视器和摄像头将以蓝底白字反相显示。主控室可指导某个微格室(102.微格一)与另一个微格室(103.微格二)互相观摩学习，进行教学经验交流。其操作方法如下：

①点击按钮，将系统控制状态切换到监视状态。

②选择输出的监视器(102.微格一)：在软件的主控界面上的“监视器窗口”中选择需要输出的监视器，例如选择102.微格一。

③选择需要观看的摄像头(103.微格二)：在“摄像头窗口”中选择需要监视的摄像头，则该摄像头的图像会显示在所选择的监视器上。例如选择103.微格二。

④点击按钮，将系统控制状态切换到监视状态。

⑤选择输出的监视器(103.微格二)：在软件的主控界面上的“监视器窗口”中选择需要输出的监视器，例如选择103.微格二。

⑥选择需要观看的摄像头(102.微格一)：在“摄像头窗口”中选择需要监视的摄像头，则该摄像头的图像会显示在所选择的监视器上。例如选择102.微格一。

⑦至此，某个微格室(102.微格一)与另一个微格室(03.微格二)即可以互相观摩学习。

(3)VOD视频点播服务

图1-21　VOD点播界面

微格教学系统采用网络交换机进行网络连接，并可与校园网络有效连接，试讲者可将微格技能训练的片段及使用的课件，通过该系统的节目录入和编排功能模块，编制成 VOD 点播目录(该步骤可由技术人员完成)。这样老师和学生即可通过校园网点播服务器上的节目内容。在任一台校园网的终端机的 IE 浏览器中，输入 VOD 视频点播服务器的 IP 地址 219.220.110.148，打开主界面如图 1-21 所示：

在此画面中有视频选播、课件选播、首字选播、字数选播、分类选播、编码选播六个主菜单，将鼠标箭头移到需选的主菜单，该菜单变红色。如要进行“视频选播”。单击鼠标左键，弹出视频菜单(见图 1-22)。选择所需的视频文件，单击鼠标左键，进入播放界面。

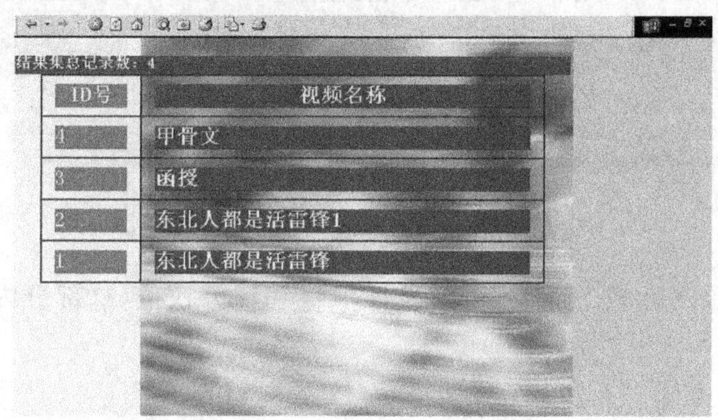

图 1-22　VOD 点播视频菜单

四、微格教学技能评价软件使用说明

1. 教学技能评价软件介绍

当前微格教学系统采用先进的电脑软件进行教学技能评价，通过该软件系统可以全方位地进行微格教学，并且对教学结果进行准确的记录和合理的评估，从而促进受训者不断地完善教案和提高教学水平与教学效率。该评价软件界面如图 1-23 所示：

在服务器 IP 地址栏输入服务器 IP 地址，在评估人一栏输入评估人姓名和口令，再点击学生姓名列表即可。

(1)教学评估内容

该软件系统对教师进行评估的内容，严格按照微格教学标准来制定，该系统默认主要有导入技能、语言技能、提问技能等 10 项评估标准，10 项标准根据权值定为 1—5 分不等，然后系统自动统计进行数字分析，产生评估结果。

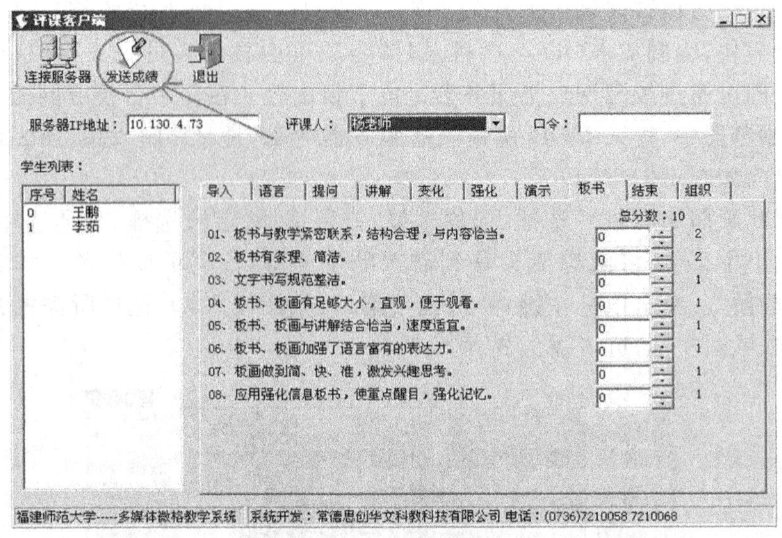

图 1-23　评价软件界面

教师可以按照实际教学需要，调整技能项目和评分权值（这部分内容见评课设置）。

（2）评估方法

进入系统控制窗口，切换到指定学生，然后根据微格教学要求对教师进行教学评估，根据教学的实际情况选择分数值，或在对话框中直接填写分数。评课结束后，按“发送成绩”菜单保存评课结果。

2. 教学技能评价软件的使用（操作与实践）

（1）评课设置

点击桌面评课服务器端，在菜单项中的“设置”菜单项，弹出“评课设置”对话框，如图 1-24 所示，评课设置以班级、评课人、学生姓名为单位，在“姓名设置”选项卡中，可以增加班名称、评课人和学生名单列表，或者在原有的名单基础上进行个别修改，这里的姓名属性将作为后续评价分析的基本组织单位和索引依据。

在“评课内容设置”选项卡中（见图 1-25），可以根据需要增加、调整或改变微格教学技能的项目和分数权值，在每一项技能对应的二级评价指标中，有默认的评价细节条目，当然教师也可以设定具体的细节内容和分数。各项参数设定完毕，点击“退出”按钮退出“评课设置”对话框。

（2）评课数据输入

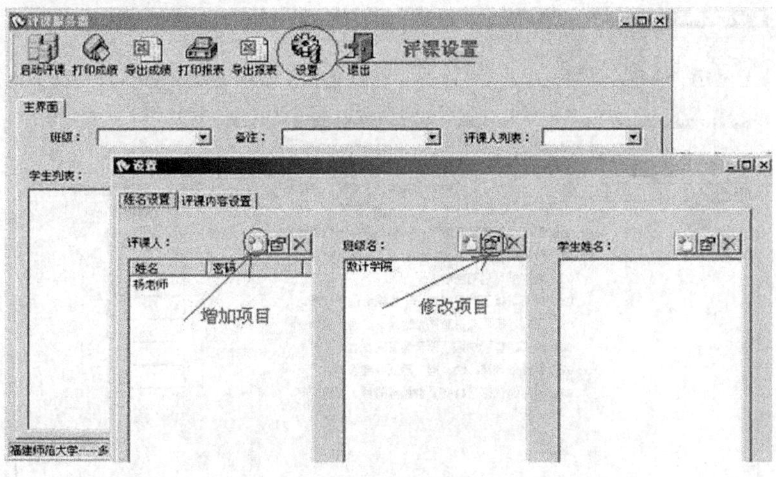

图 1-24　评课名称设置界面

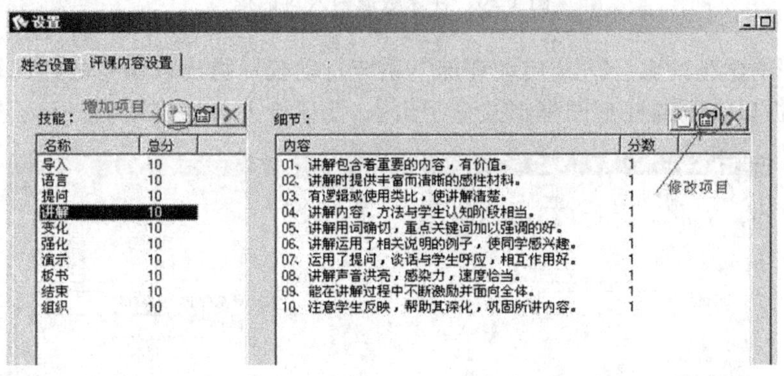

图 1-25　评课内容设置界面

再次进入 CMNS—2000 客户端管理界面，点击“执行”菜单栏中的“教学评估”菜单项，弹出评课对话框（如图 1-26 所示）。输入评课人姓名和口令，系统自动列出“学生姓名”列表，选择被评的学生和训练技能项目。在“评课技能”框中对各项进行评课，按要求对某个微格教学技能或多个教学技能进行评分，评课结束后，点击菜单栏中的“发送成绩”，系统自动将评课成绩保存到评课服务器，以供进行后续的评价分析和报表输出处理。

(3)评课结果分析处理

点击进入评课服务器工作窗口（见图 1-27），依次选择“班级”、“评课人”，

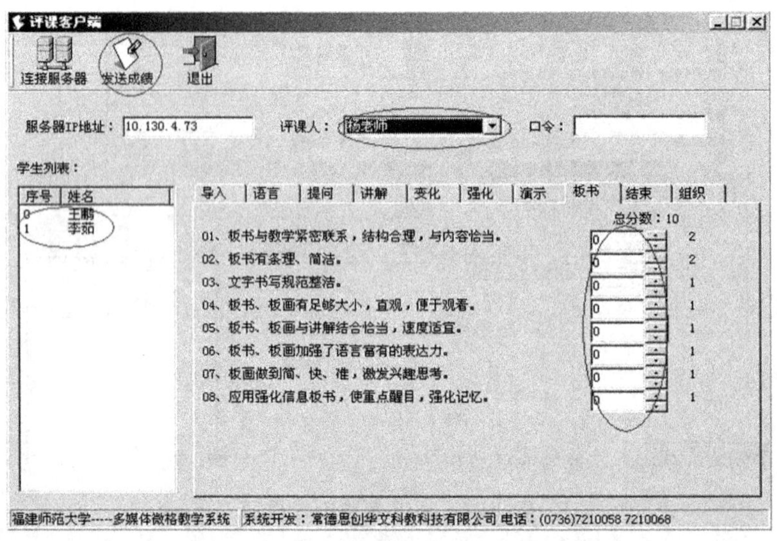

图 1-26 评课数据输入对话框

和被评的学生姓名，点击“启动评课”，系统自动统计得出该学生的评课结果数据，数据以直观的柱形图框形式显示出来，使评价人对评价结果一目了然。

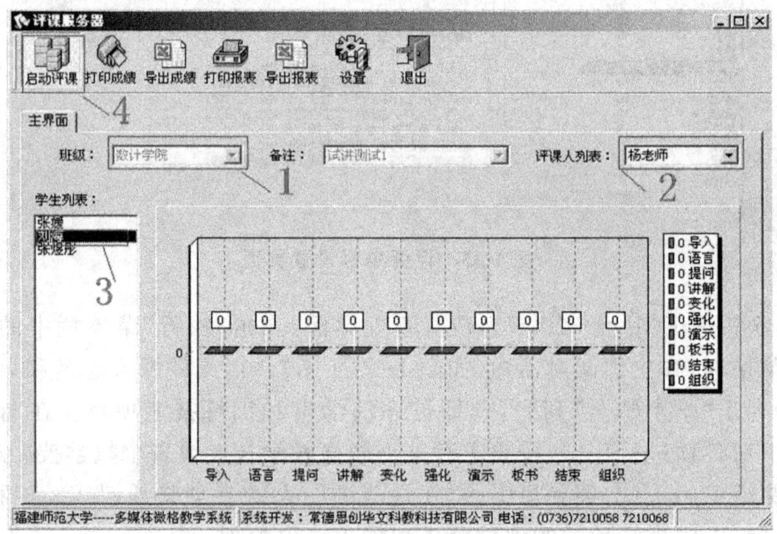

图 1-27 评课成绩分析结果

（4）评课报表导出及打印输出

在评课系统自动统计分析评课结果的基础上，我们也可以显示各个学生各部分技能的具体成绩列表，或者进行报表结果导出或打印输出。操作步骤(见图 1-28)，点击“导出报表”菜单，可得到如图 1-29 所示的结果。点击“打印成绩”菜单，可得到如图 1-30 所示的结果。

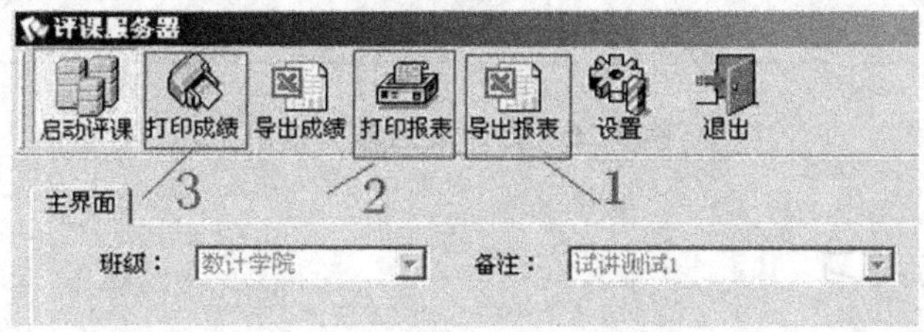

图 1-28　评课结果输出界面

测试一

姓名：王鹏　　评课人：杨老师　　总分：51　　日期：2007-9-25

==导入== 得分: 7	
01、引入能引起学生兴趣各积极性。	1
02、引入能自然引入课题，衔接恰当。	1
03、与新知识联系密切。	1
04、确实将学生引入学习的环境。	1
05、讲话感情充沛，语言清晰。	1
06、引入时间掌握得当，紧凑。	1
07、能面向全体学生。	1
==语言== 得分: 7	
01、普通话讲得标准。	0
02、吐字清晰、声音洪亮、速度节奏恰当。	1
03、语言通顺、连贯、音调有起有伏。	1
04、语言所表达内容规范、条理性好，促进理解。	2
05、语言的情感情好，有激励作用。	0
06、目的明确，主次分明，表达简洁，恰当重复。	1
07、语言有启发性，应变性。	1
08、使用身态语言，目光、表情、动作恰当。	1
09、能运用语言与学生相互作用，学生积极性高。	0

图 1-29　报表输出结果

总报表

姓名	总分	最高分	最低分	平均分
张媛	81	9	6	8.1
刘海	0	0	0	0.00
张煜彤	0	0	0	0.00

图 1-30　打印成绩输出结果

思考与练习

1. 微格教学室的要求与布局？
2. 微格教学室的类型？
3. 现代微格教学室特点？
4. 现代微格教学系统设计的原则和要求？
5. 微格教学过程的控制？
6. 教学技能评价软件的使用？

第二章

微格教学实践研究

第一节 微格教学设计

教学设计是微格教学过程中的一个重要环节，也是学习者实践的开始。

微格教学的教学设计是建立在学习理论、传播理论、系统科学理论的基础之上的对教学过程和方法的描述。

在微格训练过程中，师范生在学习完每一项教学技能之后，紧接着要通过一个简短的微型课对所学的教学技能进行实践训练，使其理论在实践的过程中提高和完善。如何根据教学内容和技能训练目标，对微型课的教学方案和教学过程进行设计，将要训练的教学技能恰如其分地运用于课堂教学过程，这是微格教学训练中极其重要而艰难的工作。这项工作几乎贯穿微格教学训练的全过程，我们在教学改革实践中要求师范生从教学设计的高度认识并操作整个过程，从而使微格教学的训练方案更加科学有序。

一、微格教学的教学设计概述

微格教学的教学设计是根据课堂教学目标和教学技能训练目标，运用系统方法分析教学问题和需要，建立解决教学问题的教学策略微观方案、试行解决方案、评价试行结果和对方案进行修改的过程。它以优化教学效果和培训教学技能为目的，以学习理论、教学理论和传播理论为理论基础。

微格教学的教学设计与一般的课堂教学设计既有联系，又有区别。一般的课堂教学设计对象是一个完整的单元课，教学过程完整地包括导入、讲解、练习、总结评价等教学各阶段。而微格教学通常都是比较简短的，教学内容只是一节课的一部分，以便于对某种教学技能进行训练；因此，就不能像课堂教学设计那样主要从宏观的结构要素来分析，而是要把一个事实、概念、原理或

方法等当做一套过程来具体设计。因此，在教学技能训练的过程中就存在着两个教学目标，一是使被培训者掌握教学技能的目标；二是通过技能的运用，实现中小学课堂教学目标。教学技能是实现教学目标的方法和措施，而课堂教学目标所达到的程度是对教学技能的检验和体现，二者紧密联系、互相依存。由此微格教学的教学设计既要遵循课堂教学设计的原理和方法，又要体现微格教学的教学技能训练特点。

二、微格教学的教学设计原理

微格教学将日常复杂的课堂教学进行分解和简化，并为培训教学技能而建构了科学的训练环境和方法，使受训者获得大量和及时的反馈信息。因此，微格教学的教学设计原理和方法具有下列明显特征：

(一)目标控制原理

教学目标制约着教学设计的方向，对教学活动的设计起着指导作用，也是教学评价的主要依据。在进行微格教学训练时，训练任何一项教学技能，针对任何一项简短的教学内容都必须受到教学目标的控制。如前所述，微格教学的目标具有课堂教学和技能训练的双重目标。微格教学作为课堂教学的子部分，其目的是在实现课堂教学目标的前提下，灵活运用并掌握教学技能。微格教学的教学设计，必须以实现课堂教学目标为先导，教学技能训练目标为手段，进行教学策略的微观方案设计。若偏离了课堂教学目标，不管运用了什么样的教学技能都是无意义的。同时，为达到预定的教学目标，受训者又必须熟练掌握和灵活运用教学技能，明确教学技能的训练目标，才能更好地实现课堂教学目标。

(二)系统设计原理

微格教学包括了教师、学生、课程(教学信息要素)和教学条件(物质要素)四个最基本的教学系统构成性要素，涉及教学目标、教学内容、教学方法、教学媒体、教学组织形式、学习结果和评价等过程性要素及其相互关系，是包含各种教学要素的、复杂的、微观的课堂教学子系统。也就是说，微格教学是微观层次的教学系统，其教学设计的研究对象是微观的教学传播过程。因此，微格教学的教学设计的过程应体现教学系统设计的思想和方法。具体来说，就是在微格教学的系统设计过程中，通过系统分析技术(学习需要分析、学习内容分析、学习者分析)形成制定、选择教学策略的基础，通过解决问题的策略优化技术(教学策略的制定、教学媒体的选择)以及评价调控技术(试验、形成性评价、修改和总结性评价)使得解决复杂教学问题的最优微观教学方案逐步形成,取得最佳的学习效果。

(三)优选决策原理

教学策略是对完成特定的教学目标而采用的教学活动的程序、方法、形式和媒体等因素的总体考虑。它具有指示性和灵活性,而不具有规定性和刻板性,可以较好的地发挥教学理论具体化和教学活动方式概括化的作用。对于教学来说,没有任何单一的策略能够适用于所有的情况。最好的教学策略是在一定的情况下达到特定教学目标的最有效的方法论体系。为了达到特定教学目标,必须充分考虑多种不同的教学策略,包括选择和设计课堂教学过程和教学媒体等,优选出具有实际可操性的教学方案,力争运用最佳的教学策略于特定的教学情境。

(四)反馈评价原理

教育传播理论认为,反馈是教育传播过程中的重要因素,它可以使教育传播过程成为双向交流系统,使教育者了解到信息的传递效果,并对学生的学习状况作出及时准确的评价,对自身的传播行为作出改进。微格教学运用现代科技手段进行信息反馈。当微型课结束后,受培训者可及时观看自己的授课记录,并与指导教师和同学进行讨论评价,从而获得广泛而深入的评价反馈信息,找出改进教学效果的方法和提高教学技能的对策。因此,进行微格教学的教学设计时,应充分利用教学设计的评价原理和方法,提高微格教学训练的教学效果和培训效果。

三、微格教学的教学设计过程模式

根据教学设计的原理和方法,结合教学技能训练的特点,我们在系统分析的基础上,提出一个适合微格教学技能训练的教学设计模式。该模式以教学设计过程的一般模式作为设计的基本框架,充分考虑微格教学技能训练特点,体现了微格教学的教学设计一般步骤,如图 2-1 所示。

微格教学训练的教学设计模式包括三个阶段:第一阶段是前期分析,包括钻研教学大纲和教材、教学内容分析、学习者分析、教学目标和训练目标的阐明;第二阶段是教学策略的确定,涉及课堂教学策略和教学技能策略的设计(其中包括了教学方法的选择和组织、教师活动的设计、教学技能训练的设计、学生学习活动的设计、教学媒体的选择和制作);第三阶段是微型课的教学设计成果的试行、评价、修改,也就是微型课的训练、微格课教学方案和技能运用的评价和修改。

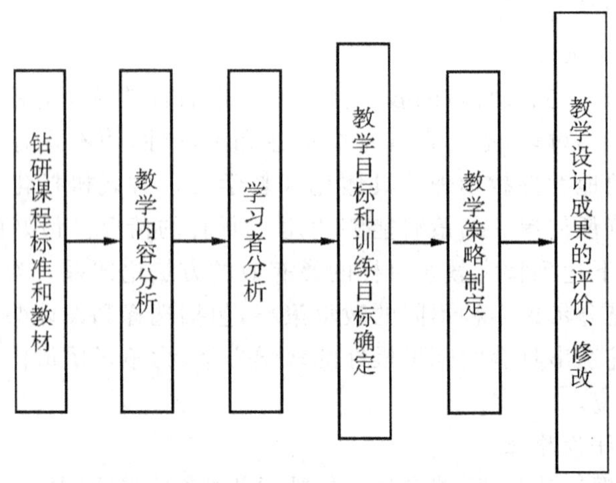

图 2-1　微格教学设计的一般步骤

（一）钻研课程标准和教材

微格教学的技能训练，虽然只是通过某一简短的教学内容，训练若干项教学技能，但这一简短的教学内容必须以教材内容为客观依据来组织。微格教学教学设计的优劣，取决于受培训者对教材的理解、分析和研究。

（二）教学内容分析

教学内容分析，就是教师依据教学大纲，结合学生的实际情况，在钻研教学大纲和教材内容的基础上，确定学生所应掌握的知识体系结构，突出教学重点，明确教学难点，以使教学更有成效。微格教学训练的教学内容，虽然只是某个事实、概念、问题或过程，也须明确这一简短教学内容在课程知识体系中的地位和关系，并分析这一教学内容的微观结构和内容组织。

（三）学习者分析

学生者分析是教学设计的一个重要步骤，它是分析教学起点，决定目标体系，选择教学策略，设计教学活动，制定评价方法和工具的重要依据。微格教学训练时的学习者由受训师范生的同伴来扮演，模拟训练课堂内存在着师生相互作用，学习者分析的重要性不亚于一般的课堂教学设计。进行微格教学训练时，主要引导受训者从两方面来进行学习者分析：(1)学习者的一般特征；(2)学习者原有知识与技能基础。

（四）教学目标和训练目标的阐明

教学目标是教师和学生通过教和学的活动所预期要实现的学生行为的变化，是教学过程所依据的指标，同时也是评价教与学活动的依据。微型课技能

训练有着双重目标，因此其目标阐明一方面是将教学内容分解为若干知识点，确定每个知识点要达到的学习水平等级并用行为动词加以描述，另一方面则是确定要训练的技能目标。在阐明目标时，应遵循以下几点要求：

(1)教学目标和训练目标都要明确具体；

(2)便于测量和评价教学目标和训练目标；

(3)具有可行性，便于训练操作。

(五)教学策略确定

教学策略是对完成特定的教学目标而采用的教学活动的程序、方法、形式和媒体等因素的总体考虑。教学策略主要是解决教师"如何教"和学生"如何学"的问题，是教学设计的重点。微型教学的目的是通过微观研究的方法培训课堂教学技能，因此微型课的教学策略除了要考虑一般课堂教学设计的教学方法、教学过程、教学媒体等策略因素之外，还要具体设计教师的教学行为和学生的学习行为，以及如何具体训练各项教学技能，才能促使受培训者的思维和行为方式受到微观具体的训练。

针对不同的学科，不同的教学任务、不同的教学对象，微格教学设计制定的策略各有不同。但在课堂教学活动程序上，都应遵循人类学习和教学的一般规律。教学设计的一般原理和方法根据学与教的理论，认为各类学习(认知、态度和运动技能等)所共有的内部机制都可用加涅的"九种的学习内部过程"解释，相应的课堂教学活动可划分为九个阶段：(1)引起注意；(2)告诉学生目标；(3)刺激对先前学习的回忆；(4)呈示刺激材料；(5)提供学习指导；(6)诱导行为；(7)提供反馈；(8)评定行为；(9)增强记忆与促进迁移。这九个阶段为微格教学最重要的综合技能——导入技能、讲解技能和结束技能的训练提供了有力的理论依据。虽然微格教学分解了完整的课堂教学过程，但在训练各项教学技能时，仍要依据课堂教学的活动规律进行教学策略的设计，从而保证了教学技能微观训练和课堂教学能力培养的统一。

(六)教学设计成果的试行、评价、修改

经前端分析和教学策略的制定，受训练者已设计和编写了微型教案，接下来就要在教学情境中进行教学方案的试行和教学技能的实际训练了，这也就是微型课教学设计成果的试行、评价和修改。它们既是教学设计过程中的主要环节，也是微格教学技能训练的中心环节。通过试行和评价，师范生以角色扮演的方式参与了教学训练的实践活动，在试讲之后又通过录像反馈的方式与指导教师和学习伙伴进行讨论评价，从而获得微型课教案、试讲和教学技能训练的反馈信息。在试行和评价的基础上，受培训者修改教案、反省自身的教

学行为、筹划重教训练,教学设计能力和教学技能得以进一步地提高。

运用微格教学的方法培训高等师范院校学生的课堂教学技能,是师范教育中很具特色和影响力的教学活动。建构并运用微格教学的教学设计模式,不仅丰富了微格教学的理论支持,而且促进了微格教学的实践训练与现代教与学理论的紧密结合。

第二节　微格教学教案设计

课堂教学系统是由相互联系、相互作用的多种要素构成的。系统科学理论研究表明,各种系统的功能总是与一定的形式和结构相关联。结构与功能既相互依存,又相互影响,系统能否发挥最佳的功能,取决于系统能否以最佳的形式和最佳的结构出现。教学设计要将各个要素协调形成一个整体,制订出切实可行的分析研究方法和解决问题的步骤,作出全部计划。微格教学实践系统包括执教者、学生、教材、教学媒体及教学环境等要素。该系统启动后的主要功能是通过各要素间相互作用,而进行学科知识技能的信息传递。要使系统功能得到有效发挥,优化教学方案,微格教学设计是至关重要的。

微格教学教案设计的具体项目有:

教学目标。目标要符合课程要求,切合学生实际,订得具体细致,以便随时检查这些教学目标的完成情况。目标不可订得太高,否则,将因无法达到而挫伤学生积极性。

教学过程。教学过程包括教师的教和学生的学两方面。教师的教就是教师根据一定的教学任务和学生的身心发展状况,通过导入、讲解、提问、板书、演示等技能方式去教导学生进行学习;学生的学就是通过听讲、观察、讨论、实验、阅读、练习等学习活动,掌握知识和技能,并发展认知能力、思维能力、创造能力。在这个过程中,教师起着主导作用,学生是主体。所以教师设计的课堂教学过程不能总是千篇一律,也不宜完全照搬"标准"教案。教师应该根据不同的教学情景和教学内容,同时考虑到学生的知识基础和智力发展水平,选择适当的教学方法,并加以灵活运用。此外,教师还要经常将新的教学思想、新的教学观念引入教学之中,通过教学实践去探索提高学生素质的有效方法。

时间分配。微格教学的教案通常限 10 分钟左右,在设计时要仔细估算每一教学行为所用的时间,这对于师范生尤为重要,有利于他们今后掌握好课堂教学时间。

检验设计内容。当教案初步设计完成,学员先自我检验,再交给指导教师批阅。指导教师从中了解学员前一阶段的学习情况,了解其对课堂教学技能的理解程度。在接受了这些信息反馈的前提下,在尊重学员本人意见的基础上,师生共同进行科学的讨论分析,提出改进意见和建议,使微格教学的教案设计更趋完善,更符合微格教学的特点。

一、微格教学教案的目标描述

每个单元的课堂教学都要有明确的教学目标。在传统的教学中。教师制订的目标往往以“教”为主,“目标要求”栏目常写成:“通过本课的讲述使学生理解……”。这样设计的教学模式通常是“教师讲、学生听”的过程。现代课堂教学理论认为:课堂教学的目的不在于教师完成某种活动,而在于通过某种活动促使学生在行为上发生某些重要的变化,如在学生身上引起的认识方面、理解方面、技能方面和情感态度方面的行为变化。因此,教师在制订教学目标时,应该既考虑教,又考虑学,要注重学生的发展。

1. 教学目标分类

在教学目标分类理论方面影响较大的是布卢姆的目标分类理论。布卢姆及其伙伴建立了主要在认知领域和情感领域方面的目标分类。后来美国的哈罗(A. J. Harrow)和辛普森(E. J. Simpson)继续编写了第三领域——动作技能领域的目标分类。在目标分类的三大领域——即认知领域、情感领域和动作技能领域中,每个分类层次间所表现的是一种从简单到复杂的序列,并且这些序列是由低级向高级递进的,高级层次的内容是建立在低级层次内容之上,并由低级层次内容逐级组合而构成的。现结合我国学科教学的情况对各个领域的不同层次的教学目标水平作一简介。

认知领域包括六个层次:

(1)识记。是指那些注重记忆的行为和情景,这种记忆是通过对观念、材料或现象的再认或者回忆而获得的。例如,能记住学科中某些有用的事实、名词、概念、原理及模型。

(2)领会。学生要进行交流时,应该知道他们要交流什么内容,并能利用某些材料或材料中所包含的观念。例如,要求学生能领会物理实验的要求、能用学科语言表述现场观察到的地质构造、能说明某种建筑物的风格等等。

(3)运用。学生能借助于对学科知识的理解来解决不熟悉的问题。

(4)分析。将材料分解成组成部分,并弄清各部分之间的相互关系及其构成的方式(多个知识点的一次应用,或一个知识点的多次应用)。例如,要发展

学生区分相关材料与无关材料的能力；注意一种观念与另一种观念怎样联系的能力；识别已知条件中包含哪些未加说明的假定的能力。

(5)综合。将各种要素和组成部分组合起来，以形成一个整体。它是学习者创造能力的一种表现，学生必须从多种渠道获取各种要素，并把它们组合成一种原先不清楚的结构或模式。

(6)评价。即在对多项知识领会、分析和综合的基础上，为了某种目的，对观念、作品、答案、方法和资料等的价值作出判断，并能以此为标准去衡量、判断其他事物。

情感领域包括五个层次，它的目标包括描述兴趣、态度和价值等方面的变化以及鉴赏和令人满意的顺应的形成。

(1)接受。学习者愿意或注意他所感受到的某些现象和刺激。例如，学生愿意参加某一学科的学习活动。

(2)反应。学习者受到了充分的驱动，正在积极地注意并伴随着满意的感觉。例如，学生积极地参与学科学习活动，有较高兴趣；通过自愿阅读和讨论，了解当前国际、政治、社会以及经济事务中的重大问题；在音乐、艺术等方面的自我表现中获得享受，并以此作为个人充实的另一种手段。

(3)欣赏。学习者对指导行为的基本价值的信奉，并已达到要追求、寻找、得到的地步。例如，认识到学科学习的意义，从内心接受；或渴望自己能形成良好的演讲和写作能力；或积极参与展示当代艺术成就的准备工作。

(4)组织。当学习者连续地将价值加以内化时，他会遇到与多种价值有关的各种情景。这时学习者要把各种价值组织成一个体系，确定价值之间的相互关系，并确立占主导地位的和普遍的价值。例如，学生在学习中已有了责任感，了解到自己学习中的优缺点，能根据自己的情况规划学习活动。

(5)定型。学习者始终根据他已经内化了的价值来行事，具有了基本的定向，并始终如一地、有效地行动，和将内化了的信念、观念和态度整合成一个完整的世界观。例如，学生在学习中有了明确的目的性，把某学科的学习作为个人毕生的事业，学习中表现出独立活动能力和良好的学习习惯。

动作技能领域包括七个层次，它的目标包括动手操作技巧和设计创造能力的形成。

(1)知觉(领悟)，即操作者通过感觉器官来觉察客体、质量或关系的过程。例如，学生通过视、听、触摸等了解了仪器的基本结构、性能。

(2)定势(准备)，即操作者为某种特定的行为或经验而作出的预备性调整或准备状态。例如，学生知道了实验的操作步骤，作好了操作的准备。

(3)指导下的反应(模仿),即操作者在教师指导下或根据自我评价表现出的外显行为而行动。例如,学生能根据教师的示范而操作,或尝试了各种操作程序,出现了一些错误,从而发现有效的操作顺序和方法。

(4)机制(表现),即操作者对从事某种行动已有一定的信心和熟练的程度。例如,学生能正确安装和操作仪器,能正确地独立完成实验。

(5)复杂的外显反应(熟练),即操作者能够从事相当复杂的动作行动,已掌握了技能,能稳定又有效地运作。例如,学生在实验操作中形成了熟练技巧,能迅速排除故障,精确地完成实验。

(6)适应,即操作者能改变动作活动以符合新问题情景的要求。例如,学生能改进仪器装置和调整实验步骤,以达到新的实验目的。

(7)创作,即操作者根据本人在动作技能领域中形成的理解力、能力和技能,创造新的动作行为或操作材料的方式。例如,学生能创造新的实验方法,能运用熟练的技能解决不熟悉的问题,能设计出新的实验。

3.微格教学教学目标的编写

编写微格教学目标时,要根据所选课题内容要求来达到训练某一项教学技能的目的。每一微型课片断,都可视为一个完整的教学事件,也有开头、展开和结尾,只是要将这一教学事件更加细分,根据每一阶段的具体特点来设计教学目标。每一微型课片断也是一项综合技能的运用,如在导入技能的训练片断中,也可能用到提问技能,或演示技能,还有教态、语言等技能。那么在训练为导入技能设计的微型课时,也必须注意到实施过程中各项要素合理协调,使微型课不仅达到训练主要技能的目标,而且综合训练了其他各项技能要素,努力使其成为最优化系统。

二、微格教学教案的教学活动设计

在微格教学设计中,我们把学生学习一个事实、现象、概念等当作一个过程,在这个过程中既有开头和结尾,中间还存在许多不同的阶段,每一阶段还进行着不同的信息加工。教学中不仅需要处理一般能够应用于所有学习结果的外部条件,还要了解学生为达到每一种学习结果所必需的内部条件。因此,在进行微格教学教学设计时,首先应该根据学生认知的特征,划分学生学习某一知识所要经历的学习阶段,然后根据每一阶段的特点和所要达到的目标,来设计教学活动。

1.学生学习阶段分析

(1)动机阶段。这是学生在进行学习前所必须具备的一种“心向”,而持续

不断的“心向”，则表示为一种期待，它代表学生所要达到学习目标的特别动机，使学生能够选择每次对信息加工的输出。或者说，学生根据自己的学习目标作出反应。如果学生没有这种期待，那就不可能很好地进行学习。

(2)领会阶段。首先，学生从环境中接受刺激，引起注意；其次，学生将有关的刺激特点贮藏在短期记忆中；进而，经过信息的再加工转换，才能进入长期记忆之中。

(3)获得阶段。为了使信息进入并贮藏在长期记忆中，必须使学生获得的信息发生关键性的转变(这个转变称为编码)，实现了这种转变，就把在短期记忆中作为一定知觉特性而得到的信息变成了一个概念或有意义的模式。编码的基本形式是将信息纳入已有的认知结构。只有经过编码，才能使输入的信息转变成为习得和可记忆的才能。

(4)保持阶段。把信息贮藏在长期记忆里，这是已经学会了的新的才能，其保持时间，视刺激的性质和内部加工的形式而不同，短的也许只有几分钟，长的可能一生一世。当然，并不排斥新旧记忆之间的干扰妨碍得到贮藏的信息造成遗忘，也不排斥由于研究与探索过程没有成效所造成的遗忘。

(5)回忆阶段。为了使所学得的东西得到证实，必须从长期记忆中检索出来。所检索出的东西经常又回到短期记忆，还可以和新的输入结合成新的实体(即新的编码)。

(6)概括阶段。当回想所学习的知识并将其应用于一个新的情境或一个新的问题时，就会发生学习迁移的现象。如果要一个学生用他所学的知识和技能解决一个新的问题时，他必须进行比原来更复杂和更广泛的检索过程。如果检索的线索是以范畴(概念)的形式提供的，而他又学过这些知识，那么他对于这些项目的检索就比较容易。比如，对于“能被5整除的数的特征”的回忆，就可以用“数的整除性质”这个范畴的概念作线索，当用这种方法提示给学生时，学习的迁移现象就会发生。因此，学习的迁移是对范畴的概括。

(7)动作阶段。这个阶段在于反应器的激活。在某种形式的活动中，这个结果是可从外部观察得到的。如果学习的只是讲述一种命题意义的能力，那么能够复述或说明，就是表示学习已经发生了。如果是学习使用某种实验仪器的动作技能，那么在实验中能够正确操作这个仪器，这种动作技能的学习结果也就表现出来了。而这些动作的发生，也就证实了这种才能已经学到了。

(8)反馈阶段。反馈是一个学习过程的结束，是由学生对其动作的观察所提供的，动作的效果向学生证明他的学习已经达到了目标要求的程度。虽然反馈常常要求学生外部行为的核对，但反馈的主要后果对学生来说显然是内在的，它是用来检查学习、巩固学习、使学会的才能持久应用。这种现象又称强化。

学习阶段的理论从本质上来讲，是一个信息的输入—加工—输出的过程。如何为这一过程，特别是内部加工过程提供良好的外部条件，是教学设计中必须认真进行的重要工作。

2.教学活动设计

(1)明确目标，激活动机。动机是学习的动力，是学生在学习活动中的一种自觉能动性、积极性的心理状态。因此，教学过程或某一学习事件的开始，第一步就是引起动机，激发学生的学习积极性，明确学习目标。要根据学生的年龄特征，激活学习动机。

(2)变化刺激，指引注意。为了引起学生的注意，在教学中诸如教师改变语调、语速、图表说明，以及使用多媒体提供的等多种刺激，或者恰当地出示新的教具，实物，录像用活动箭头指示、闪动等引起学生注意。

另外，语言的指导作用也是十分重要的。比如，教师指出教学重点，或者提出大家关心的问题引发思考等，都可以使学生的意识选择进行转移，从而把注意集中到学习内容上来。总之，教师要有意识地利用多种方法，指引学生的注意。

(3)新旧联系，刺激回忆。在教学过程中，要使学生把新旧知识有机地联系起来，用旧知识来支持新的学习。这就要求教师有意识地进行提示，启发学生进行回忆，并在学习过的知识基础上来教授新的内容。为使新旧知识形成系统，必须抓住它们之间的内在联系，教师除了启发回忆、思考外，还要不断地探询，才能把学习中的问题一步步地深入下去。

(4)分析综合，提供指导。为了使信息进入长期记忆中，编码过程开始以后，就可以使用各种不同形式的学习指导。指导通常通过语言或书写板书等方式发出的，有时图表、图画或这些方法的结合也用来作为指导的外部刺激。其目的在于提供或建立编码大纲，即把信息划成不同的范畴或列成表格等，为将来的回忆检索提供线索。当然语言的指导作用也是不可忽视的，特别是在对象的外部标志不太明显、知觉对象比较隐蔽而难于感知的情况下，语言在感知中的作用更为显著。

(5)减少遗忘，增强保持。保持和遗忘是一对矛盾的两个方面，要想增强保持，就必须减少遗忘。影响保持或导致遗忘的因素很多，为了巩固学生所学知识，就要从各个方面创造有利保持的条件，使遗忘降低到最小限度。一般来说，增强保持的条件主要有：提供学习材料的数量；材料是否有意义；材料的组织结构如何；是否为信息的检索提供了线索等。

(6)培养能力，促进迁移。迁移是指已获得的知识、技能，甚至方法、态度

对学习新知识、新技能的影响。这种影响可能是积极的,也可能是消极的,前者叫正迁移或简称迁移,后者叫负迁移或称干扰。在教学中如果充分注意正迁移及其产生的条件,那就能在一定程度上减少或者防止负迁移的影响。促进迁移的条件一般有:掌握基础知识,并能运用自如;培养分析问题和解决问题的能力;提高概括水平,了解客观事物之间的关系;加强练习指导,不断改善学习等。

(7)创设情境,引出动作。引出动作就是使学生对所学知识做出反应,通过各种方式来表示对知识记忆、理解的程度,或把知识应用于新的情境。引出动作既是检验学生对知识的理解或保持的一种手段,也是使学生加深理解、巩固知识,从而掌握技能、发展智力的重要手段。在教学中教师应为学生创造多种情境,促使学生做出多种反应。例如:设计多种问题,以口头或书面的形式进行反应;进行实验、实习等实践活动;以动作方式进行反应;综合应用多种知识,解决社会实践中的问题等。

(8)准备评价,提供反馈。反馈是由学生对其动作效果的观察或教师对其反应的分析评价所提供的,对学生的反应要准确地进行评价。只有这样,才能帮助学生把某一行动的变化朝更好的方向发展,或通过对学生回答问题的肯定来巩固学习成果。

显然,为学生提供准确的反馈,对他们的学习将起到一种强化作用。反馈强化的效果之所以能影响学习与记忆,是因为它给学生提供了信息,告诉学生是否达到了目标,或者离目标还有多远。这种信息有一种强化的作用。

微格教学教学设计的过程是针对学生的学习,为之创造良好的外部条件,以促进学生的学习。因此,学习阶段和教学活动之间的关系十分密切,二者的关系如表 2-1 所示。

表 2-1　学习阶级和教学活动的关系

学习阶段	教学活动
动机阶段(期待)	明确目标,激活动机
领会阶段(注意)	变化刺激,指引注意
获得阶段(编码)	新旧联系,刺激回忆
保持阶段(贮藏)	分析综合,提供指导
回忆阶段(迁移)	减少遗忘,增强保持
概括阶段(反应)	培养能力,促进迁移
动作阶段(反应)	创设情境,引出动作
反馈阶段(强化)	准确评价,提供反馈

三、微格教学教案的教学程序设计

微型教学课程应该是这样一套程序，它的每一阶段都是为学习者安排外部教学情境，以支持他们每一阶段的学习。这个程序开始于激发动机和提出具体的期待，结束于动作的形成和反馈。这当中每一项具体步骤顺序并不是刻板地固定不变的，但每一项的功能都是必不可少的，具体程序如图 2-2 所示。

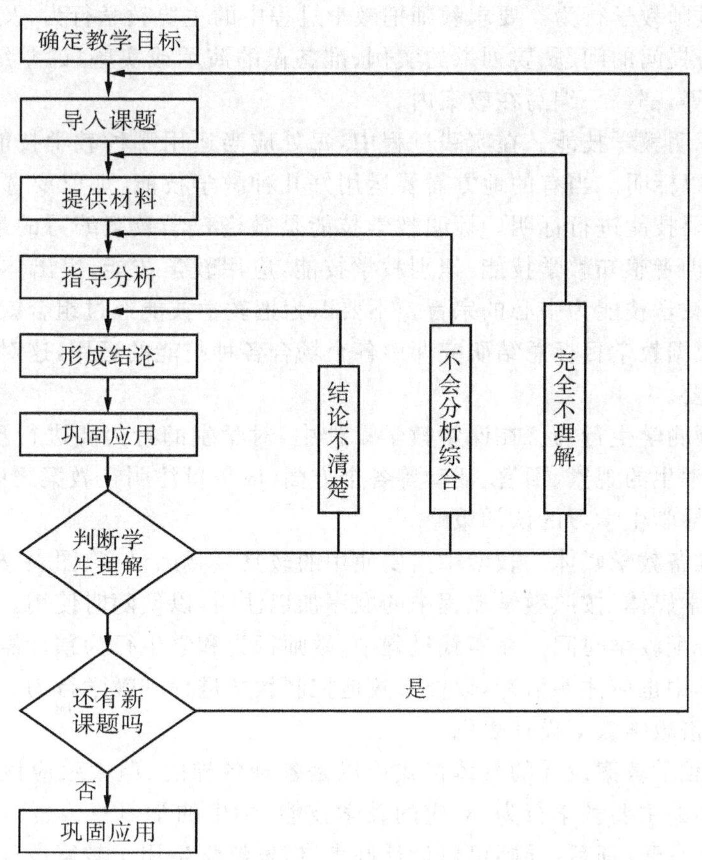

图 2-2　微格教学教案教学设计的程序

四、微格教学教案的编写

在微格教学中，教案的编写是教师的一项重要工作，它是根据教学理论、

教学技能、教学手段，并结合学生实际，把知识正确传授给学生的准备过程。微格教学教案的产生是建立在微格教学教学设计基础之上的，以“设计”作指导，具体编写微格教学的计划。

1.微格教学教案编写的内容和要求

(1)确定教学目标。指技能训练应该达到什么要求，培养学生哪些能力，既是教师的教学目标，又是学生的学习目标。因此在制定教与学的目标时，要准确、客观、具体、明确，既便于实现，又便于检查。

(2)教师教学行为。要求教师把教学过程中的主要教学行为，及要讲授的内容、准备提问的问题、要列举的实例、准备做的演示或实验、课堂练习题、师生的活动等，都一一编写在教案内。

(3)标明教学技能。在实践过程中，每处应当运用哪种教学技能，在教案中都应予以标明。当有的地方需要运用好几种教学技能，那就要选其针对性最强的主要技能进行标明。标明教学技能是微格教学教案编写的最大特点，它要求受训者感知教学技能，识别教学技能，应用教学技能，突出体现微格教学以培训教学技能为中心的宗旨。不要以为把教学技能经过组合就是课堂设计，而要根据教学目标总结研究课中各个场合各种技能的运用，这对师范生来说尤其重要。

(4)预测学生行为。在课堂教学设计中，对学生的行为要进行预测，这些行为包括学生的观察、回答、活动等各个方面，应尽量注明在教案之中，它体现了教师引导学生学习的认知策略。

(5)准备教学媒体。教学中需要使用的教具、幻灯、录音、图表、标本、实物等各种教学媒体，按照教学流程中的顺序加以注明，以便随时使用。

(6)分配教学时间。在实践过程中，教师行为和学生行为预计需要多少时间，在教案中也应注明清楚，以便有效地控制教学进程和教学行为。

2.微格教学教案设计表例

微格教学教案设计的具体格式可以是各种各样的，但大致应该包括教学目标、教师的主要教学行为、对应的教学技能、学生的学习行为、演示器材、媒体和时间分配等项目，导师可以设计好表格，发给学生用于教案设计。具体表例如表2-2所示。

表 2-2　微格教学教案设计表

执教：　　　　　年级：　　　　　　日期：　　　　　　导师：
学科：　　　　　　　　　　　　　　课题：

教学目标	1. 2. 3.			
时间分配	教师行为(讲授、提问等内容)	应用的教学技能	学生行为(参与活动、应答等)	所用教具、仪器和媒体

讨论题

1. 简述微格教学实施的基本步骤及要点。
2. 微格教学的技能分析有什么特点?
3. 微格教学教案设计需要哪些项目?
4. 结合你熟悉的某一学科课程谈谈认知领域、情感领域和动作技能领域的目标分类情况。

第三节　微格教学过程的组织实施

微格教学是一项细致的工作,要有效地提高教师的教学技能,关键是要紧紧抓好微格教学全过程所包含的理论学习、示范观摩、编写教案、角色扮演、反馈评价和修改教案等环节。这些环节,环环相扣、联系密切,削弱其中任何一个环节,都会影响培训的效果。我们应针对被培训者的实际情况,落实每一个实施步骤。如图 2-3 所示。

一、理论学习和辅导

在微格教学实践和发展的过程中,融入了许多新的教育观念、教育思想和

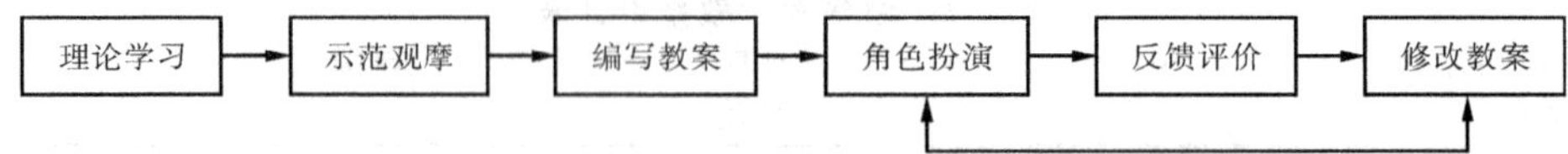

图 2-3 微格教学实施过程

方法，如布鲁姆的“教育目标分类学”及“掌握学习法”，弗朗德的“师生相互作用分析”理论；具体实践中又有美国爱伦教授的双循环式和英国布朗教授的单循环式等。微格教学培训是一种全新的实践活动，也有其深刻的理论基础，

因此，学习和研究新的教学理论是十分必要的。理论辅导的内容包括：微格教学的概念、微格教学的目的和作用、微格教学技能分类理论、各项教学技能理论。理论研究和辅导阶段要确定好教学的组织形式。通常在学习教学理论时，导师以班级为单位作启发报告，讨论和实践则以小组为单位。小组成员为 6 人左右，最好是同一层次的教师或师范生。指导教师要启发小组成员尽快相互了解，对所研讨的问题有共同语言，互相成为“好朋友”。

二、教学技能分析

微格教学的研究方法就是将复杂的教学过程细分为单一的技能，再逐项培训。导师可以根据培训对象的不同层次和需要，有针对性地选定几项技能。一般说来，对于师范生和刚踏上讲台不久的青年教师来说，经过微格教学实践可以及早掌握教态、语言、板书等方面的基本技能；对于有一定教学经验的教师，可以通过微格教学实践，深入探讨较深层次的技能，有利于总结经验、互相交流、共同提高教学能力，以达到提高教师整体素质的目标。在技能分析和示范阶段，导师要作启发性报告，分析各项技能的定义、作用、实施类型、方法及运用要领、注意点等，同时将事先编制好的示范录像给学员观看。

三、组织示范观摩

针对各项教学技能，提供相关的课堂教学片断，组织学生进行示范观摩。观看录像后经过小组成员讨论分析，取得共识。这样，学员不仅获得了理论知识，而且也有了初步的感知。

1. 观摩微格教学示范录像

(1)教学示范录像片断的选择。在选择示范录像时要遵循两条原则，一是水平要高，二是针对性要强。示范的水平越高，学员的起点就越高；针对性越强，该技能的展现就越具体、越典型。

（2）观摩教学示范录像片断要求。在观看示范录像片断时，指导教师要先提出具体要求，明确目标，突出重点，边观看边提示。提示时要画龙点睛，或道几个字，或在录像画面中指点，但不可频繁，以免影响学员观看和思考。

2.组织学习、讨论、模仿

（1）谈学习体会。各自谈观后感：哪些方面值得学习；对照录像，检查自己的教学存在哪些差距。师范生注重前者，在职教师注重后者。

（2）集体讨论。重点交换各自的意见，使要学习的方面达成共识。这里，指导教师也要参加讨论，重点指导。

（3）要点模仿。示范的目的是为使受训者进行模仿。许多复杂的社会型行为，往往都能通过模仿而获得。实际上，受训者在观看录像时，就已渗透着模仿的意义。这里讲模仿，主要是在指导教师指导下进行重点性模仿。此外，指导教师的亲自示范或提供反面示范，对学员理解教学技能都会起到十分重要的作用。

四、指导备课

1.组织学员钻研某项教学技能

（1）学员熟悉指定教材。这里熟悉教材是至关重要的，如果对教材理解不透彻不深入，甚至出现片面性或错误，那就无法体现教学技能。比如"除数是零的除法"的教学，教者若对本教材不理解，或者理解是片面的，那就谈不上技能的运用。

（2）根据指定教材，针对某项教学技能进行钻研。在熟悉教材的基础上，重点应该考虑教学技能的运用。而要正确运用教学技能，则对该教学技能的钻研自然是先决条件，指导教师要正确引导学习者钻研教学技能的理论，联系教材把理论用于实践。

2.学员备课

（1）在钻研指定教材和该项教学技能的基础上，根据要求由学员自己备课，编写出教案。教案的格式如表 2-2 所示。

（2）在指导教师的指导下，交流备课情况，取人之长，补己之短。

（3）对在职教师和师范生要求有别。钻研教材，熟悉教材，理解教材，并结合教学技能备课，对在职教师来说，问题不是很大，但对在校的师范生来说，则是一个比较大的问题。师范生应先接受教学的基本理论和教材分析的学习。指导教师在给他们指定教材时，还要对教材进行适当的分析，以帮助师范生正确理解教材，从而结合教学技能的运用进行备课。

五、角色扮演

1. 角色扮演的意义

角色扮演是微格教学的中心环节，是受训者训练教学技能的具体教学实践活动，在活动中每个受训者都要扮演一个角色，模拟进行教学。这就改变了传统的老师讲、学生听的教学模式，给受训者以充分的实践机会，从而使师资培训工作上了一个新台阶。

2. 角色扮演的要求

主要有两个方面：一方面扮演“教师”者要“真枪实弹”，按照自己的备课计划，在有控制的条件下，训练教学技能；另一方面扮演“学生”者要充分表现学生的特点，自觉进入特定情境。另外，在角色扮演过程中，任何人不要打断“教学”，让“教师”去处理教学中的“麻烦”，技术人员在拍摄过程中，不能对“教师”提出约束条件。

4. 师范生的角色扮演

以往的试教是在教育实习前，师范生通过教法课培养教学技能，教育实习期间，在指导教师指导下进行试教，那是很不够的，很难达到理想的效果。培养教学技能，必须通过真实的练习与训练，否则，就难以形成技能。微格教学中的角色扮演，给学生提供了上讲台的机会，使他们能把备课时的设想和对单项技能的理解，通过自己的实践表现出来，同时进行录像。这样，师范生由原来的被动听课者，变为教学活动的参与者，充分发挥了学生的主体作用，体现了微格教学的优势。

在微格教学实习室内，有教师、学生和摄像人员。教师由接受培训的学员轮流担任，学生也由学员扮演。每节微格教学课的时间控制在10分钟左右。为了使“角色扮演”的效果更佳，实习记录阶段应该注意以下几点：

(1)学生扮演者最好是执教者平时的好朋友，这样对初上讲台的执教者能获得一种安全感。

(2)除了执教者和学生以外，减少模拟课堂上其他无关人员，这样当执教者面对摄像镜头时，能减少紧张情绪。

(3)进入角色。首先要把自己置身于课堂教学的真情实境之中，一切按照备课计划有控制的进行教学实践活动；其次，要把扮演学生的师范生看成真正的学生，是主体，而自己则起主导作用；再次，扮演学生的师范生也应进入角色，尽量保持真实的课堂气氛，有时，也可让学员扮演一位常答错题的学生，以培训执教者的应变能力，以便扮演教师角色的人能更好地发挥。在角色扮演前，指导教师要向师范生明确说明这一点。

六、反馈评议

反馈评议阶段，首先由执教者将自己的设计目标、主要教学技能和方法、教学过程等向小组成员进行介绍，然后播放这一节微格课的录像，全组成员和导师共同进行观摩。观看录像后要进行评议，可以由执教者本人先分析自己观看后的体会，检查事先设计的目标是否达到，及自我感觉如何。再由全组成员根据每一项具体的课堂教学技能要求来进行评议。由以下三个环节构成：

1. 观看录像、进行自评

(1)照镜子、找差距。由教师角色扮演者自己(也可邀请几个人)，先看自己的录像，分析技能应用的方式和效果，看是否达到预期目标，同时认真听取被邀请观看者的意见。

(2)列出优、缺点。肯定成绩，找出不足之处。如果自己认为很糟，非常不满意，可以申请重新进行角色扮演和录像。指导教师可根据条件和时间，决定是否重录，尽量做到不挫伤其积极性。

2. 组织讨论、集体评议

(1)学员汇报自评情况。首先把自评的结果条理化，然后进行汇报，汇报时既要谈不足之处，也要看到自己的优点。

(2)组织集体评议。评议时应以技能理论作指导，分析优、缺点，进行定性评价；给出成绩或结语，进行量化评价；还要提出建设性意见，提出如何做可能会更好。指导教师要注意引导，营造一种学术讨论的氛围。

3. 指导教师评议

学习者对指导教师的评价是十分重视的，指导教师的意见举足轻重。因此，指导教师的评价应尽量客观、全面、准确。对于扮演者的成绩和优点要讲足，缺点和不足要讲准、讲主要的。要注意保护学习者的自尊心和积极性，要以讨论的身份出现，讨论“应该怎样做和怎样做更好”。这样，效果会更好些。

七、修改教案，反复训练

1. 学员修改教案

根据本人录像，参考技能示范带和技能理论，对照评议结果，针对不足之处，由学员自己修改教案。

2. 进行重教

根据评议情况，指导教师可考虑让学习者进行第二次实践，重复上述过

程。当各项教学技能都经过训练并达到一定水平以后，指导教师应安排学习者进行各项技能的综合训练。在课堂教学过程中，各项技能是有机结合在一起的，任何单项的教学技能都不会单独存在。比如培训导入技能，重点研究导入的方式、新旧知识的联系、情境的创设等问题。但导入过程必然用到语言技能，还可能用到提问、板书、演示等技能，只是对这些技能暂不考虑，只重点考虑导入技能的应用情况。因此，一定要对教学技能进行综合训练，也只有对教学技能进行综合训练，才可能形成教学能力。

3.再循环或总结

是否再循环，可以根据培训对象的具体情况及课时安排而定。

对于有经验的在职教师，可以在第一轮观摩评议后进行讨论总结；对于师范生或教龄较短的教师，在第一轮重点训练某一项技能和讨论总结后，再进入第二轮，训练另一项技能。

第四节　微格教学技能的评价与反馈

微格教学中的评价是对教学技能的评价，是以一定的目标、需要、期望为准绳的价值判断过程。它通过对各项教学技能指标的考察与分析，对教学及其构成、作用、过程、效果等进行科学的价值判断，来评价受训学员的课堂教学技能水平。在教学技能的学习和形成过程中，评价起着重要的作用，没有评价就不能通过微格教学进行技能改进。

一、微格教学评价的意义和作用

教学评价是依据预定的教学目标，把学生在知识、技能及能力等方面所达到的实际水平同事先确定的教学目标进行对照比较。为此，首先是要在教学过程中为评价提供信息，信息包括知识信息和改进信息。其次，教师的各种综合能力，对本教学系统的控制起着决定性的作用。

(一)微格教学评价的意义

微格教学的评价是微格教学的一个重要组成部分。评价的重点是在课堂教学的技能技巧方面，评价的目的就在于考查学员对各项课堂教学技能的掌握和提高程度。微格教学评价的意义有以下几方面：

1.通过评价来比较、区分受训学员的教学能力，获得确定学员是否掌握某项技能的证据，以便及时指导。

2.通过评价可以让被评价者看到自己的成绩和不足，好的地方得到强化，缺点和错误得到纠正，从而提高课堂教学技能。

3.教学技能评价目标的制定，一般都体现了方向性和客观性，通过评价目标、评价体系的指引，可以为教学指明方向。因此教学技能评价具有促进受训学员提高教学技能水平的导向作用。

（二）微格教学中评价的作用

1.及时全面获取反馈信息

从控制论的观点来看，反馈是很重要的。教育学上的传统反馈形式是执教老师上完课后，通过回忆听取来自评课者的反馈和来自学生的反馈。但有时执教者很难理解这些评议，因为他想象不出自己教学行为的形象是如何的。微格教学则利用了现代化的设备，记录下了全面的现场资料，评价时小组成员包括执教者自己，这样，执教者可以反复观看自己的微格课录像。因而，评价者不仅可以得到上述来自评课者和学生的两种反馈，而且还得到了来自执教者自身的反馈，执教者可以自己发现教学行为中的优缺点。从心理学的观点出发，这一反馈无疑是一个强刺激，最能强化行为人的优点，并改变行为人的缺点，所以在微格教学的评价中所接受到的反馈信息是及时全面的。

微格教学又是一个受控制的实践系统。微格教学的评价使师生双方及时全面地获得反馈信息，因而使培训者在有控制的条件下进行教学实践，控制沿着有目标的、正确的方向进行。

2.理论与教学实践紧密结合

从信息论的观点来看，学员观看示范录像是对复杂的教学过程的一种形象化解释。学员从各种风格的教学示范中得到的是大量有声有像的信息，而这种信息是最易被接受的，因为视觉神经的信息接受能力要比听觉神经的信息接受能力大得多。在微格教学的理论学习阶段，学员已经从理论上学习并分析了各项课堂教学技能的作用、方法和要领；在角色扮演阶段又亲自运用了某项教学技能进行微格课的实践；在微格教学的评价过程中，通过讨论评议，将各项教学技能的理论和实践科学地结合起来，从观察、模仿到综合分析，形成了完整的课堂教学艺术。

3.相互交流、促进提高

微格教学通常采用定性或定量的评价方式。定性评价根据反馈信息，结合课堂教学技能的理论，由小组成员提出各种个人的观点和建议。微格教学的组织形式已使全组师生成了研究教学技能的知己，每位成员都可以直率地提出意见，互相取长补短。微格教学的评价也为执教者本人提供了充分的发

言权。这与传统的评课是不同的,这种评价既不是简单地打分,也不是单看教学实践成绩的高低,而是在整个评价过程中发挥集体的智慧,对提高课堂教学质量起了重要作用。

对于师范生来说,微格教学评议的重点是能让学员对照课堂教学的基本技能要领,看到自己课堂教学的不足之处,从而加以改进,使之尽快掌握课堂教学基本技能。对于有一定经验的中学教师来说,微格教学要求参加培训的教师能发挥个人教学特长。评议的重点是经验交流,同时对在微格教学中暴露出来的不足之处,也将在和谐的气氛中得以解决。通过评价使本来已具有一定教学经验的教师,在课堂教学技能的掌握运用方面更上一个台阶。

4.促进教学理念与技能的提升

随着时代的发展、科技的进步,在教育改革不断深化过程中,新教材、新思想、新观点、新方法会不断引入课堂教学中,教师会面临传统的教学观念与现代化课堂教学观点的矛盾。微格教学融进了国内外的许多现代教学理论观点、技能、方法。经过微格教学的理论研究、课堂教学技能分析示范、微格备课、实习记录等环节,学员对这些新的理论观点、技能方法已有了一定的认识。微格教学评价过程,充分运用了来自各方面的反馈信息,这种全新的评议方法能激发学员学习。在微格教学中应用新理论、新方法,钻研新教材,运用新的课堂教学技能,从而使每位受培训者的职业技能和素质在原有的基础上有所提高,有所发展,并使之适应教育改革的新形势,加快实现现代化课堂教学的进程。

二、评价指标体系的建立

(一)微格教学评价的性质

微格教学的全过程中既有诊断性评价,也有形成性评价。在微格教学活动中,导师和学员通过各种活动形式,如理论学习研究、技能观摩、讨论、相互听课、角色扮演等,得到了来自多方面的反馈信息,从而对学员的课堂教学特点及基本技能运用程度有了一定认识,这就是诊断性评价。所谓形成性评价即在微格教学的评价阶段,通过具体的系统性评议讨论,导师和全体成员努力开发对这个过程最为有用的各类证据,探寻并记录下形成这些证据的最为有用的方式。这是微格教学活动群体中每一成员都积极参与的结果。信息反馈和改正提高是形成性评价的必要因素。微格教学的活动过程中,反馈信息是多方面的,有来自小组同伴的反馈,有来自导师的反馈,也有来自执教者自我的反馈,而且与其他教学活动所不同的是微格教学的反馈信息能做到因人而异，既有针对性又有比较性，并通过活动中的特有交流方式达到改正提高的目的。参加微格教学学习的个人，能学会以前没有掌握的技能要领，能纠正过去尚未察觉的缺点和错误，并明确今后努力提高的方向。微格教学的评价结果不是单纯看被评者的统计得分，而要强调从诊断性评价和形成性评价的比较中来判断价值。无论参与者是师范生还是有一定教学经验的教师，最重要的是提高和发展。

（二）微格教学评价量表的制定

微格教学是以提高课堂教学技能为主要任务的教学研究活动，评价的重点应该以达到技能训练的目标要求为标准，经过比较，判断价值。因此，如何建立合理的课堂教学技能评价量表，对于微格教学评价工作来说是十分重要的。

微格教学的评价指标就是根据每项技能的目标要求分解确定的。这些指标必须是具体的、可观察的、可比较的、易操作的，并尽量注意相互间的独立性。下面以教学语言技能的评价为例加以说明：

表 2-3　教学语言技能评价记录表

课题：　　　　　　　　　　　　执教：

评价项目	好	中	差	权重
1. 讲普通话，字音正确	□	□	□	0.10
2. 语言流畅，语速、节奏恰当	□	□	□	0.20
3. 语言准确，逻辑严密，条理清楚	□	□	□	0.15
4. 正确使用本学科名词术语	□	□	□	0.15
5. 语言简明、生动有趣	□	□	□	0.15
6. 遣词造句、通俗易懂	□	□	□	0.10
7. 语调抑扬顿挫	□	□	□	0.15
8. 语言富有启发性	□	□	□	0.10
9. 没有不恰当的口头语和废话	□	□	□	0.05
10. 体态语配合恰当	□	□	□	0.05

根据教学语言技能的作用、方法和要领，确定了评价记录表中的 10 项具体指标体系。每一条指标在该体系中的重要程度，用权重系数表示，各项权重系数之和应该等于 1。每一条指标的评价等级可分为好、中、差三等。

三、微格教学评价的实施

（一）分等评价法

导师准备好小组角色扮演的录像资料和各项技能的评价记录表。在播放

某一段微格教学的录像资料前可以先请执教者向小组全体成员介绍自己设计这一教学片断的意图，包括教学的目标、教学技能、方法等。然后导师和全组成员一起观看录像。小组观摩完毕，开始讨论评议。执教者本人可以作观看后的自我评议，评述自己原来设想的教学目标哪些达到了，哪些没有达到。小组评议可以根据每一项课堂教学技能的评价量表来对照分析讨论。导师要启发和鼓励每位学员积极参加小组评议，让学员懂得课堂教学技能的评价能力的提高，对于提高课堂教学质量是很有帮助的。通过讨论，大家一起定性地评述运用某项教学技能的情况，肯定优点，提出改进意见。在定性评价的同时，也可以采用定量评价的方式。在观摩微格教学片段时，每位小组成员都是评价员。学员可以利用事先设计好的各种微格教学技能评价记录量表，在每一评价项目旁边的对应等级处划上"√"。然后，利用教学评价统计软件，将每份评价单的测量值逐一输入计算机，经过计算机运算处理后可以打出一定的分数值。这种分等评价法用了定性和定量结合的方式，比较客观。最后，由导师根据小组评议情况和定量结果进行小结，书写评语。

在采用分等评价法时，应注意以下几点：

1.每位学员在微格教学实习前要了解每项技能的要点。

2.每位学员在观摩微格教学片断前要阅读有关技能的指标体系中的各项评价内容。

3.在观摩评价过程中，对微格教学片断中没有涉及的项目以评中间等级为宜。

4.不必将各个项目的等级相加，因为它们没有相加性。必须强调的是微格教学的评价目的不是看最后得分多少，而是看学员在整个微格教学实施过程中对运用课堂教学技能的理解和掌握程度。

(二)评价统计法

评价统计是在评价记录表完成后，由统计员完成以下步骤：

(1)填写统计表格

我们以教学语言技能为例，参阅本章表2-3的内容说明如下：

表2-4 语言技能评价记录表

课题：　　　　　　　　　　执教：

评价项目	好	中	差	权重
1.讲普通话，字音正确	□	□	□	0.10
2.语言流畅，语速、节奏恰当	□	□	□	0.20
3.语言准确，逻辑严密，条理清楚	□	□	□	0.15

续表

评价项目	好	中	差	权重
4.正确使用本学科名词术语	□	□	□	0.15
5.语言简明、生动有趣	□	□	□	0.05
6.遣词造句、通俗易懂	□	□	□	0.10
7.语调抑扬顿挫	□	□	□	0.05
8.语言富有启发性	□	□	□	0.10
9.没有不恰当的口头语和废话	□	□	□	0.05
10.体态语配合恰当	□	□	□	0.05

统计员先制定好统计用的表格，如表 2-5 所示，假如有 10 人参加评课，对第一项“讲普通话，字音正确”，评好的有 2 人，占总人数 2/10；评中等的有 6 人，占总人数的 6/10；评差的有 2 人，占总人数的 2/10，在统计表格的第 1 项右边等级比率栏内，分别填入 0.2、0.6、0.2，依次将每个评价项目的等级比率分别填入统计表（表 2-5）。

表 2-5　等级比率统计量表

项目	权重	等级比率		
		好	中	差
1	0.10	2/10=0.2	6/10=0.6	2/10=0.2
2	0.20	3/10=0.3	7/10=0.7	0
3	0.15	1/10=0.1	7/10=0.7	2/10=0.2
4	0.15	5/10=0.5	5/10=0.5	0
5	0.05	0	5/10=0.5	5/10=0.5
6	0.10	2/10=0.2	6/10=0.6	2/10=0.2
7	0.05	4/10=0.4	5/10=0.5	1/10=0.1
8	0.10	1/10=0.1	6/10=0.6	3/10=0.3
9	0.05	1/10=0.1	8/10=0.8	1/10=0.1
10	0.05	2/10=0.2	5/10=0.5	3/10=0.3

2.统计运算

根据表 2-5 中的数据，可以得到两个矩阵，其中矩阵 **A** 是由各项目的权重组成：

$$\boldsymbol{A}=[0.10\ 0.20\ 0.15\ 0.15\ 0.05\ 0.10\ 0.05\ 0.10\ 0.05\ 0.05]$$

等级矩阵 **R** 由各评价项目的等级比率组成：

$$R=\begin{bmatrix}0.2 & 0.6 & 0.2\\0.3 & 0.7 & 0\\0.1 & 0.7 & 0.2\\0.5 & 0.5 & 0\\0 & 0.5 & 0.5\\0.2 & 0.6 & 0.2\\0.4 & 0.5 & 0.1\\0.1 & 0.6 & 0.3\\0.1 & 0.8 & 0.1\\0.2 & 0.5 & 0.3\end{bmatrix}$$

矩阵 **A** 和矩阵 **R** 的乘积为矩阵 **B**,矩阵 **B** 是对教学语言技能的评价矩阵：

$$B=A\times R=[0.10\ 0.20\ 0.15\ 0.15\ 0.05\ 0.10\ 0.05\ 0.10\ 0.05\ 0.05]\times\begin{bmatrix}0.2 & 0.6 & 0.2\\0.3 & 0.7 & 0\\0.1 & 0.7 & 0.2\\0.5 & 0.5 & 0\\0 & 0.5 & 0.5\\0.2 & 0.6 & 0.2\\0.4 & 0.5 & 0.1\\0.1 & 0.6 & 0.3\\0.1 & 0.8 & 0.1\\0.2 & 0.5 & 0.3\end{bmatrix}$$

矩阵乘法是矩阵 **A** 的每一行(横为行,当前只有一行)与矩阵 **R** 的每一列(竖为列,当前有三列)对应元素的积作为新的矩阵之积的各元素。

即：$B=[0.10\times0.2+0.20\times0.3+0.15\times0.1+0.15\times0.5+\cdots+0.05\times0.2$
$0.10\times0.6+0.20\times0.7+0.15\times0.7+0.15\times0.5+\cdots+0.05\times0.5$
$0.10\times0.2+0.20\times0.0+0.15\times0.2+0.15\times0.0+\cdots+0.05\times0.3]$
$=[0.235\ 0.615\ 0.15]$

副矩阵 **B** 的结果显示,参加评价的 10 人中,对执教者的课堂教学语言技能各项指标全面评价后,有 23.5%的人认为好,61.5%的人认为中等,15%的人认为差。设每个等级与一百分制分数的对应关系为:好＝95 分,中＝75 分,差＝55 分,则组成分数矩阵 **C**：

$$C=\begin{pmatrix}95\\75\\55\end{pmatrix}$$

用矩阵 $B'=B\times C$，得出最终评价结果：

$$B'=[0.235\ 0.615\ 0.15]\times\begin{pmatrix}95\\75\\55\end{pmatrix}$$

$$=(0.235\times95+0.615\times75+0.15\times55)$$

$$=76.7$$

即被培训者的教学语言技能为76.7，属于中等水平。

以上方式要用到矩阵计算，或利用计算机运行专门编制的程序，若条件不具备，也可以用下列方法加以简化。

以前面介绍的教学语言技能为例，假设各项评价的等级为：好(95分)、中(75分)、差(55分)。可填写出表2-6：

表2-6　语言技能评价记录表

课题：　　　　　　　　　　　　　　　　执教：

评价项目	好	中	差	权重
1. 讲普通话，字音正确	√	□	□	0.10
2. 语言流畅，语速、节奏恰当	□	√	□	0.20
3. 语言准确，逻辑严密，条理清楚	□	√	□	0.15
4. 正确使用专业名词术语	√	□	□	0.15
5. 语言简明、生动有趣	□	√	□	0.05
6. 遣词造句通俗易懂	□	√	□	0.10
7. 语调抑扬顿挫	□	√	□	0.05
8. 语言富有启发性	√	□	□	0.10
9. 没有不恰当的口头语和废话	√	□	□	0.05
10. 体态语配合恰当	□	√	□	0.05

那么某一评价者对试讲者的评分为：用各项所给等级对应的分数乘以各项所对应的权重，统计各项目的得分之和，即

$95\times0.1+75\times0.20+75\times0.15+95\times0.15+75\times0.05+75\times0.10+75\times0.05+95\times0.10+95\times0.05+75\times0.05=83$(分)

按以上方法，逐张统计出每位评价者的评分，最后计算出平均分即可。

这种方法也能在一定程度上反映出试讲者运用技能的情况。

2.统计程序设计

使用人工计算微格教学的评价统计比较繁琐,有条件的地方可以采用计算机数据处理的方法实现。根据上述原理使用 FoxPro 数据库程序或其他计算机语言编制微格教学评价统计软件,其程序设计流程图如图 2-4 所示:

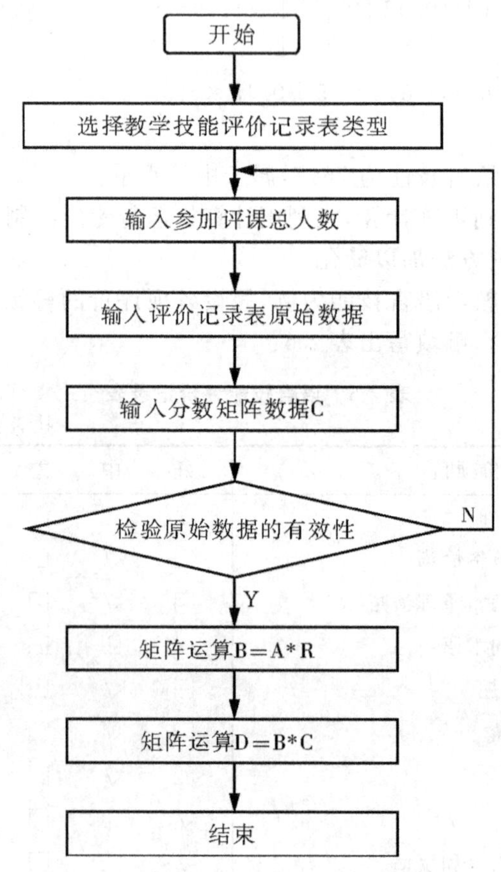

图 2-4　教学评价统计程序设计流程图

四、微格教学中的反馈

(一)微格教学中反馈的意义

反馈是控制系统的基本方法和过程。教学中的反馈可以有效地强化动机,促进行为的改善。一般教法课的试讲活动,因为在事后评定,反馈环节很微弱，控制调节作用更小，达不到强化的效果。微格教学中的反馈弥补了教法课的不足。借助录像，采用自评、互评、点评相结合的方式对被训者进行真实的、及时的反馈，能很好地发挥反馈的控制调节作用，强化效果好。由于微格教学的技能评价是形成性评价，其理论依据就是反馈原理，因此微格教学的反馈是根据过去的操作情况来调整未来行动。它根据形成性评价提供的信息，肯定教学技能、理论知识的优势，并诊断出问题，及时改进，提高教学，具有很大的调整和矫正作用。微格教学中的反馈是及时反馈，信息量大。在教学技能实践之后，立即以重放录像的形式，给被培训者提供了自我观察教学过程和分析自己教学行为的条件，让学员能够找出自己的优缺点。同时"学生"、"评价人员"和指导老师也给被培训者指出优缺点和改进意见。通过反馈，使被培训者获得大量的信息，并在此基础上进行调控。被培训者能在集思广益的基础上，经过自己的分析、加工、重组、修改完善原来的方案。在多次修改和反复练习的基础上，受训者的教学技能得到了明显的提高。

（二）微格教学中反馈的方式

反馈的方式按时间分为及时反馈、短时反馈和长时反馈。微格教学采用的是形成性评价中的及时反馈或短时反馈，以充分发挥评价的改进功能，做到及时调整和矫正。反馈的方式按信息来源分为他人反馈和自我反馈。微格教学把他人反馈与自我反馈相结合，把来自同行和指导老师的意见和对自身教学行为的分析结合起来，有效地改进教学行为。就教学中的教师而言，自己不易觉察自己的某些行为，如语速太快、面孔呆板、语调低而平淡、知识量过大、行走过于频繁等，他人反馈对解决这些问题比较有效。受训者观看自己的授课录像，这种自我反馈的形式能产生较强的信息刺激，使对诊断的问题的有效矫正成为可能。在反馈评议的过程中，小组的学员们在一起充分讨论，共同献计献策，提出改进方案，受训学员可再次修改，再次录像，再次观察录像进行评价，使评价反馈起到了改进和提高教学技能的强化作用。

（三）微格教学反馈中应注意的问题

1. 加强组织，用好录像

在反馈评价中，指导老师要给予恰当的组织和安排，被评价者要通过重放录像观察审视自己的教学行为，根据自己确定的目标找出教学中存在的问题，进行自我分析、自我反馈。与此同时，评价人员包括指导教师要根据录像提供的信息，按照一定的评价要求，定性定量地分析被评价对象的教学行为，以他人反馈的方式，给被评价者提供大量的反馈信息。在这个过程中，被评价者获得了非常有效的改进教学的意见，学员评价者提高了评价能力和鉴赏水平，指

导教师掌握了学员的训练情况。

2.反馈意见要具体、集中、可行

微格教学强调具体、集中的反馈，并能在重教中立即得到利用。评价人员可根据爱伦教授的“2＋2”教学指导法，即每个被评价者一般只提出两条赞扬性意见和两条改进性意见。这样做的目的在于使评价者和被评价者把注意力集中在最主要、最容易改进的方面，因此针对性强，重点十分突出，有利于被评价者抓住关键，诊断和改进教学行为。

3.选用恰当的反馈形式

目标达到程度评价的反馈信息，对被评价者来说，是一个极为敏感的问题。被评价者的自信心、自尊心和情绪会受到评价结果反馈的影响。特别是简单的否定，可能会使被评价者的自信心动摇，情绪不稳定，甚至产生一些消极的心理行为。因此要注意选择恰当的反馈方式，以避免被评价者感到焦虑。如多采用启发式，引导学员自我客观认识，或采用讨论作为反馈方式，转移过分关心分数的注意力，还可采用小范围的反馈，或在讨论时将评价分数、直方图结果和相互作用分析的结论，交给被评价者本人，防止扩散否定性的评价结果。

思考与练习

1. 什么是微型教学设计？其设计原理和过程模式是什么？
2. 微格教学教案的设计过程和方法。
3. 微格教学的组织实施过程。
4. 微格教学评价的意义和作用。
5. 微格教学评价体系的建立与实施。

实习活动

在小组中选择某一微格教学片断，采用分等评价法进行定性和定量的评价活动。

第三章

微格教学室建设及使用

第一节　微格教学室的组成与设计

一、微格教学室的要求与布局

微格教学是一个有控制的实践系统，为了顺利地完成微格教学的任务，必须筹建与之配套的符合其特点规律的微格教学室。

教学组织形式的小组化是微格教学的重要特征，它决定了微格教学室的小型化，其面积一般在20平方米左右，能容纳6～20名学生。微格教学室是一个具有真实课堂情境的模拟教室。它除了常规的教学设备如黑板、讲台、学生课桌、计算机、多媒体投影机之外，还要有进行技能学习、实践、评价的现代化视听设备。微格教学室应尽量减少外界的干扰，防止受训者受到非智力因素的影响。同时也有利于提高传声器的录音质量。此外如有条件，还应为微格教学室建立配套的资料室，用于保存教学技能的示范资料和被培训者角色扮演的资料，供指导教师、研究人员教学和研究使用。

微格教学室的建设可与其他电教用房综合考虑。微格教学室视听设备与其他电教设备具有相关性和相似性，因此微格教学室的控制室可以和卫星教育电视、闭路电视系统、电视节目制作的控制室合并，把它们有机地联系起来形成一个相互关联的网络，还可把微格教学室建设成一个多功能的音像资料视听室。一般情况下，微格教学室的教学全貌，可以通过具有良好封闭隔音性能的单向玻璃进行观察，这样有利于研究人员分析讨论，也可通过闭路电视的大屏幕彩电观察教学。

总之要根据微格教学的特点和学校的实际情况，从经济、实用、便于教学

几方面来考虑微格教学室的布局。

二、微格教学室的类型

（一）从训练规模看，微格教学系统可分为标准型和集中控制下的分布式训练型

标准型微格教学系统一般由模拟教室（微型教室）、观摩研讨室、控制室、准备室和声锁间五部分组成。

分布式微格教学系统一般由观摩室、控制室、示范室和多间模拟教室（微型教室）组成。

（二）从技术模式看，微格教学系统可分为视听型和多媒体型

视听型微格教学系统一般由摄像机、录像机、视音频切换器、混音器、监视器、云台控制器和话筒等多种视听设备构成，并通过视听技术手段实现教学实况录像、播放、转播、监控和示范教学等功能。

多媒体型微格教学系统是在视听技术基础上引进多媒体技术和通信控制技术，通过多媒体计算机实现对各室的录像、播放、转播和监控，并实现对各室摄像机云台的控制。

（三）从训练内容看，微格教学系统可分为教学技能训练型、实验技能（主要是理工科实验）型、运动技能训练型和音乐技能训练型等

各学科微格教学共同的基本教学技能训练可在标准配置的微格教学室中完成，而学科专有技能的训练可以在简易或标准型配置的基础上，通过增加一些某种学科教学特殊需要的设备，如生物课教学需用的彩色显微摄像装置等构成为某一学科专用的微格教学室。

三、几种典型微格教学室的设计方案

（一）简易型微格教学室

这种简易型微格教学室（见图 3-1）适用于小规模的微格教学，一般采用双机拍摄，操作、视听均在同一场地，容易组织，设备简单，控制方便。

（二）角色扮演与视听分析分离

这种类型的微格教学室（见图 3-2）一般需将学员分为两大组，角色扮演的四个小组与视听分析的四个小组轮换场地。摄、录、放设备四套，角色扮演室可加装单向观察玻璃。

（三）角色扮演与视听分析合一

这类微格教学室（见图 3-3）可以让一个教学班同时进行角色扮演，之后

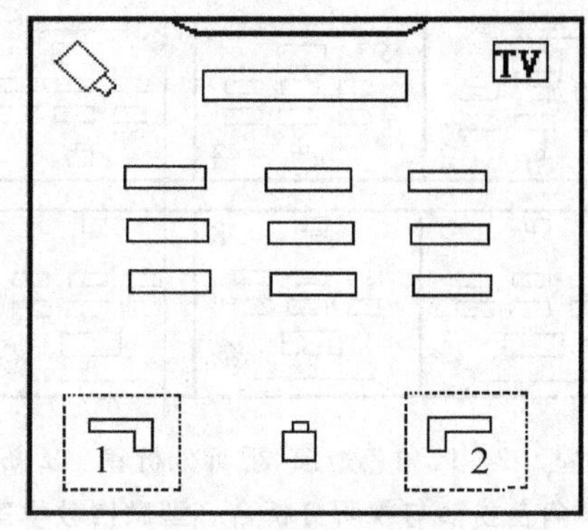

1 为操作区　　2 为视听区

图 3-1　简易型微格教学室布局

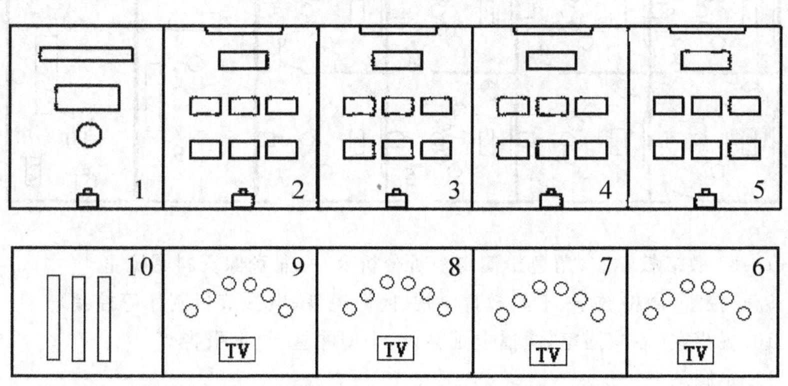

1. 总控室　2～5. 角色扮演室　6～9. 视听分析室　10. 资料室

图 3-2　角色扮演与视听分析分离型微格教学室布局

学员可以原地不动，进行反馈评议，教学过程紧凑，时间利用率较高。各间均有完整的摄录设备和播放设备，走廊两边的墙上亦可安装单向观察玻璃。

（四）微格教学室设计一例（旧房改造）

以下是由几间旧的办公室改造成的微格教学室，工程不大，结构合理，使用方便（见图 3-4）。

该套微格教学室具有以下特点：

（1）能保证教学组织形式的小组化，学习小组的成员可在七人以下。

（2）保证一个普通教学班所有学员在第一次单循环的同一时间内，能同步进行技能学习、技能实践和技能评价，学员中途不变换场地，教学过程紧凑。

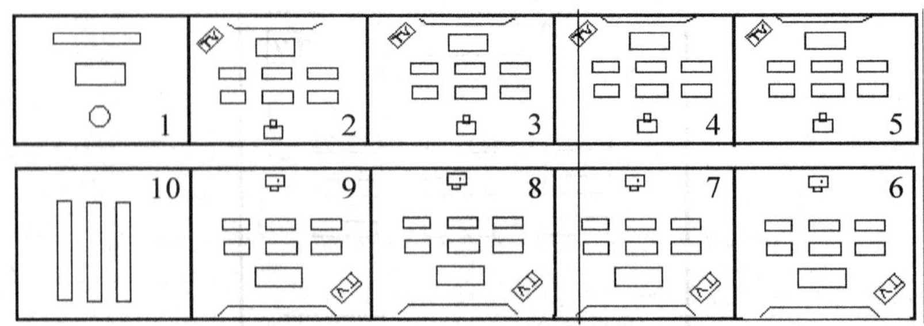

1. 控制室　2～9. 角色扮演、视听分析室　3. 资料室

图 3-3　角色扮演与视听分析合一型微格教学室布局

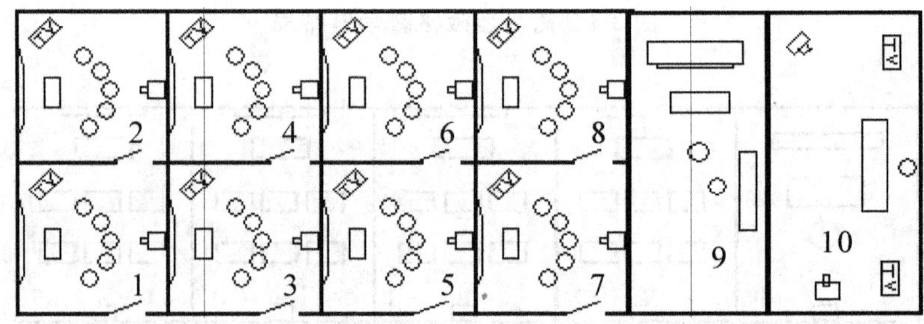

1～8. 徽格教学室(角色扮演与视听分析合一)兼音像资料阅览室

9. 总控室(微格教学、卫星教育电视、闭路电视、电教节目制作等控制)

10. 观察室(兼演播室,演播电视会议、小型课堂、学术报告等)

11. 走廊图

图 3-4　微格教学室设计一例(旧房改造)布局

(3) 指导教师在总控室能以全体或个别的方式,对各微格教学室的学员进行教学组织或教学指导。

(4) 各微格教学室的图像和声音能实时传送至总控室,可在对应的监视器上显示,并能得到准确记录,也可转接到旁边的观察室或闭路电视网中。

(5) 总控室能向各微格教学室统一播放相同的音像资料和一一对应地重放各微格教学室的角色扮演实况。

(6) 各微格教学室的学员能很方便地使用本室的放像设备。

(7) 控制室是一个集微格教学、卫星教育电视接收与转播、闭路电教节目前端传输、电视节目制作等控制为一体的控制中心。

(8) 观察室可以用做微格教学的集体观摩，也可以进行电视会议、学术报告、小型课堂的现场演播。

(9) 微格教学室不仅是微格教学的场所，也可供师生进行音像资料阅读。

第二节　现代微格教学系统的设计

一、现代微格教学室特点

随着现代教学理论以及信息技术的发展，新型的现代微格教学系统应该是一个集多媒体教学、视频点播、数字化现场直播、远程监控与评价和信息化综合管理为一体的数字化网络系统。整体上它应该具备以下的功能：

(1)多媒体微格教学功能。

(2)教育技术技能操作与实训功能。

(3)微格课室之间交互学习以及视频广播功能。

(4)基于网络的评价与监控功能。

(5)基于校园网络的微格系统管理平台。

二、现代微格教学系统设计的原则

现代微格教学系统的设计包括实验室设计和教学设备设计两方面内容。因此，现代微格教学系统的设计原则应该从实验室和设备需要两方面出发，遵循以下几个原则：

(一) 易控性原则

现代微格教学系统是一种智能化、数字化的系统，对它的设计应当满足使用人员操作的真实性、有效性和便利性。整个系统的操作简洁明了，即使系统本身，就技术而言，可以是相当复杂的，但是它最终面向用户的交互界面应该是简洁的，容易操作的。易控性在很大程度上满足了教学的需要，简化了学生和在职教师提高教学技能的程序。

(二) 开放性原则

它主要是指硬件设备的通用性。即设备的指标是否和国内外认可的标准相一致或是相接近。如在视频的截取录入时，所保存的格式是否具有通用性。监视器的输入输出接口是否与主流的线制一样等。设备的开放性有利于日后设备的更新或是升级。同时，在设备的选择上也应当顺应时代发展的需要，对

微格教学发展趋势作出科学的预测，并予以实现。

（三）实用性原则

它是指设计应该注意整个系统的性价比，在保证教学、训练需求的同时，微格教学系统的构建还需要考虑到适当的性价比。我们在设计的过程中，不能一味地选择先进的、价格高的设备，应讲究实用。如视频传输系统，不是越贵的系统，它的整体性能就越好，更多的是体现在个别方面。所以，我们要看所要选择的系统是否适合于在微格教室中使用。

三、现代微格教学系统的设计要求

根据现代微格教学系统的特点和设计原则，现代微格教学系统的设计必须满足下列要求：

（一）微格教学系统必须具有全面的信息化教学环境配置

如多媒体计算机、实物投影机等，为学生提供真实的信息化教学环境，让学生通过实践掌握信息技术与课程整合的专业技能。在微格教学训练的过程中，指导教师根据现代教学理论与方法诱导学生将信息化教学手段贯穿教学过程，并通过教学设计使学生深入探讨信息技术与学科课程整合的方法与策略。

（二）信息化的微格教学过程管理与评价管理平台

微格教学的过程是一个不断修正教学设计与教学方法的实践过程。所以需要改变传统的实践与评价方式，使用信息化的手段与方法，将学生教学实践过程用“文件夹”方式记录、存储和管理起来，并运用过程性评价的方法，如“学习文件夹评价法”有机地将教学、学习与评价结合起来。评价过程着重学生自评、学生互评和小组评价，教师还可以借助“教学过程管理与评价管理平台”监控学生的微格训练过程，并组织不同小组、不同班级的学生进行实时或通过学习文件夹开展研讨与互评活动。

（三）指导教师能够基于网络实现现场实时观察、指导与分时个别指导

微格教学往往是多组同时进行，教师通过网络双向性，观察每组学生的教学过程，针对教学过程出现的问题，及时进行指导，并对优秀的教学方法或出现的常见问题，组织全体学生进行观看、交流、对话。同时。将学生施教过程记录存档。指导教师通过网络随时浏览学生文档，并将评价意见批注在学生的文档中，供学生参考。

（四）学生自我演练、自我修正的管理模式

现代微格教学系统应具有开放性，允许学生反复演练，指导教师与学生之

间、学生与学生之间不断沟通、评价，以使学生迅速掌握教学方法与教学技能。因此，管理平台是基于校园网络的，每次的微格教学过程，师生可以实时或分时将评价意见批注在视频记录中，学生可以通过网络进行浏览，自己对比，自我评价，不断修正教案，提高教学水平。

四、现代微格教学系统的设计方案

（一）微格教学系统构成

微格教学系统构成由主控室＋多间微格教学室组成，其中每间微格教学室背后配有观察室，系统构成如下图 3-5 所示。

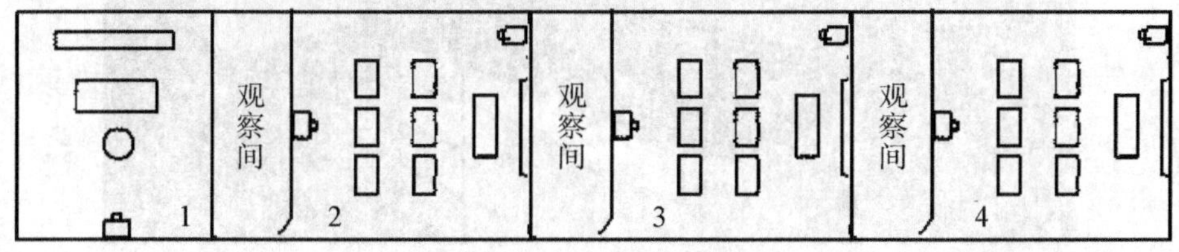

1. 主控室　2～4. 微格教学室

图 3-5　微格教学系统构成示意图

1. 主控室

主要配置设备：监控台、主控计算机、摄像头、录像机、VCD、监视器、对讲机等。

主控室设计功能：

(1)控制任一微格教室中的摄像云台和镜头，可以监视和监听任一微格教室的图像和声音。

(2)对微格教室播放教学录像与电视节目。

(3)可以把某个微格教室的情况转播给其他的微格教室。

(4)可以录制某个微格教室的教学实况供课后讲评。

2. 微格教学室

主要配置设备：

(1) 多媒体投影机：用于投放教学课件资源。

(2) 学生摄像机：用于拍摄在座观摩学生的情况。

(3) 教师摄像机：用于拍摄试讲者的教学情况。

(4) 教师工作台(讲台)：用于控制投影机及屏幕的工作，并配备计算机进行多媒体辅助教学，同时记录和播放课堂实录。

图 3-6　主控室

图 3-7　微格教学室(1)

图 3-8　微格教学室(2)

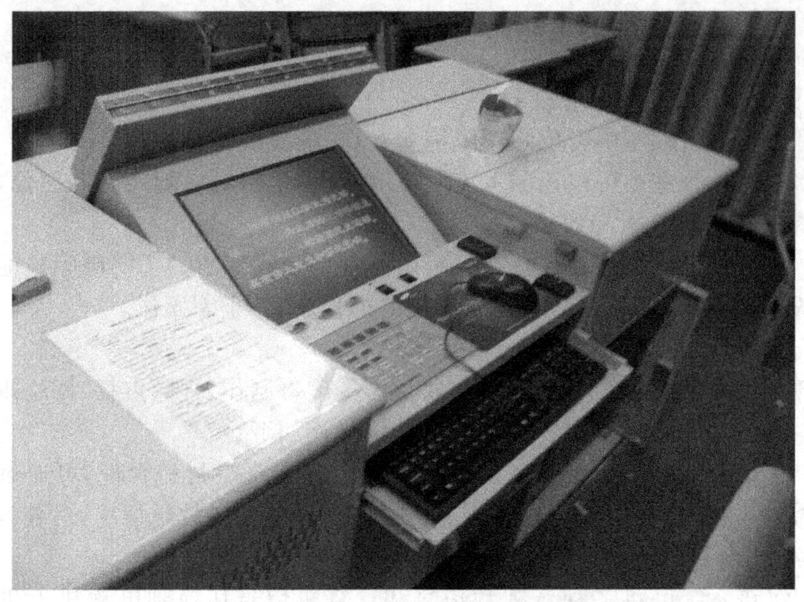

图 3-9　微格教学室——教师控制台

(5) 回放音箱:用于播放音频声音。

多媒体微格教室设备连接图如图 3-10 所示:

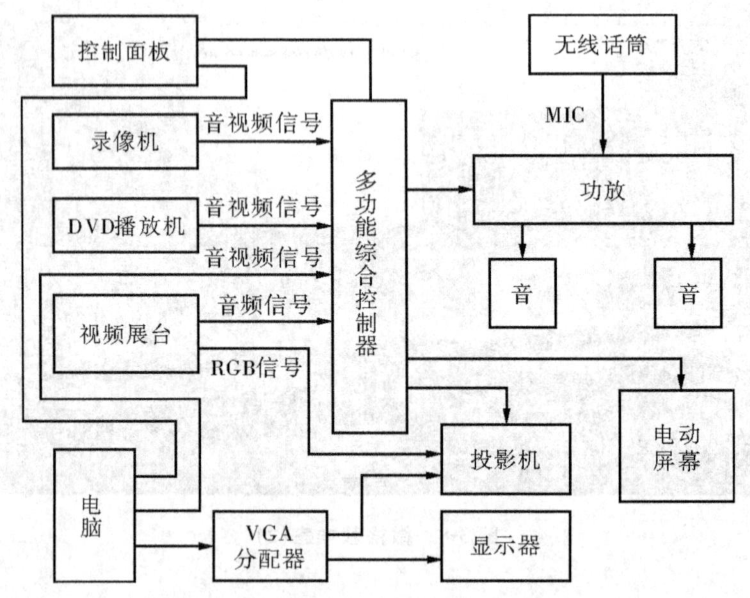

图 3-10　多媒体微格教室设备连接图

微格教学室设计功能:

(1) 在微格教室中可以呼叫主控室,经允许与主控室对讲。

(2) 微格教室中可以控制本室的摄像系统,录制本室的声音和图像,以便对讲课情况进行分析和评估。

(3) 分控机可以遥控选择主控室内的某一台录像机、VCD 机等其他影像输出设备进行工作,并能遥控已选择设备的播放、停止等操作。

(二) 微格教学系统整体功能设计

现代微格教学系统是一个集多媒体影音编辑制作、视频点播、网络现场直播为一体的微格教室系统。系统整体功能设计如下:

(1) 该系统采用智能网络控制方式进行系统地控制和管理,可通过系统分别控制各摄像机的动作,选择观看各微格教室的现场教学情况,对各教学现场的学生、老师进行远程教学评估和观摩。

(2) 该系统可将各种音视频信号和计算机信号切换到电视机上进行显示。

(3) 整个系统可与校园网络有效连接,用户通过校园网也可点播服务器的视频内容。

(4) 系统采用数字化录像 MPEG4,实时压缩成 ASF 和 JPEG 文件格式,以两种格式将微格教学内容同时存储在服务器上,可用多种方式进行剪辑和合成。

(5) 各微格室可以方便地自行控制摄、录、放、存、删除等操作过程对资源库文件的修改或删除须经授权方可。

(6) 系统可将各微格教室的现场情况调到中控室的主控计算机上进行观看,同时各微格教室通过网络也可方便地播放其他微格教室现场情况,无须中控室进行转播。

(7) 管理员不仅可以在系统总控室对整个系统进行控制,同时也可进行远程控制。

(8) 控制室能观看到任一间微格室的教学情况(通过显示器)。每间微格室除可观看到本微格室的教学情况,同时也能通过电视机看到其他微格室的教学情况。

第三节 微格教学室设备使用与教学过程控制

一、微格教学室常用设备

(一) 摄、录、放像设备

(1)摄像设备

摄像设备的好坏,直接影响角色扮演情况记录的好坏,应该选用质量较好、性能稳定的摄像设备。①摄像镜头。摄像镜头有变焦、定焦,自动光圈和手动光圈之分.要根据实际情况选配。②摄像机。一般采用低照度,水平分辨率至少在 30 线以上,信噪比在 46dB 以上的电荷耦合 CCD 摄像机。

(2)录像、放像设备

①录像设备。一般采用一般采用带高频头的 VHS 录放机,而现代微格教学系统则广泛使用硬盘录像系统。②放像机。放像设备要具有有利于教学分析的慢速重放,逐帧重放和完全静止等功能。现在 VCD 和 DVD 播放机比较实用,可作为放像设备使用,或直接通过计算机系统将硬盘系统中的数字化音像资料播放出来。

（二）传声设备

微格教学室对传声器的要求是失真度小、灵敏度高、指向性强。一般采用高级传声器，但采用这种传声器要配备专用电源。现在普遍采用的办法是，在一间微格教学室中，师生共用一个固定在天花板或黑板上方墙壁上的传声器，这样拾音效果较好。

（三）控制设备

一般的控制设备是机械式面板控制，但它有如下弱点：一是操作不便；二是一个面板控制器只能控制有限的几个摄像头。目前，已开发研制出新一代控制设备，即键盘控制系统。它操作简便，只用一个控制键盘就可控制多个摄像头，另外，还出现了更先进的多媒体控制设备，配置辅助信息沟通系统。这使得微格教学室和主控室的信息沟通变得更为方便，主控室和微格教学室之间距离比较大时，也能迅速沟通，不受任何干扰。

（四）照明设备

角色扮演时，要把整个过程用摄像机拍摄下来，这就要求微格教学室有较好的自然照明条件，以保证画面的应有层次。为了补充自然光线的不足，可在微格教学室中加装新闻灯。微格教学室要避免日光灯的镇流器的蜂鸣声，因此应该采用工作时无噪音的节能型电子镇流器。

（五）多媒体计算机

多媒体计算机上安装有各种音视频采集、非线性编辑系统、音频处理系统等应用型软件。多媒体计算机可以由 1 台或多台计算机组成，安放在控制室内，承担整个设备系统的控制、管理和制作功能以及充当音视频展示器的功能。

二、微格教学室设备使用指南

多媒体微格教学室的使用操作步骤：

打开 MFC－Ⅴ型多功能综合控制器的电源即可使用系统。MFC－Ⅴ多媒体综合电教室控制系统的全部设备应用资源均由 MFC－Ⅴ电教室多功能控制面板统一控制管理，操作直观、快捷。控制面板界面分为设备电源控制和切换区、设备功能控制区。（图 3-11）

（一）设备电源控制

通过控制面板的按键操作，可控制多媒体电教室所有设备的供电电源，并可控制一个电动幕的升降运动，两组环境灯光的电源通断。

1. 在整个系统的供电电源打开后，ON/OFF 按钮上方的指示灯为红色，

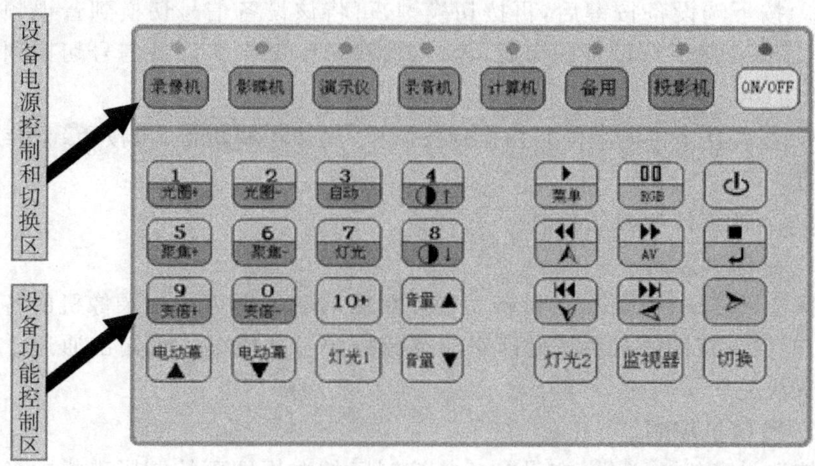

图 3-11

按一下 ON/OFF 按钮，其上方的指示灯变为绿色，这时就可以对面板上其他按钮进行操作。

2. 按下设备电源控制区内的按键，该键上方指示灯点亮，表示对应该键的设备供电电源打开，同时该设备的音视频信号被切换到音视频输出的第一路，当再次按下设备按键时，只起音视频切换功能。

3. 环境设备（电动幕和灯光）的控制有四个键，分别是电动幕▲、电动幕▼、灯光1、灯光2。按电动幕▲电动幕做上升运动，再按电动幕▲电动幕停止运动，按电动幕▼电动幕做下降运动，再按电动幕▼电动幕停止运动，当电动幕在运动过程中时，按反方向的按键可使电动幕停止后马上反方向运动。灯光的控制方式是按一下开，再次按下即关。

4. 设备电源的关断：设备的电源不能单独切断，需通过按住ON/OFF按键不动，等其上方的红绿灯交替闪烁时即松开，再等待十秒钟左右后全部设备的电源即切断。在全部关断前控制面板自动执行如下动作：

(1)发出投影机遥控关机命令，先实现软关机，让散热风扇运转几分钟，保证了投影机的正常关机，提高投影机的使用寿命。

(2)发送电动幕上升命令，保证关机前投影幕全部收上。

(二) 音视频切换控制

1. 直接按设备电源控制和切换区的前六个选设备按键，录像机、影碟机、演示仪、录音机、计算机、备用，控制该设备的音视频信号切换到音视频输出的第一路。

2. 按下选设备按键后，再按切换键，可将该设备信号切换到音视频输出的第二路；若按下选设备按键后，再按监视器键，可将该设备信号切换到音视频输出的第三路。

3. 若需直接将电脑信号切换到投影机，先按投影机键，再按RGB键或AV键即可。

（三）设备播放功能控制

1. 录像机控制

按选设备键录像机，在设备功能控制区的右边即可控制录像机的各种动作，功能控制按键的灰色按键即对应录像机的各功能键。在输出通道1可监视调节状况。

2. 影碟机控制

按选设备键影碟机，在设备功能控制区的左边即可控制影碟机的各种动作，功能控制按键的灰色按键即对应影碟机的各功能键。在输出通道1可监视调节状况。

3. 演示仪控制

演示仪若为遥控控制方式则可通过读码后采用控制面板集中控制，先按下演示仪键，设备功能控制区左边的深灰色按键对应演示仪的各功能键。

4. 录音机控制

录音机若为遥控控制方式则可通过读码后采用控制面板集中控制，先按下录音机键，设备功能控制区右边的灰色按键对应录音机的各功能键。

5. 投影机和音响的控制

音响的音频信号和投影机的视频信号应是一对输出信号，音量控制键只控制遥控功放的音量或者是控制投影机自带音响的音量。按投影机可实现对投影机的控制，设备功能控制区右边的蓝色按键对应投影机的各功能键。

三、微格教学过程的控制

（一）试讲录制操作（在微格教室中进行）

1. 调整拍摄对象的大小位置

(1)打开微格录制平台（软件）。

左键双击桌面“CMNS－2000 客户端”图标（见图 3-12）。

(2)进入 CMNS－2000 客户端管理界面（见图 3-13）。

(3)单击“锁定”按钮，可对教室内教师摄像机的拍摄角度及镜头进行控制（见图 3-14）。

图 3-12　“CMNS－2000 客户端”图标

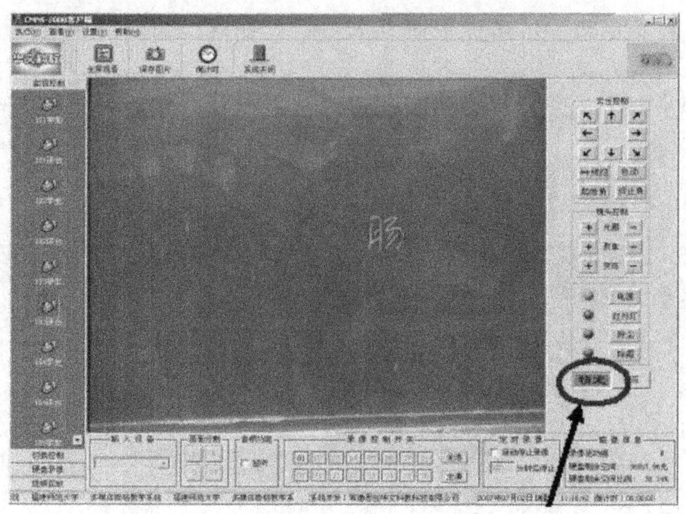

图 3-13　CMNS－2000 客户端管理界面

“锁定”后方可调节摄像机角度、调焦、大小；调整到试讲者及屏幕的大小、位置合适为止，如下图 3-14 所示。

(4)再单击“锁定”取消调节，准备录像。

2. 开始录制

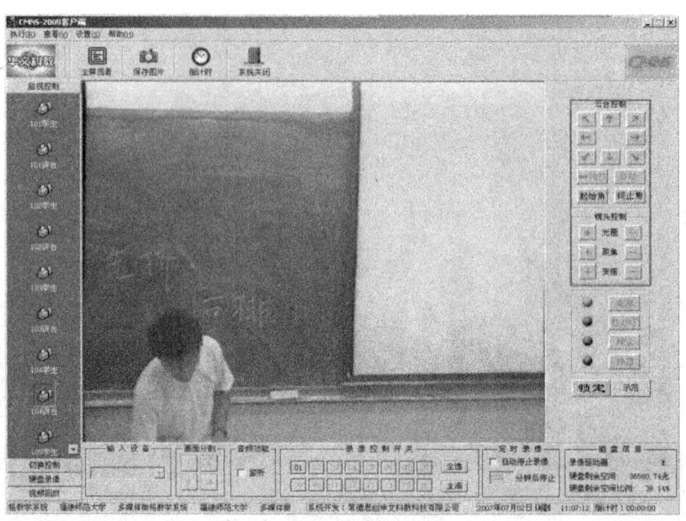

图 3-14 调整画面到合适的位置和大小为止

(1)单击下方的"01"录像控制开关,显示"输入"对话框(见图 3-15)。

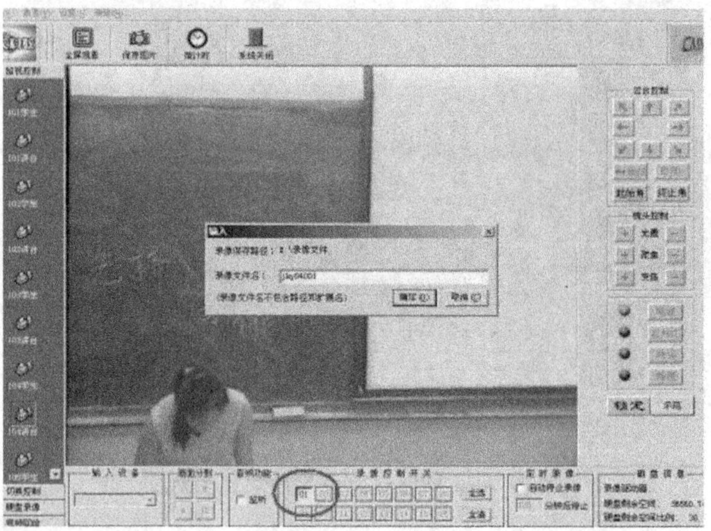

图 3-15 输入对话框

(2)输入文件名:jky04jy001,单击"确定",开始录像。

(注意所在路径 E:\录像文件,以便课后拷贝)

(3)单击确定,开始录像。

(4)录像完毕,再次单击“01”停止录像。

文件被录在:E:\录像文件\jky04jy001。

3. 同步录制的拍摄技巧(在主控制室中进行)

现场录像既可由各微格教室自行控制,也可由主控制室来控制。在主控室可以完成一些精细镜头组接过程的示教片段和示范教学片段的录制。同步录制应遵循微格教学同步录像真实性原则,使声音、图像得到准确还原。由于90%以上的教师采用多媒体教学,所以应确保在拉上窗帘、关闭教室照明灯时,也能较好地还原教室原貌。声音则用固定机上的机内话筒来拾取,让周围的环境声和教师语言一同进入麦克风,真实还原教室当时的声音环境。同步录像要准确、及时,抓住人物细节,将试讲者不易察觉的自身习惯,如多余的动作、习惯性的口头语等捕捉下来,以便进行后期反馈和评价。录像人员注意力要高度集中,根据教师在课堂上随时的变化及时做出反应,使教师各方面技能完美无缺地记录下来。

(1)引入技能的拍摄

引入是教师如何引导学生进入所学内容的过程。开始时我们一般以全景反映教室的环境气氛,然后将镜头推向教师的特写,重点拍摄教师如何引起学生的注意,留给学生的第一印象如何,捕捉教师的表情、手势等,接着用摇镜头扫过学生的表情,观察教师是否很快就能把学生的思绪引入课堂情境,同时把青年教师开始时因紧张而产生的下意识动作和不自然及时抓拍下来。

(2)教师讲解技能的拍摄

用近景拍摄教师的面部表情,如讲课时习惯性的视觉方向、目光和口型等,教师在语言运用上出现错误时立刻推至特写;教师讲解大多运用多媒体课件,这时应该调整景深、光圈,使画面清楚地反映其中的文字、公式,让专家后期能看清楚画面,以便作为评判教学内容是否合理的依据。但是专家看到的画面并不是课堂中学生的观察点,我们穿插用全景拍摄的画面,确定光圈,使画面明暗与学生实际观察的效果差不多,作为教室中的学生视点,以“他”的观看效果评判教师的多媒体课件是否合理。

(3)教师提问技能的拍摄

提问主要表现的是教师和学生相互交流的情况,除了教师行为外,还要拍摄学生的行为,体现交互的活动过程。我们一般用近景拍摄教师提问,用特写表现学生的回答,用中景并摇镜头拍摄其他同学的反应。

(4)演示技能的拍摄

演示技能是教师给学生演示的某种技能技巧，这个过程中的主体是教师。比如我们在拍摄物理系的老师演示测量仪器的使用时，用特写镜头跟着其手部动作，用中近景表现整个演示过程，观察仪器部件是否交代清楚，调整是否到位，并将出现的错误或不当的操作及时拍摄下来，作为专家评判和纠正的依据；同时也以教室内学生的角度，穿插全景镜头，观察是否都能看清楚演示过程。

(5)教师的板书技能的拍摄

板书技能包括两个方面，一方面以黑板和教师为中心，另一方面是多媒体画面内容的布局。我们一般用全景来表现教师对整个黑板的安排。在教师进行板书的过程中，从教师板书的全景推至近景，突出教师板书细节以中景或近景拍摄多媒体画面，观察字体选择是否美观，大标题、小标题是否分明，反差是否得当，文字、图片、动画等组合运用是否合理。用中景镜头表现教师如何运用板书、多媒体内容进行讲解。

(6)教师课堂组织技能的拍摄

组织技能包括两个方面：一是教师组织整个教学内容的能力，它贯穿于整个教学过程中，是教师多方面技能要素的整合；二是教师组织学生、调动学生的情绪的能力。用全景表现课堂气氛，用跟镜头表现教师如何进入学生之中，创设问题情境，组织学生讨论。

(7)总结技能的拍摄

用近景或特写表现下课铃响之前，教师对本节课内容的总结，或者对未授完内容的控制，为下一课的讲解做铺垫，并将镜头渐渐拉至全景，表现下课气氛。

(二) 试讲回放操作(在微格教室中进行)

(1) 单击左下角的“视频回放”按钮，进入回放界面(见图 3-16)。

(2) 单击右边的“文件”下拉按钮，并从下拉文件名列表中选择本人的文件即可(见图 3-17)。

(3) 单击右边的“播放”按钮，即可回放。并可进行：暂停、快放、慢放、停止备份及刻录等操作(见图 3-18)。

(4) 还可通过屏幕下方的进度钮，进行选择性的播放(见图 3-19)。

(三) 音视频导播与点播操作

1. 音视频导播服务

总控制室通过软件可实现对每个微格教室中的多媒体设备进行远程操作控制。在总控制室的电视墙上可以观看到任一微格教室的教学情况，教室可

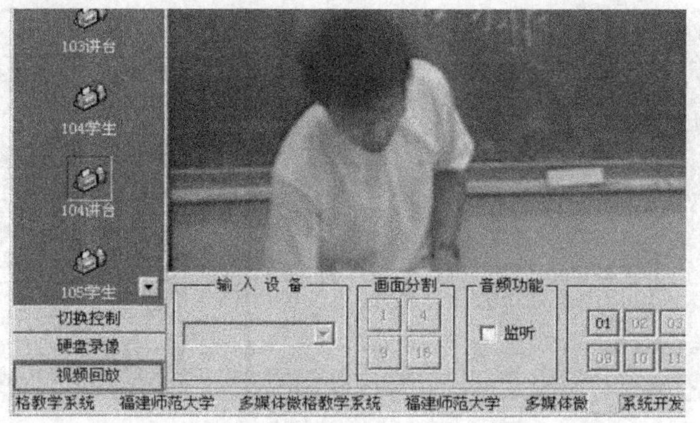

图 3-16　“视频回放”按钮(左下角)

图 3-17　视频回放界面

通过不同的用户名登录 CMNS－2000 客户端观看到其他教室的教学情况，总控室可将音视频处理器的任一输入信号强制性地送到每一教室。通过该功能教师可以对所有班级或指定的某年级的学生讲解教学内容，实现教学实况转播；也可以把某个教室的实况转播给所有的班级或指定的某几个班级，从而实现转播教学。在总控制室中还可以通过 CMNS－2000 客户端和各微格教室进行可视对讲，以及教室和教室之间进行可视对讲。例如要在 101 教室和 102 教室进行对讲，则可在 101 教室用 102 用户名登录客户端软件采集到 102

图 3-18　回放过程可进行的操作

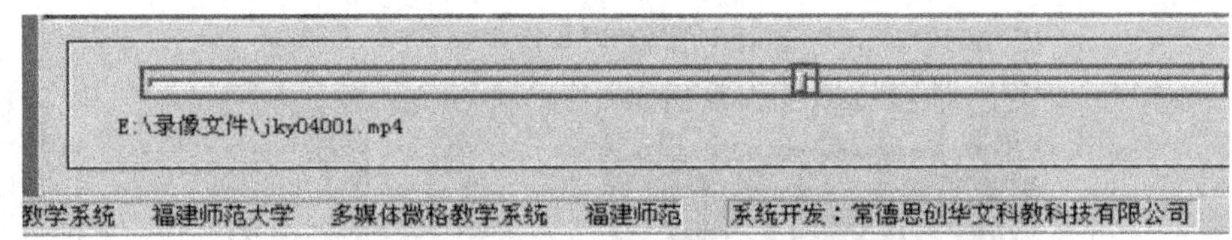

图 3-19　播放进度钮

的图像和声音，而在 102 教室用 101 用户名登录客户端软件采集到 101 的图像和声音，从而实现教室和教室之间的对讲。

2. 监视图像切换

主控软件可通过监视图像的切换，将系统中的任意一路音视频输入切换到系统中的任意一或多路音视频输出。在操作过程中，所选中的监视器和摄像头将以蓝底白字反相显示。主控室可指导某个微格室（102. 微格一）与另一个微格室（103. 微格二）互相观摩学习，进行教学经验交流。其操作方法如下：

（1）点击按钮，将系统控制状态切换到监视状态。

（2）选择输出的监视器（102. 微格一）：在软件的主控界面上的“监视器窗口”中选择需要输出的监视器，例如选择 102. 微格一。

（3）选择需要观看的摄像头（103. 微格二）：在“摄像头窗口”中选择需要监视的摄像头，则该摄像头的图像会显示在所选择的监视器上。例如选择 103. 微格二。

（4）点击按钮，将系统控制状态切换到监视状态。

（5）选择输出的监视器（103. 微格二）：在软件的主控界面上的“监视器窗

口”中选择需要输出的监视器，例如选择 103. 微格二。

(6)选择需要观看的摄像头(102. 微格一)：在“摄像头窗口”中选择需要监视的摄像头，则该摄像头的图像会显示在所选择的监视器上。例如选择 102. 微格一。

(7)至此，某个微格室(102. 微格一)与另一个微格室(103. 微格二)即可以互相观摩学习。

3. VOD 视频点播服务

微格教学系统采用网络交换机进行网络连接，并可与校园网络有效连接，试讲者可将微格技能训练的片段及使用的课件，通过该系统的节目录入和编排功能模块，编制成 VOD 点播目录(该步骤可由技术人员完成)。这样老师和学生即可通过校园网点播服务器上的节目内容。在任一台校园网的终端机的 IE 浏览器中，输入 VOD 视频点播服务器的 IP 地址 219. 220. 110. 148，打开主界面如图 3-20 所示：

图 3-20 VOD 点播界面

在此画面中有视频选播、课件选播、首字选播、字数选播、分类选播、编码选播六个主菜单，将鼠标箭头移到需选的主菜单，该菜单变红色。如要进行

“视频选播”。单击鼠标左键，弹出视频菜单（见图 3-21）。选择所需的视频文件，单击鼠标左键，进入播放界面。

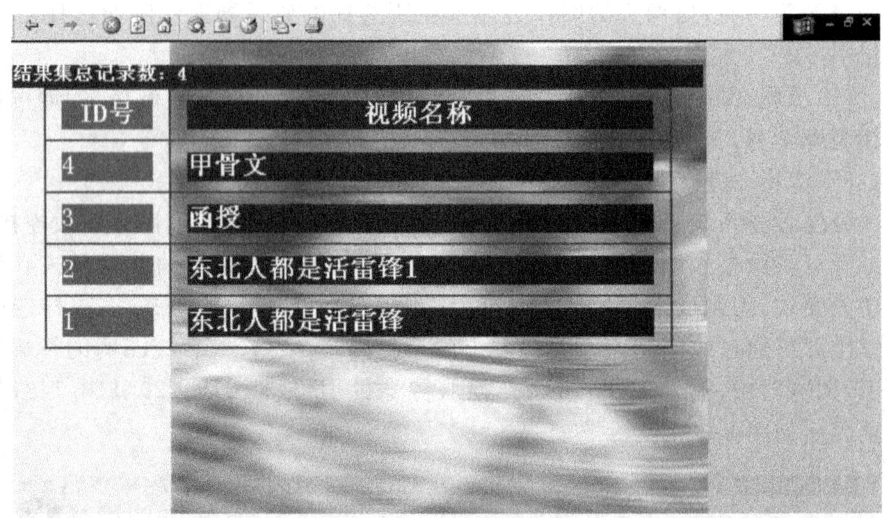

图 3-21　VOD 点播视频菜单

第四节　微格教学技能评价软件使用说明

一、教学技能评价软件介绍

当前微格教学系统采用先进的电脑软件进行教学技能评价，通过该软件系统可以全方位地进行微格教学，并且对教学结果进行准确的记录和合理的评估，从而促进受训者不断地完善教案和提高教学水平与教学效率。该评价软件界面如图 3-22 所示：

在服务器 IP 地址栏输入服务器 IP 地址，在评估人一栏输入评估人姓名和口令，再点击学生姓名列表即可。

（一）教学评估内容

该软件系统对教师进行评估的内容，严格按照微格教学标准来制定，该系统默认主要有导入技能、语言技能、提问技能等 10 项评估标准，10 项标准权值定为 1～5 分不等，然后系统自动统计进行，数值分析，产生评估结果。教师

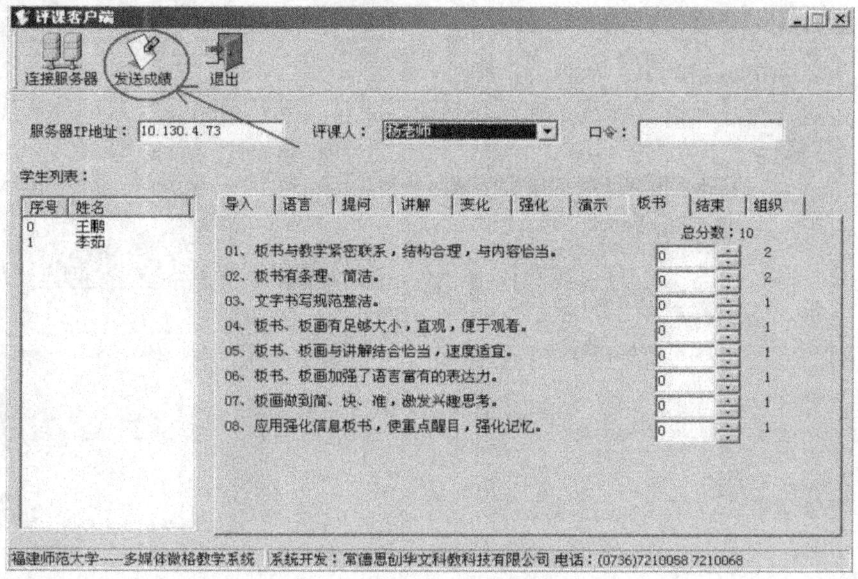

图 3-22 评价软件界面

可以按照实际教学需要，调整技能项目和评分权值（这部分内容见评课设置）。

（二）评估方法

进入系统控制窗口，切换到指定学生，然后根据微格教学要求对教师进行教学评估，根据教学的实际情况选择分数值，或在对话框中直接填写分数。评课结束后，按“发送成绩”菜单保存评课结果。

二、教学技能评价软件的使用

（一）评课设置

点击桌面评课服务器端，在菜单项中的“设置”菜单项，弹出“评课设置”对话框，如图 3-23 所示，评课设置以班级、评课人、学生姓名为单位，在“姓名设置”选项卡中，可以增加班名称、评课人和学生名单列表，或者在原有的名单基础上进行个别修改，这里的姓名属性将作为后续评价分析的基本组织单位和索引依据。

在“评课内容设置”选项卡中（见图 3-24），可以根据需要增加、调整或改变微格教学技能的项目和分数权值，在每一项技能对应的二级评价指标中，有默认的评价细节条目，当然教师也可以设定具体的细节内容和分数。各项参数设定完毕，点击“退出”按钮退出“评课设置”对话框。

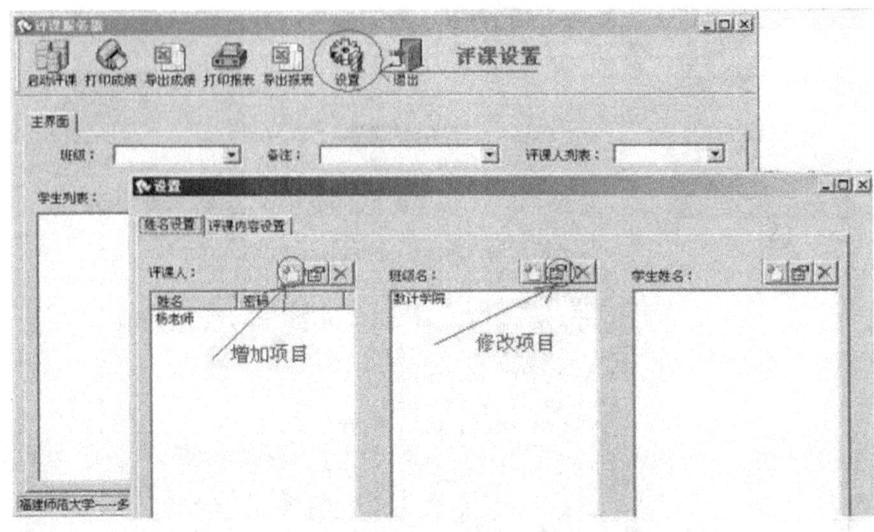

图 3-23 评课名称设置界面

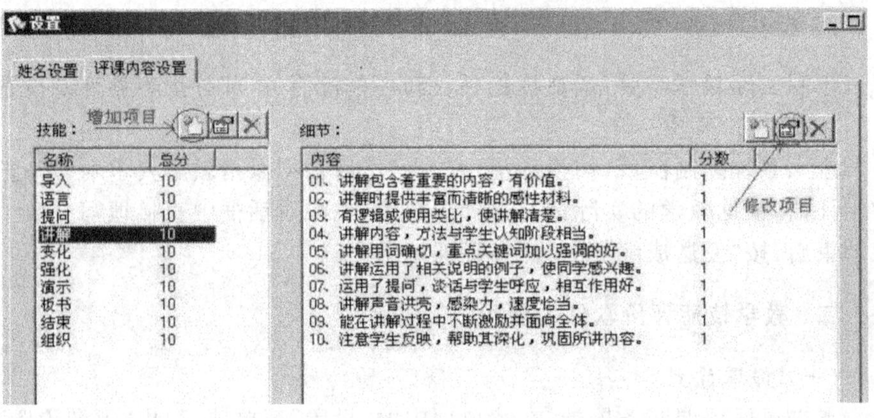

图 3-24 评课内容设置界面

（二）评课数据输入

再次进入 CMNS－2000 客户端管理界面，点击“执行”菜单栏中的“教学评估”菜单项，弹出评课对话框（如图 3-25 所示）。输入评课人姓名和口令，系统自动列出“学生姓名”列表，选择被评的学生和训练技能项目。在“评课技能”框中对各项进行评课，按要求对某个微个教学技能或多个教学技能进行评分。评课结束后，点击菜单栏中的“发送成绩”，系统自动将评课成绩保存到评课服务器，以供进行后续的评价分析和报表输出处理。

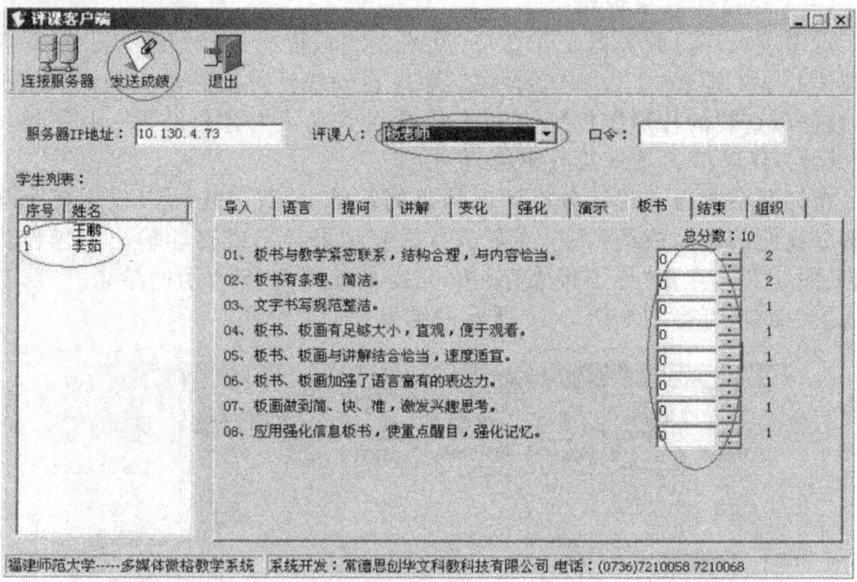

图 3-25　评课数据输入对话框

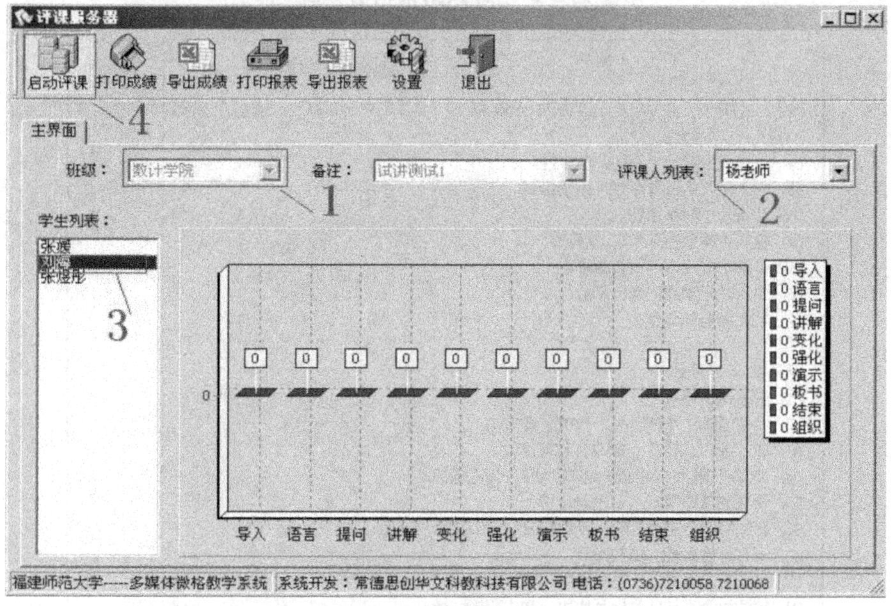

图 3-26　评课成绩分析结果

（三）评课结果分析处理

点击进入评课服务器工作窗口（见图 3-26），依次选择“班级”、“评课人”，和被评的学生姓名，点击“启动评课”，系统自动统计得出该学生的评课结果数据，数据以直观的柱形图框形式显示出来，使评价人对评价结果一目了然。

（四）评课报表导出及打印输出

在评课系统自动统计分析评课结果的基础上，我们也可以显示各个学生各部分技能的具体成绩列表，或者进行报表结果导出或打印输出。操作步骤为（见图 3-27），点击“导出报表”菜单，可得到如图 3-28 所示的结果。点击“打印成绩”菜单，可得到如图 3-29 所示的结果。

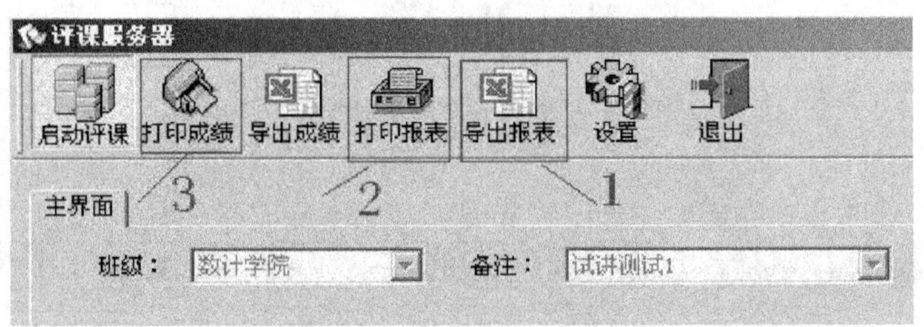

图 3-27　评课结果输出界面

测试一

姓名：王鹏	评课人：杨老师	总分：51	日期：2007-9-25

==导入==　得分：　7

项目	得分
01、引入能引起学生兴趣各积极性。	1
02、引入能自然引入课题，衔接恰当。	1
03、与新知识联系密切。	1
04、确实将学生引入学习的环境。	1
05、讲话感情充沛，语言清晰。	1
06、引入时间掌握得当，紧凑。	1
07、能面向全体学生。	1

==语言==　得分：　7

项目	得分
01、普通话讲得标准。	0
02、吐字清晰、声音洪亮、速度节奏恰当。	1
03、语言通顺、连贯、音调有起有伏。	1
04、语言所表达内容规范、条理性好，促进理解。	2
05、语言的情感情好，有激励作用。	0
06、目的明确，主次分明，表达简洁，恰当重复。	1
07、语言有启发性，应变性。	1
08、使用身态语言，目光、表情、动作恰当。	1
09、能运用语言与学生相互作用，学生积极性高。	0

图 3-28　报表输出结果

总报表

姓名	总分	最高分	最低分	平均分
张媛	81	9	6	8.1
刘海	0	0	0	0.00
张煜彤	0	0	0	0.00

图 3-29　打印成绩输出结果

思考与练习

1. 微格教学室的要求与布局。
2. 微格教学室的类型。
3. 现代微格教学室的特点。
4. 现代微格教学系统设计的原则和要求。
5. 微格教学过程的控制。
6. 教学技能评价软件的使用。

第四章 教学语言技能

第一节 教学语言技能概述

教学语言技能是在课堂教学过程中，教师运用语言传递知识信息、指导学生学习的行为方式。教学语言是教学信息的载体，是教师完成教学任务的主要工具。教育家苏霍姆林斯基说："教师的语言修养在极大的程度上决定着学生在课堂上的智力劳动效率。"所以，教师的教学语言技能是完成课堂教学任务的重要保证，也是提高教学效果的基本技能。

课堂教学活动是教师和学生依靠信息交流得以实现的，而课堂信息交流的形式主要有言语交流和体态语交流。言语包括口头言语和书面言语（如板书、作业批语），是师生教学活动信息交流的主要方式。体态语包括面部表情、眼神、动作姿态、手势、外表修饰等。在课堂教学过程中，它或者伴随师生言语活动，或者代替言语活动，进行信息交流。

一、语言技能的特点与功能

（一）教师语言的作用

（1）传递教育信息。教师的课堂教学语言最基本的作用是要清楚地、准确地传递学科教学信息，以保证完成基本教学任务。

（2）启发学生思维。教学语言是为实现教学目的服务的，课堂教学既要传递学科知识，也要启发学生思维，培养学生能力，发展学生智力。因此，教师要运用生动的形象、启发性的语言将教育信息转化为学生乐意接受的财富。

（3）提高语言水平。教师教学语言水平的不断提高，能促进教师的逻辑思维、表达能力，从而提高教学效果。教师为学生创设了良好的语言环境，这对于培养学生的相关能力也十分有利。

（二）课堂体态语言的特点

著名教育家马卡连柯指出："教育技巧，也表现在教师运用声调和控制面部表情上"，"我相信在高等师范学校里，将来必然要教授关于声调、姿态、运用器官、运用表情等课程，没有这样的训练，我是想象不出来可能进行教师工作的"。这是马卡连柯基于自己长期积累的教学实践经验，对课堂上教师体态语重要性的充分肯定。课堂体态语言与言语相比较，有其独特之处，表现在以下几个方面：

1. 辅助性

言语和体态语在课堂教学信息交流中具有互补性。在师生交往中，往往不是单独使用言语的，体态语总是伴随着言语发挥着不可缺少的作用。就言语和体态语在课堂教学中所起的作用而言，言语起着主导和决定的作用，体态语起着次要和辅助的作用。这是因为言语的适用范围比体态语更为广泛，表情达意更为确切。体态语的适用范围和表情达意，受约定俗成和人的生理机能自然表露的限制，相对狭窄一些。而且，由于心理背景和交流场景与气氛的不同，还会使相同的体态语蕴含不同的思想内容，产生语言歧义。虽然如此，在课堂教学中，体态语仍然具有言语不可替代的重要作用。

2. 连续性

言语的交流过程，是由可以分解的部分（如句子、短语、单词）组成的。人们讲话之所以有限，在于它必须是说出的和完整的，它有明显的起点和终点，并存在着互不相联的各个单位，因而能够用不同的方式把讲话内容记录下来。体态语交流则是连续的，它不仅连续不断地伴随着人们的言语活动，而且，人们停止言语行为时，他们的体态语仍然在继续着——或者用眼睛扫视、与人面对面或者向他人倾斜着身体、频频点头，他们的一举一动，各种表情时刻都会传输给对方。

3. 真实性

人们的言语信息大都是有意识地发出的，而体态语表达的信息往往是无意识或半意识显示出来的，虚假的成分较少。体态语专家的研究表明，人的体态语传示出人的内心世界的效果是言语的五倍，特别是当两者不一致时，往往是体态语能够反映人的真实情感，人们可以从某人的表情、眼神、姿态等体态语中觉察出他人"言不由衷"的情况。无怪乎心理学大师弗洛伊德说，没有人可以隐藏秘密，假如他不说话，他则会用指尖说话。一个人言语行为压抑下产生的下意识行动，可以从他们的双手的动作、位置及紧张情况看出来。

(三)体态语在课堂教学中的基本功能

1.辅助课堂讲授

许多优秀教师经过长期的教学实践,都不约而同地得出这样一种结论:教师上课好比演员演戏,演戏不但要唱,而且还要配以丰富的动作和表情才能吸引观众。教师上课也同样要讲演结合,声情并茂才能吸引学生,达到良好的效果。教师在讲授过程中,其体态语的辅助功能主要有:

有利于架起师生间情感的桥梁。课堂上,教师的一言一行,一举一动所流露出的热爱和关心学生的情感信息,能为学生敏锐地感知,并在心中激起层层浪花,使其产生充实、愉悦等良好心境,从而开启心扉,自觉地接受教师的教诲。

有利于突出教学重点。体态语具有强调言语的语义重点,增强口头言语表达的功能。当教师讲授重点内容时,加重语气,提高音量,或者慷慨激昂,或者反复用手指点着黑板上的有关板书内容,能给学生留下深刻印象。

有利于提高学生对知识的记忆和理解。教师在讲授过程中,如能伴以适当的体态语,以姿势助说话,以眼神传真情,就能把学生带进与教材内容相应的气氛中,引起学生感情上的共鸣,产生丰富的想象,课文中的内容能形象生动地再现在脑海中,有利于迅速理解授课内容,心情愉快地牢记知识。

2.反馈课堂教学信息

反馈是调节课堂教学活动的重要机制。一个教师教学时单凭信息输出是不够的,还必须从学生身上反馈种种信息,对教学活动实行有效的控制。言语反馈无疑是教学反馈的一条重要渠道,但是,体态语反馈与言语反馈相比较,更具有特殊的作用。这是因为课堂教学是一种特殊的环境,它不允许学生随便以口头言语干扰教师讲课,于是,体态语就成了学生内心状况和意向的主要的、甚至是唯一的表露形式。因此,正在上课的教师要想及时获取教学反馈信息,最适当、最便捷、最有效的方式,就是观察学生的面部表情、眼神、手势等体态语动作。教育家赞科夫说过:“对一个有观察力的教师来说,学生的欢乐、惊奇、疑惑、受窘和其他内心活动的最细致的表现,都逃不过他的眼睛。”

3.控制学生的课堂行为

由于教师和学生长期的课堂共同活动与情感上的交融,已经使他们对许多问题形成了比较一致的看法,形成了对体态语表征信息的统一的系列条件反射。因此,在师生信息交流时,师生双方的体态语大多不需要经过任何中介环节,就可表现为肯定或否定,接纳与排斥等为对方所熟知的信号,它较之于有声言语提供的信息更加简洁明了。经验丰富的教师常常通过自己的面部表情、眼神、手势、姿态等体态语来表达他们对学生课堂行为的肯定和否定,从而达到控制学生课堂行为的目的。

二、语言技能的构成

(一)教学语言的构成

教学语言是课堂教学中师生交流、传递信息的工具,掌握好教学语言的声音技巧,讲究语言艺术就会给教学带来良好的效果。

1. 语音和语调

语音是语言信息的载体和符号,教学中对语音的要求是要发音准确、吐字清晰,普通话规范。语调是指讲话时声音高低、声调升降的变化。语调能体现教师的语言情感。假如教师讲课的语调较长时间低沉而平淡,则会使课堂气氛沉闷,学生精神不振,接受信息会很费力;教师讲课时的语调较长时间高亢激昂,则会使课堂气氛嘈杂,学生感到心烦,也会降低接受信息率。要做到语调自然适度、抑扬顿挫,教师要深刻理解教学内容,对全班学生充满感情,讲课时身心投入,做到语调情感的自然流露。

2. 语速和节奏

语速是指讲话的快慢。每个人平时讲话的速度可以有快有慢,但课堂上的教学语言必须语速适中,通常以平均每分钟 200 至 250 字为宜。教师在课堂上发出的信息速率适宜,学生便于接受、加工及储存,这样才能提高教学效果。教师上课时说话的速度太快,发送信息的频率就高,学生的大脑对收取的信息来不及处理,形成信息的脱漏、积压,导致信息传收活动的障碍,甚至中止。反之,教学语速过慢,重复过多,则浪费时间,学生也会精神涣散,降低听课的兴致与效果。节奏是指教学中的语速快慢、停顿等变化。节奏的快慢、停顿均受教学内容的控制、影响,这样做的目的是为了创设情景,吸引学生注意;给予学生间歇时间用以思考,并不断激起学生继续学习的愿望。

3. 词汇和语法

词是语言系统中最基本的构成单位,没有词就没有语言。作为教师要有一定的词汇量,并能规范、准确、生动地运用于教学,才能正确表达信息内容。教师讲课通常要用普通话,还要能正确使用专业词汇,凡讲课词不达意、语不相关、拖泥带水者,教学语言就很不流畅。语言的生动既表现了教师的专业知识基础,也反映出说话技巧及语言风格修养等。这些都是可以通过研究、训练提高的。语法是遣词造句的规则,按照这一规则表达语言,才能互相交流、被人理解。教师语言的逻辑性是教学科学化、高效率的保证,也是培养学生思维

能力和表达能力的一种有效方式，教师讲课要以某些知识点作为逻辑的依托，运用推理方式层层剖析事物，才可能使语言表述具有逻辑性。

综上所述，教师教学语言技能应该达到语言规范、语调自然、语流顺畅、语法正确、修辞得当、逻辑无误的基本要求。

（二）课堂体态语言的构成

课堂体态语主要有：教态、眼神、姿势等。

1. 神态语：指一个人的神情态度，它又可以分成两大类。

(1)表情：主要指人的面部表情，一个人的喜怒哀乐等全部可以从表情上反映出来，人们可以通过表情了解人的心理内部活动，表达心灵的表象。著名作家罗曼·罗兰曾说过："面部表情是多少世纪培养成功的语言，比嘴里讲的复杂千万倍的语言。"

(2)眼神：人们常说眼睛是心灵的窗户，从一个人的眼睛中我们可以看出他的疑问，喜怒，赞成与否。眼睛能传神，会说话，最能表达细腻的感情。爱默生说："人的眼睛和舌头说的话一样多，不要字典，都能从眼睛的语言中了解一切。"教师的眼神要使学生感到亲切中严肃，肯定中有期待，否定中有鼓励，容忍中有警告。

2. 手势语：指一个人表示意思是手所做的姿势。它比姿态语的幅度要来得小，是体态语中动作变化最快，最多，最大的，而且具有丰富的表达力。老师常用的手势语大概分成四类：第一，指示性体态语。教师运用事物或图画进行教学时，常结合手势语帮助提问。第二，演示性体态语。此类手势语演示教学内容，帮助学生理解。第三，指挥性体态语。此类手势语的特征在于指挥学生活动，用于在教师指挥下演示教学。第四，象征性手势语。它是用来描摹人、物的形和貌。

3. 姿态语：指身体部分器官，例如手、足、头等在教学中系列的协作行动来帮助学生对课文进一步了解，也就是我们平常所说的动作。英语教学是以听说先行，对于小学生来说他们对于语言的接受，主要是靠老师的姿态语将一些枯燥的语言表演成一段段生动活泼的片段来帮助他们记忆的，让他们的思维随着教师的动作描述来思考。

第二节　信息技术课教学语言应用

一、教师语言的应用原则

(一)语言和环境相适性原则

这里的环境是指课堂语言环境,包括内语言环境和外语言环境。

内语言环境指语句上下文、前言后语造成的语言环境,外语言环境指听者之身份、知识、兴趣以及课堂教学参数的广义的语言环境。语言和环境相适性原则要求教师的教学语言和课堂环境之间符合以下关系:一是教学语言适应学科教学内容;二是教学语言适应学生的年龄及发展水平。

好的教学语言会造成良好的内语言环境。某一段教学话语的演绎过程中,其前后相继的话语不间断地创造着新的内语言环境;而不断变化、更新着的内语言环境,又能刺激教师的语言更趋完美,教学语言在如此不断良性变换的内语言环境中优化;良好的内语言环境会造成新的外语言环境。一位好的教师在外语言环境不利时,能通过适当的语言来控制、改变局面,使学生对教师语言的意图、含义、情感、逻辑等产生兴趣,并予以关注。

总之,教学语言和语言环境相适性原则表明教师一要顺应语言环境,即适应学科、内容、学生、水平等;二要创设语言环境,即不断控制、改善外语言环境。

(二)语言启发导向性原则

教师的课堂教学语言要有鲜明的导向性。教学语言不仅传播一般的知识信息,伴随着信息的传播还要传达教育意义。教学语言传播教育的教学性信息,这些信息的传播具有强烈的目的性、养成性、效能性。因此,教学语言就被赋予了导向性的要求。教师要能运用教学语言启发学生的学习积极性,激发学习兴趣,点拨学生思维。教师语义要真诚明了,能运用教学语言优化教学信息传播。

二、课堂体态语技能运用的基本原则

(一)师生共意原则

体态语表达的含义具有模糊性和随意性,它不像书面言语和口头言语那样固定,其信息量具有相当大的不确定性,并且在很大程度上依赖师生共有的

社会文化背景和学生的心理背景，它包括学生认知结构、心境、活动状况、气氛、师生体态语交流习惯等。对于教师的每一个体态语动作，不同的学生因不同的心理背景，其感受和理解可能不一样。因此，教师在运用体态语时，应当尽量让学生充分地、精确地理解其表达的含义，达到师生沟通和交流的目的，这就是师生共意原则。如何做到这一原则呢？教师应注意了解民族民俗习惯，注意学生的年龄特征与文化水平的高低，让学生熟悉教师的体态语习惯，防止运用体态语的随意性与盲目性。

（二）程度控制原则

这一原则是指教师的体态语要繁简适度，不能随意发挥。首先，教师的体态语动作宜注意适当的幅度、力度和频率。因为课堂教学过程中，多数情况下学生是呈现思索状态，被教学内容所吸引，因此，教师的体态语动作宜小不宜大。动作过大易喧宾夺主，妨碍有声言语的表达，力度过大的动作易失去平衡，过快速度的动作易造成不稳定感，不断重复的动作则令人厌烦。其次，教师的体态语动作不要夸张，要自然、生活化。有的教师上课像讲评书，有的教师讲课像演戏，让学生感到不自然、不真实，与教师存在着心理上的距离。再次，教师要力求避免下意识的体态语动作。下意识的动作往往是不规范的，甚至是不文明的，例如，有的教师随地吐痰，打呵欠，掏耳屎，搔头皮，提裤子，或者左顾右盼，无目的地在教室里频繁走动，等等。

（三）和谐统一原则

这个原则是指教师所有的体态语动作必须准确、得体、和谐、统一、明了，符合课堂教学环境的要求。贯彻这一原则，首先，教师应使自己各式体态语动作和谐统一。在活动过程中，人的身体动作都是综合运用的，眼神、表情、手势、姿态等，只有相互配合才相得益彰。如果教师讲课时，眼睛怒火中烧，手势却轻淡缓慢，效果肯定不佳。和谐统一还应包括动作的连续性，动作若不连续，叫人难以理解，甚至感到莫名其妙。其次，教师的体态语要与有声言语协调一致。有的教师讲课时，话说出来了，动作没做出来，或者动作做出来了，话却没有说出来。有的教师讲话和做动作两者之间总是慢半拍。还有的教师的口头言语与体态语动作相互矛盾，指东说西，叫人难以判断。口头言语与体态语动作和谐统一，有锦上添花的效果。相反，则弄巧成拙。再次，教师的体态语动作要与课堂环境协调一致。例如，小学低年级的学生以形象思维为主，授课时，教师就应多采用些直观性动作，以加强形象性。高中学生以抽象思维为主，理解能力较强，对他们则不需要有过多的直观性动作，需要的是教师自然的教态。

(四)体态语和口语相配合原则

体态语包括手势、神态、站立、移动等。教师在教学中往往有意识或无意识地以体态语配以口语,体态语所传递的是无声视觉信息。体态语与口语相配合的原则要求体态语以适当的强度、得体的表征来辅助教学语言。体态语是伴随人们说话的表情表达自然形态,运用得当能引起注意、调动情绪、渲染感情、诠释话语、交流沟通,并确立良好的自我形象。教学语言技能在注重有声语言的听觉时,不能忽略体态语的视觉配合作用。据观察统计,教学中体态语与口语适当地对应相助时,学生的有意注意率高达95%,当然要注意体态语的质量,即适度、文明、自然。

实习活动

选择一段有利于培训语言技能的教材内容,编写微格教案,分小组进行角色扮演。

三、课堂体态语言的应用

(一)走动姿态

走动的姿态不仅是教师精神状态或风度的表现,而且还有传递教学信息的意义和作用。如果一个教师一节课始终站在讲台上授课,课堂上会显得单调而又沉闷。相反,教师适当地在教室内走动,课堂就会变得有生气,促进师生双边教学活动,引起学生注意,调动学习的积极情绪。因为教师从讲台上下来走到学生中间,这种空间距离的缩小,导致师生心理上的接近,密切师生关系,加强师生课堂上的感情交流。同时,在走动中教师可进行个别辅导,解答疑难,了解情况,控制学生活动,检查和督促学生完成学习任务。教师在课堂走动时应注意以下问题:

(1)走动要与课堂教学气氛协调,不能干扰学生的学习活动。为了做到这一点,第一要控制走动的次数,既不能老是站在讲台边,双手撑在讲台上,也不能走动不止,台上走到台下,教室前走到教室后。第二,要控制走动的速度,教师在课堂上应当缓慢地、轻轻地走动,而不是步履匆匆、步伐沉重地走动,因为教师身体突然运动或停止,走动声音太大都会分散学生的注意。第三,走动时姿势要自然大方,不能出现新异奇怪的动作。

(2)走动的时机和位置要合乎教学内容的需要。一般来说,学生在专心做练习或答试卷的时候,如果教师在他们身边走动或停下,往往会分散他们的注

意力，打断思维活动，甚至造成情绪紧张。讲授课文，一般不离开讲台，板书后，要离开黑板，不然会挡住学生的视线。边讲课边走动的位置不应在教室的后端，不然全体学生无法看到教师的表情。

(3)走动的范围既要注意重点又要注意均衡。走动可以在课堂上形成师生间的人际距离，它会影响学生的心理和行为，进而影响教学效果。一般来说，人与人相处，是按照人际关系的和谐、亲疏程度而调节与他人相隔的空间距离。研究表明，喜欢走近学生的教师，被看作是欢迎学生、关心学生和喜爱学生的教师。大部分学生喜欢教师多靠近自己。因此，教学过程中教师在学生中间走动，进行个别辅导，解答疑难的时候，要注意关心每一个学生，对所有的学生给予均等的接近机会。不要让有的学生失望——“这位老师不喜欢我，对我不寄予希望，因为他不走近我”。

(4)走动时要处理好局部与全局的关系。课堂上让学生分小组活动时，如果发现某个小组有问题，教师应轻轻向他们走去，以免影响其他学生。例如在学生讨论时，教师要观察整个课堂的情况，最好站在教室的两端。

(二)手势

手势是指手指、手掌、拳头、臂膊的综合运用。手势具有很丰富的表达力，而且在体态语中是动作变化最快、最多、最大的。它的运用往往与讲述、面部表情相配合，是一种重要的无声教学语言。一个好的教师从来都重视掌握与运用手势，平时注意进行这方面的自我训练和经验的积累。有些教师教书若干年后，教学手势依然比较僵化，缺少表现力，一节课下来几乎都是一个或几个手势动作，或紧插裤袋，或紧贴裤缝，或一动不动地把手放在课桌上。有的教师则随心所欲，胡乱比划，手势成了多余的甚至是有副作用的东西。

1. 手势的种类

(1)从手势的功能来看，可分四类：第一是象形手势。它主要用来摹形状物，给学生一种形象的感觉，如某样东西是大的还是小的，形状是方的还是圆的，运动是快还是慢，距离是近还是远，等等，都可以用象形手势来比划。第二是象征手势。比如教师在介绍某项祖国建设成就后讲到：“同学们，祖国的未来，前程似锦”，教师就可以把右手向前方伸出，以示未来。这种手势比较抽象，但用得准确恰当，也能引起学生的联想，启发思维。第三是指示手势。它指人说人，指物说物，往往用来指示前后左右视觉可及范围内的具体对象。教师用手指着某学生请他发言，用手指着黑板上某概念要学生重点理解。第四是情意手势。这种手势主要表达教师的情感，使其形象化、具体化。比如，当教师讲到某愤怒的情节时，教师紧握双拳，加上悲愤的语调和表情，就可以表达教师的情感。

(2)从手的动作来看,手势有单式与复式之分,一只手做的叫单式,双手共做的叫复式。复式比单式的力度大,更富有加强的气势。教师是用单式还是复式,这既要考虑所讲的内容,又要考虑听者的多少。课堂教学的手势多用单式。

2. 手势运用的要求

(1)简练。每一个手势,都力求简单、明了、清楚、精练、干净、利落,切不可琐碎,拖泥带水。

(2)适当。所谓适当,有两种意思。一是一节课教师手势的多少要适当;手势过多,不仅无实际意义,而且会喧宾夺主,分散学生注意力。手势过少,则显得呆板、不能生动、形象、恰当地表情达意。二是内容与形式要适当。即教师的手势动作与所要表达的意思在客观上要相一致,授课内容、内心情感决定手势的运用,而逼真的手势又能准确表现内容,增强语言的表达效果。

(3)自然。自然是情感的真实流露,只有自然才能真实地表达感情,并给人以美感。教师的手势贵在自然,切忌矫揉造作。

(4)协调。教师的手势要与说话、表情、形体姿态相协调。如手势的起落和语音的出没是同时的,不可互为先后。手势幅度的大小应和音调的高低相协调。女教师的手势可柔和一些,男教师的手势可以刚健有力一些。这样与女性或男性在性格、气质上才相协调。

(5)多样。教师的手势应针对学生听课情绪状况而有所变化,切忌单调和呆板。

(三)外表修饰

外表修饰,是指教师在教学情景中的服装、发型配饰、美容化装。人们通过服装、发型、头饰、鞋、眼镜、项链等修饰物打扮的外表状况、外表修饰,是教师内心修养、品格气质的外部流露,虽然在大多数的教学情景中,它不直接传达与教学内容相关的信息,但它都是影响教学活动和教学效果的一个潜在的、不可忽视的因素。一方面,如果上课时教师不修边幅,衣着随便不整洁,头发蓬松杂乱,会给学生"不负责任、粗鲁无理"的印象,从而对学习这门课失去信心。另一方面,教师过于刻意打扮,浓妆艳抹,奇装异服、发型奇特等,不仅会分散学生的注意力,而且会使学生对教师形成"轻浮刺激,敷衍教学"的印象。人的外表修饰是一种符号体系,它能传达出个人的文化素养、知识水平、风度气质与社会地位的信息。人们千百年培养起来的审美情趣和时代的审美特征与教师的职业特征相结合,就产生了具有教师职业特有的外表修饰的审美标

准。教师外表修饰主要包括:服饰选配、发型选择和女教师的化妆技术。其中服饰选配是主要内容。

1. 服饰选配

服饰选配的要求。服饰包括衣、裤、鞋、帽、袜、围巾、领带、手套及胸花、胸针等。各种服饰的选配的要求是:

(1)协调和谐。即服饰的颜色要协调,不要违反颜色搭配规律。另外,部分与整体要和谐。例如衣服和裤子、帽子与衣服、鞋子与裤子等等的选配,无论是颜色还是式样都要和谐。

(2)适合体形。体形胖的教师宜穿颜色深、带竖条纹的服装,这样可以使体形显得匀称;瘦高的教师宜穿颜色浅、带横条纹的服装,可使体形显得壮实,矮胖身材的教师上装宜短,下装宜长一些,鞋子宜小巧秀气一些,这样可以借助视觉的错觉增加身体高度。

(3)适合年龄。青年教师活泼有朝气,中年教师年富力强,老年教师干练稳重,每个教师在选择服饰时应从款式、色调等方面考虑与自己的年龄段相协调。

(4)适合性格。教师的服饰的色调和款式应与自己的性格相适应,服饰色调的冷、暖与性格的刚、柔相协调,服饰的款式与性格的内向、外向相适应。

2. 发型选择

人们的发型作为符号的表现力虽然不如服饰,但也可表现个性。体态语专家研究表明,抢先采纳流行发型的人,表示对环境的适应力强。经常变换发型的女性,具有不稳定的性格,易受他人影响。蓬松的发型、爆炸式发型扩大了头部的范围,意在突出自己,吸引他人的注意。教师在课堂上的发型一般就是生活中通常保持的发型。教师选择发型时,一要考虑自己的面部特征和体型,自己的文化气质和精神风貌,二要考虑学校的环境特征。男教师不应留披肩长发,女教师的发型不要过于新潮,不宜染红发和黄发,头饰不要过于复杂和新异。

3. 教师化妆

女教师适当地化妆,可以使其在课堂教学中保持良好的精神状态。化妆可以分为表演妆和生活妆两类。前者浓艳,后者淡雅。

教师上课时的化妆属于生活妆中的日妆范围。化妆是一种系统而又复杂的专业性很强的技能。女教师化妆总的要求是:淡雅、自然、适当。

范例一、教师眼神的作用

长春市语文特级教师牟丽芳在教学中非常善于让眼神来说话。有一次,

她读范文，手捧着书，声情并茂，同时，全班学生的表情也都在她的眼睛里。有一位同学眼睛偷偷地离开课本，去看桌子上的东西，手仍捧着书。牟老师敏锐地注意到了他眼神的变化，她仍照样读着范文，非常自然地、慢慢地朝他那里踱着步子，一点儿也不露声色。别的同学都沉浸在课文以及老师朗读的意境中去了，那个溜了神的同学却感觉到了气氛的细微变化，他立即抬起头，溜了一眼，恰好，牟老师也看了他一眼，师生相视不过一秒钟，却包含了千言万语。那个同学赶紧把注意力集中到课本上。一个小小的风波平息了，课堂上不见一丝涟漪，好像什么也没有发生过。

请分析：牟丽芳老师的眼神妙在何处？

第三节　教学语言技能的训练与评价

一、教学语言技能的训练

（一）教学语言技能训练目标

1. 理解教学语言技能的含义，教学语言的使用原则。

2. 明确教学语言技能的功能和运用的要求。

3. 掌握教学语言技能的类型和运用方法。

（二）教学语言训练建议

1. 组织理论学习

组织受训人员集中学习教学语言技能有关的基本理论，了解教学语言的类型、功能及其应用方式。

2. 观摩示范录像

组织受训教师认真观摩优秀教师教学的录像片段，并指出该教师使用了哪方面的语言技能。结合已学习的理论知识边观摩边分析。使受训教师进一步明确培训的目标和教学语言运用的要求。

3. 结合一堂课的教学，将学习的语言技能进行充分运用，做到：语言流畅，语速、节奏恰当，语调抑扬顿挫，起落有致。

4. 结合一堂课的教学内容，让学生分析可以运用那些体态语，其功能和意义。

二、教学语言技能的评价

表 4-1 语言技能评价记录表

课题： 执教：

评价项目	好	中	差	权重
1. 讲普通话，字音正确	□	□	□	0.10
2. 语言流畅，语速、节奏恰当	□	□	□	0.20
3. 语言准确，逻辑严密，条理清楚	□	□	□	0.15
4. 正确使用专业名词术语	□	□	□	0.15
5. 语言简明、生动有趣	□	□	□	0.05
6. 遣词造句通俗易懂	□	□	□	0.10
7. 语调抑扬顿挫	□	□	□	0.05
8. 语言富有启发性	□	□	□	0.10
9. 没有不恰当的口头语和废话	□	□	□	0.05
10. 体态语配合恰当	□	□	□	0.05
对整段微格教学片断的评价：				

（请听课后在以上适当评价等级处划"√"）

思考与练习

1. 语言技能的特点与功能。
2. 语言技能由几个方面构成？
3. 教师语言及体态语技能运用的原则。
4. 课堂体态语言的应用方法。
5. 如何评价教学语言技能？

第五章

讲解技能

第一节　讲解技能概述

一、什么是讲解技能

讲解技能是教师主要运用口头语言的方式，向学生传授知识和方法，启发思维，使学生受到思想道德教育和感情熏陶的一类教学行为。

讲解技能是课堂教学中最基本的一种教学技能。教师讲解技能运用得好坏，直接关系到学生学习的情绪、学习的效率，关系到教学任务完成的质和量的好坏和多寡。许多课堂教学的失败，并不都是由于教师知识贫乏或资历不足而造成的，大多数是因为教师的讲解缺乏匠心所致，没有熟练地掌握讲解技能所致。因此，作为一名教师，研究和掌握讲解技能是十分必要的。

二、讲解技能的功能

讲解技能运用得好，就能够充分发挥教师在课堂上的主导作用。教师通过讲解，可以突出教材的重点，展示问题解决的过程和途径，交给学生思维的方法和技巧，归纳综合知识的系统，能在较短时间内传递大量信息，提高教学效率。讲解技能的功能可归纳为以下几点：

（一）有利于突破课堂教学中的难点、突出重点、掌握关键点

难点是学生学习感到困难的地方。在难点之处，教师通过有针对性的，精练、生动的讲解，往往能使学生茅塞顿开。

重点和关键是课堂教学的精要之处。这些知识对于完成教学目标至关重要，要求学生清晰、牢固地掌握，然而学生往往搞不清楚哪里是重点、什么是关键。教师在讲解的过程中，不失时机地强调重点和关键，并在这些地方着意雕

琢，能集中学生的注意力，给学生留下深刻印象。

（二）节省时间，提高课堂效率

讲解的内容经过了教师系统整理，将知识去粗取精、提炼和升华，其中包含了教师对教材的深刻理解以及学生学习的成功经验和失败教训。听教师讲课，以使学生少走弯路、事半功倍。

（三）生动形象，有利于提高学生的学习兴趣

教师讲课不能照本宣科，而是用生动、形象、精练的语言，用有趣的例子去解释和叙述，语调抑扬顿挫、表情自然亲切的讲解会把学生带入学习的情境，使学生如见其人、其物、其景，可以把枯燥的情节讲得入神入画，使学生陶醉神往。

（四）有利于掌握知识结构，培养能力

教师讲课中严密的逻辑、清晰的层次、准确的推理、透彻的分析和综合会影响学生，使学生学会认识问题的思路和方法，有利于学生掌握知识结构。教师向学生介绍学习方法有利于提高学生的学习能力。

（五）有利于对学生进行思想教育

教师在讲解的过程中，自然而良好的情感流露，如：深刻的爱与憎、激愤与惆怅、兴趣与豪情都会潜移默化地感染学生，在“润物细无声”中产生良好的教育作用。

然而，讲解的这些特点都只有使用恰当时才能体现。如果使用不当，比如不注意调动学生的积极性和主动性，很少安排学生的活动，一味地灌输，还会产生“满堂灌”、“注入式”等问题，这是课堂教学中应当特别注意的。

三、讲解技能的构成要素

讲解是一项综合技能，以使用语言为主，还包含和渗透着提问、演示、导入、总结、板书、强化、变化、组织学生的学习活动等多项技能。就其特点来说，无论何种类型的讲解都具有以下几项基本的构成要素：

（一）形成讲解的框架

在确定了教学目标的基础上，明确新旧知识之间的联系和新知识本身的内在关系，根据知识结构和学生思维的发展顺序，提出系列化的关键问题，形成讲解的框架，将教学内容呈现出来。这样，可以使讲解的条理清楚，也有利于引起学生思考。这些问题不一定都要求学生回答，某些难度较大的问题可以是设问，他们的主要功能是清楚地体现教学内容的结构。

例如：信息技术课程中，在“预防计算机病毒”的讲解中，用以下问题组成

讲解的框架

结构:

(1)什么是计算机病毒?它会传染给人吗?

(2)你了解几种计算机病毒?

(3)病毒有哪些危害?

(4)如何防范计算机病毒呢?

用以上系列化问题展开教学内容,建立了清晰的讲解框架,使讲解条理清楚,同时也引导学生步步深入地进行思考。

可见,讲解是以提出问题、思考问题和解决问题为线索实现的。问题可以明确讲解的中心是什么,可以激发学生的认知矛盾冲突,引起学生的注意和兴趣。教师在每学习一个新的内容时都提出一个关键问题让学生思考,问题通过讲解等学习活动得到了解决即实现了教学目标,则可以进一步激发学生的学习动力,然后进入下一个问题的学习,教师提出的一系列问题环环相扣,编织了讲解的结构框架。因此,讲解时提出的关键问题应该精心设计,做好充分的准备,并以此为线索展开教学。

(二)语言表达

教师的讲解主要是以语言为工具进行的。因此,讲解是否成功在很大程度上依赖于语言的表达。

语言要简练、流畅。其特点是紧凑和连贯。教师在课前做好充分准备并充满自信,是语言简练、流畅的前提。

语言要准确、明白。要正确运用本专业的术语,不用未经定义的概念,措辞、发音准确,语句完整,合乎语法,尽量使用学生能理解的词汇。

语言表达还要做到,语音和语速应当适合讲解的内容和情感的需要,根据不同的内容和课堂上的情况相应变化语音、语调。采取既不拖拉又不急躁的速度讲解,能够让学生听清楚,有助于学生较好地接受教师所讲授的知识。

(三)使用例证

例证是学生进行学习迁移的重要手段。例证能将事实或学生的经验与新知识、新概念联系起来。举例的数量并不重要,重要的是所举的例子应与要讲的概念或原理有密切的逻辑联系,并对此联系作透彻的分析。

在课堂教学中,要让学生理解知识,光靠教师讲及单纯地进行推理是不行的。这样讲课空洞枯燥,学生听起来会感到乏味,对问题也不好理解。如何将课堂之所学与实际结合得更密切呢?讲课时使用例证是很好的办法。例证——即典型的、最好是学生熟悉的例子,这些例子可以帮助教师把枯燥的、

难以理解的知识讲生动，与学生所见所闻联系在一起。

例如：信息技术课中，在讲解计算机组成中的输入设备、输出设备时，可用“人在工作过程当中，首先要通过眼睛、耳朵、鼻子等将信息传送到大脑中，人还通过嘴巴、手等将信息送出”这样的实例来讲解，给学生以形象的认识，从而帮助学生对计算机输入、输出设备的理解。

（四）形成连接

所谓形成连接，是强调教学环节之间的过渡与衔接。清楚连贯的讲解是由新旧知识之间、例证和原理之间、问题和问题之间恰当的连接构成的。在讲解过程中如何将以上关系有机地联系在一起，就要仔细安排各步骤的先后次序，选择起连接作用的词语加以说明，使得讲解从一个环节到另一个环节之间的过渡自然、流畅。后一环节是前一环节的逻辑延伸和扩展，前一环节是后一环节的启发开端，使讲解形成意义连贯的完整系统。

例如：信息技术课“多媒体信息的加工与表达”一课中，教师首先展示一个多媒体作品，然后过渡到新课的教学。教师可以这样讲解：“大家都感觉到了，多媒体作品与一般的视觉媒体的不同之处就在于它应用了动画、声音、视频效果，能给人以听觉和视觉感官上更大的刺激，从而达到表现主题的作用。他们是怎样完成这项创作活动的呢？如果由我们来创作这样的一个主题，那我们该怎样去做呢？”使得教学环节的过渡非常自然、流畅，而且对学生的思维起到启发的作用。

（五）进行强调

强调也是讲解成功的重要因素之一。强调可以使学生重视重要的内容，减少次要内容的干扰。应当强调重点内容，以保证更好地实现教学目标；强调关键内容，以保证学生的思维顺利地进行。讲解中的强调要有助于建立新、旧知识的联系和对新知识的结构进行透彻的分析。没有教学经验的师范生在讲解中普遍存在的问题是缺乏准确、有效的强调，因此会给人平淡、重点不突出的感觉，也难以取得好的教学效果。

进行强调的方式有：(1)用讲话声音的变化，身体动作的变化，做出醒目的标记，直接用语言提示等方式进行强调；(2)运用概括要点和重复要点进行强调；(3)通过利用和接受学生的回答进行强调。

（六）反馈与调整

讲解过程中，教师要随时注意学生的兴趣、态度以及他们理解的程度，获得反馈，及时调整自己的讲解。在课堂教学过程中，教师及时获得反馈可以实现师生之间的默契和情感交流；教师随时调整讲解进程的速度，使多数学生的理解能与教师的讲解同步前进；教师还可及时发现学生存在的问题，引导学生的认识达到教学目标的要求。

获得反馈的方式一般有以下几种：(1)注意观察学生的表情、行为和操作活动；(2)留意学生的非正式发言；(3)设置问题，让学生回忆或应用所学知识与技能；(4)给学生提出问题的机会，让他们提出自己的看法或是感到理解困难的地方。

教师在课堂教学过程中必须认真考虑讲解技能的这些构成要素，只有熟练地掌握了讲解技能，才能引导学生去实现教学目标，完成教学任务，提高教学质量。

第二节　讲解技能的类型

一、说明式

说明式又称解释式或翻译式，这是通过说明将未知与已知联系起来的讲解。

在信息技术教学中，说明式一般用于具体的、事实性的知识(如专业术语、计算机的结构、使用方法等)或某些基本概念的讲解。如对“程序”这个概念的解释、说明，“程序可以看作是让计算机实现某一功能的一系列计算机能够识别的语句。人们可以通过编写程序告诉计算机每一步做什么，计算机则严格执行程序中规定的每个步骤来实现人们需要的功能，帮助人们解决问题。”

解释是经常、普遍运用的一种讲解方法。对于高级的、抽象的、复杂的知识，单用解释方法难以收到好的教学效果。

二、描述式

描述式又称叙述、记述式。描述的对象是人、事和物。描述的内容是人、事、物的发生、发展、变化过程和形象、结构、要素。描述的任务在于使学生对描述的事物、过程有一个完整的印象，有一定深度的认识和了解。运用描述式讲解时，语言可以增加一些修饰成分，语言要丰富并带有感情色彩，语调、语速随内容的变化而变化，唤起学生的情感和想象，使他们更好地感知教学内容。

例如：信息技术课讲到“走进网络世界”时，教师这样描述：“因特网是一个巨大的资源宝库，不同文化、不同专业、不同爱好、不同年龄、不同性别的人，都

可以从因特网上获得各种各样的(无论是政治、经济、文化、艺术……)信息。我们可以从网上查阅资料、收发电子邮件、与别人沟通(BBS)、下载软件、在线游戏、网络电话、网上交友、看电影、听音乐、网上购物等等。……"通过教师的描述,可以激发学生对因特网的求知欲,从而更好地投入到对相关教学内容的学习中。

描述式讲解是大量应用的一种讲解方式,但其所描述的知识多是形象的、具体的,也是初级的,难以胜任抽象的知识传授,难以培养学生的逻辑思维的能力。

三、推理式

推理式又称原理中心式,是以概念、规律、原理、理论为中心内容的讲解。

推理式讲解,从一般性概括的引入开始,然后对一般性概括进行论述、推证;最后得出结论,又回到一般性的概括的论述。一般性概括即:概念、规律、法则、原理、理论的表述。论述和推证,即运用分析、比较、演绎、归纳、类比、抽象、概括等逻辑方法,在推证过程中,还要提供有力的证据、例证和统计材料而后得出结论。例如:输入设备的特点——扫描仪是不是输入设备?——分析——结论——是;输出设备的特点——打印机是不是输出设备——分析——结论——是;鼠标是不是输出设备——分析——结论——不是。

四、问题中心式

问题中心式又称解答式,即以解答问题为中心的讲解,主要是指课堂教学中习题教学和讲解,也可能是解决某个带有实际意义的问题的讲解。

问题中心式讲解常带有一定的探究性,在讲解中要善于利用迁移规律启迪学生积极思维。

例如:信息技术课中,教师围绕"如何加工和表达多媒体信息"而对制作多媒体作品的基本过程展开讲解,其中,还可以引导学生根据前面学习的文本信息和表格信息的加工与表达的过程,归纳出多媒体信息的加工与表达的基本过程。

五、操作中心式

操作中心式即以训练学生的实践操作技能为中心的讲解,在教师结合示范操作和指导学生实际操作中应用。主要有:对操作原理的说明;结合示范的讲解,包括指示观察要点、分析示范操作、指明操作要领等;指导学生练习的讲解，包括纠正错误操作、向学生提供反馈信息、指导学生掌握动作之间的联系和协调等。例如：结合计算机操作示范的讲解。

第三节　讲解技能的应用

一、讲解技能应用的原则

1. 符合引导学生主动学习的要求的原则。讲解不能只是教师单一的活动，必须与引导学生主动学习结合起来，只有这样才能取得良好的教学效果，所以教师的讲解本身必须具有启发性，必须和提问、训练结合起来，必须让学生的头脑动起来。信息技术课程是一门实践性很强的课程。教师需要进行必要讲解时，应注意做到"讲练结合、收放有度"，让学生在教师支持下自己去操作和实践，讲解不能取代学生的操作；教师对操作命令和步骤的讲解要适可而止，给学生留出合适的探究和尝试空间，防止学生亦步亦趋的模仿。

讲解必须引导学生主动学习，只有这样才能取得良好的教学效果，所以讲解本身必须具有启发性，必须和提问、训练结合起来，必须让学生动起来。

2. 符合学生认知规律的原则。学生的认知应该是有序的、循序渐进的。那么，讲解也应该尊重学生的认识规律。不要贪多求全，一味求难求深，在什么时段讲到什么度，教师必须心中有数。

3. 符合完成具体教学目标的要求的原则。信息技术课程在小学、初中、高中都有开设。教材中有涉及同一类的教学内容，然而，各个学段的讲解度却要不一样。如果我们面面俱到，这样的课就只能是蜻蜓点水，浅尝辄止。讲解的设计，必须要围绕教学目标进行，与具体教学目标不符合的内容应大胆删去，而对和目标紧密相联的内容则应讲深练透，这便如俗语所说的"伤其十指不如断其一指"。

4. 符合紧扣教材的原则。有的老师讲课，只根据教材的一点就开始随意发挥，而且发挥得离教材越来越远。那么学生究竟学什么呢？

我们的教学应该紧扣教材，要以纲为纲、以本为本，即使有适当的发挥也应该坚持有利于加深对教学内容的理解的原则。

5. 经济性原则。经济性原则是以尽量少的投入获取尽可能多的收获，讲解也是如此，教师应设计出以最简捷的方式引导学生达到教学目标的方案。

二、应用讲解技能时要注意的问题

在运用讲解技能时，还必须注意以下几个问题：

(一)教学目标要明确、具体

教师要在认真分析教学内容的重点、难点以及学生认知水平的基础上，确定明确、具体的教学目标，并确定哪些是要详细讲解的、哪些是可以简略讲解的以及讲解的方式等。

(二)内容组织要有条理

讲解过程的结构要组织合理、条理清楚、逻辑严密、层次分明，要体现学科的认识规律和特点，要使学生明确每一步骤的出发点、思考方向，明确结论以及得出结论的过程。

(三)避免讲解的随意性

对所讲的内容要作透彻的分析，选择好充分、具体、恰当的例证和关键词语，所讲的命题和结论都必须是正确的，这样，才能保证讲解的科学性。

(四)要考虑学生的实际

在准备讲解时，教师要考虑学生以下几方面的特点：年龄、性别、知识、能力、经历、兴趣和背景等等，这样才能增强讲解的针对性。

(五)注意师生间的相互作用

具有启发性的讲解，必须有师生之间大量的相互作用。在师生相互作用中，教师处于主导地位，启发学生思维，引导学生做出反应，并强化学生的正确反应。这样不仅有助于学生对知识的理解，还能够调动学生的学习积极性，促进学生主动参与教学。师生相互作用也是教师获得反馈信息、调控讲解的重要途径。

第四节　讲解技能的训练与评价

一、讲解技能的训练

1. 讲解技能训练目标

(1)理解讲解技能的含义。

(2)明确讲解技能的功能和运用的要求。

(3)掌握讲解的类型。

(4)根据课堂教学的任务和中学生的行为、心理特征，将讲解技能有的放矢地、灵活地运用于自己的教学实践中，并在自己的教学中熟练地体现出来。

(5)能够按照讲解技能的评价标准，对自己或其他被培训人员的讲解技能做出较为恰当公正的评价。

2. 讲解技能训练建议

(1) 在设计讲解技能时，要针对学生的认知特点，努力培养既符合讲解结构模式又体现教师主导作用和学生参与意识的讲解过程。

(2) 讲解技能训练的核心是思维训练。它反映在内容上是层层深入、循序渐进和自然转化，结合教学实践设计围绕一个中心而又层层深入的讲解片段。

(3) 拟提纲是训练讲解逻辑性的好方法。学会把讲解内容压缩为提纲，凭借提纲实施讲解的做法。教学中既要依据讲解提纲又要针对具体教学情境灵活实施讲解。

(4) 有目的地设计一些讲解片段，尽量使教师讲解简练生动，而把部分讲解内容变成引导学生动脑的对话交谈，发挥讲解引导学习、启发思维、开发智力的功能。然后，在微格教学室演练、评价、修改、提高。

二、讲解技能的评价

表 5-1　讲解技能评价记录表

课题：　　　　　　　　　　　　　　　　　　　　执教：

评价项目	好	中	差	权重
1. 讲解传授的知识信息与本课题内容密切联系	□	□	□	0.15
2. 描述、分析概念清楚	□	□	□	0.10
3. 能创设情景，激起学生兴趣	□	□	□	0.10
4. 能启发学生思考，培养思维能力	□	□	□	0.10
5. 采用相关的例子，类比等变化方法	□	□	□	0.10
6. 讲解内容、方法与学生认知水平相当	□	□	□	0.10
7. 声音清晰，速度适中，有感染力	□	□	□	0.10
8. 讲解用词语规范化、科学化	□	□	□	0.10
9. 与其他技能配合，能与学生呼应	□	□	□	0.10
10. 注意来自学生的反馈，并及时反应调整	□	□	□	0.05
对整段微格教学片断的评价：				

(请听课后在以上适当评价等级处划“√”)

思考与练习

1. 什么是讲解技能?
2. 讲解技能的基本功能。
3. 讲解技能的构成要素。
4. 讲解技能的类型。
5. 讲解技能应用的原则。
6. 讲解技能应用时要注意的问题。
7. 讲解技能的训练与评价。

第六章

导入技能

第一节　导入技能概述

一、什么是导入技能

导入技能是教师在进入新课题时运用建立问题情景的教学方式，引起学生注意，激发学习兴趣，明确学习目标，形成学习动机和建立知识联系的教学活动方式。它的目的是将学习者的注意力吸引到特定的教学任务和过程之中。

课堂教学中的导入，犹如乐曲中的"引子"和戏剧中"序幕"，起着酝酿情绪、集中注意、渗透主题和带入情境的作用。精心设计的导入，能紧扣学生的心弦，调动学生的情绪，步入智力振奋的状态，有助于学生获得良好的学习效果。

二、导入技能的特征

1. 启发性。导入的启发性是由导入的本质所决定的。导入，顾名思义。只是起一个"入"与"导"的作用。"入"是带入，进入，让学生从思想到精神、到心态、到注意力，全身心地进入新的课程教学境地之中，进入得越彻底越好。怎样才能使学生顺利地进入新课呢？这其中必须有"导"在起作用。一方面把学生"引"入正常的课堂之中，另一方面又将学生"导"向未来。在他们的心灵中潜移默化地理解了教师所讲导语的意图和目的。这正是导入具有启发性的关键所在。

2. 概括性。导入的概括性，主要是由导语的简短形式所决定的。导语必须短小精悍、高度概括、高度集中、言简意赅、以小概全，而不能拖沓杂乱、松松

垮垮、拖泥带水、言不及义、信口开河。它的内容必须是概括的、精练的、升华的，但又是丰富的，而在语言上则是提炼的、俭约的。这种内容的丰富与精练，语言的锤炼与精简，使其概括性自然显现出来。

3. 定向性。定向性是由导语的驾驭作用、总领作用所决定的。如前所述，导语对整个教学过程与环节有一种或明或暗的定调作用和指示方向的作用。它尽管短小，但它的位置重要，它处于课程全讲的开头，为全讲确定基调，决定方向。在课的起始，要给学生较强的、较新颖的刺激，帮助学生收敛课前活动的各种思想，在大脑皮层和有关神经中枢，形成对本课新内容的"兴奋中心"，把学生的注意力迅速集中并指向特定的教学任务和程序之中。为完成新的学习任务做好心理上的准备。

三、导入技能的作用

（一）激发作用

导入技能对学生提供必要的信息，给予适当的刺激，引起学生的注意，激发学生的兴趣，使学生进入学习准备状态，为学习新课题作好心理准备。

兴趣是入门的向导，是知识的"生长点"。兴趣是学习动机中最现实、最活跃的成分。学生学习有兴趣，就能全神贯注、积极思考。

新课开始教师用贴切而精练的语言、正确、巧妙地导入新课，可以激发起学生强烈的求知欲望，引起他们浓厚的兴趣，激发学生热烈的情绪，使他们愉快而主动学习并产生一种坚韧的毅力，表现出高昂的探索精神，能收到事半功倍的效果。

所以，"善导"的教师，在教学之始，就千方百计地诱发学生的求知欲，使学生有一种力求认识世界、渴望获得知识、不断追求真理的意向。

（二）诱导作用

教师的导入可以通过设置问题情景，创设良好的学习氛围，激活学生的思绪，使学生对于所要学习的课题产生浓厚兴趣，帮助学生明确面临的新知识和技能的学习目标、主要内容、教学活动的方向和方式，使学生对新课题学习的重要性、必要性有所领悟，从而产生对学习的期待。

（三）统领作用

教师应当在导入阶段，让学生明确学习目的，即在教学之前申明学习目的，使每个学生都了解，他们在做什么，他们应达到何种程度。因此，任何导入语的设计与编写都不是无目的与漫不经心的，它反映了教师的整体设计意图和教学思想。在导语之后，讲些什么内容，采取哪些步骤，有经验的教师是"胸有成竹"的。因此，这种导入必然能起到极好的统领作用。它对即将展开的教学环节既是一个起点，又做了暗示或规定，使所有的教学过程都顺着这个轨道进展下去，直至达到教师预先规定的所有目的。与此同时，它在教学内容上有时又做了总纲式的说明，起到一种"纲举目张"的作用。

第二节　导入技能的类型

一、开门见山

这是直接阐明学习目的和要求、各个重要部分的内容及教学程序的导入方法，可以概括为"开门见山，直奔主题"。

直接导入是教师以简捷、明确的语言直接向学生提出学习课题和教学目标，以及学习内容的各个重要部分与教学程序，以引起学生的有意注意，诱发对新知识的兴趣和求知欲的导入方法。

教师以学生已有的生活经验，已知的素材为出发点，通过生动富有感染力的讲解，诱导学生进行联想，自然进入新课。

如果所要学习的内容是一类新知识或一个新领域，从学生原有的认知结构中不易找到知识的"生长点"，新知识的学习方法和学习程序没有适当的范例借鉴应用，或者出于简化导入过程，以优化课堂教学整体过程考虑，均可选择直接导入。

【例子】

师：过去朋友们之间是用信件、电话等方式进行联系的。现在，互联网上是否也有软件提供这样的联系功能呢？回答是肯定的。微软公司开发的OutlookExpress就提供了信件传输的功能，实现了人与人之间的远距离联系。下面老师将具体介绍如何利用OutlookExpress进行收发邮件，要求同学们能够准确掌握OutlookExpress收发邮件的各项基本功能，重点掌握利用附件发送邮件、发送多份邮件、创建邮件联系人三个功能。

【点评】

这位教师在课堂之初，利用短短的一分钟时间就明确交代了本节的教学内容以及教学重点，使学生能够明确了解本节的学习目标是"准确掌握OutlookExpress收发邮件的各项基本功能"，而学习的重点与难点是"重点掌握利用附件发送邮件、发送多份邮件、创建邮件联系人三个功能"，从而帮助学生在

下面的课堂学习中能够认清目标,做到有的放矢。

二、经验导入

以学生已有的生活经验、已知的素材为出发点,教师通过讲解、谈话或提问,引导学生回忆,自然地导入新课,鼓励起学生的求知欲望。简要为“从已知推出未知”。

【例子】

师:同学们在使用计算机时是否有遇到过计算机病毒的侵害呢?

生:……

师:看来同学们对计算机病毒都有了亲身体验。今天我们就要深入学习《计算机安全》这一章。

三、旧知导入

以复习、提问、做习题等教学活动开始,提供新旧知识联系的支点。简称“温故而知新”。

【例子一】

师:前段时间我们学习了 Excel 的一般数据方法,如公式计算和函数计算。

1. 公式通常都以“=”开始,“=”是公式的标记。

2. 公式表达的是一种计算关系,而不是一个具体的数值。输入公式后,单元格中显示的是公式的计算结果,而公式本身则在编辑栏中显示。

师:下面我们请同学们来做一个复习题,题目中的工作簿包含四个相似的工作表。请大家用上节课所学的内容对相应的内容进行计算。

【点评】

教师通过对上节内容的回顾,并结合学生的实际操作,帮助学生回顾了所学的知识,也为进一步引出本节教学内容——“宏”的概念,做了一定的铺垫。

【例子二】

师:上节课我们已经学习了文件的属性,也了解了文件和文件目录的继承关系,那么老师想请几位同学回答下面的问题,看看他是否掌握了之前的知识了呢?

师:请大家思考,计算机中的文件有哪几种不同的属性呢?如果老师在D盘下面存放两个内容不同,但文件名相同的文件会怎么样?

生:如果文件的后缀名称不同,文件不会相互覆盖;如果后缀名相同,那么应该更改其中一个文件的文件名，避免两个文件相互覆盖。

师：很好，这位同学回答的很准确。那么下面我再请同学们思考这样一个问题：我们现在的硬盘容量很大，存放着各种各样的文件有成千上万，操作系统是如何管理这么多的文件的呢？

师：其实啊，它是通过目录结构方式进行管理的。

板书：文件目录。

【点评】

本节课程，教师通过第一个问题的回答，检查了学生对上节课教学内容的掌握情况，同时，通过第二个问题的设问为文件目录的新授做了铺垫，学生的心理中对新知识的学习有了期待，为顺利完成教学任务做了思维上的准备。

四、实例导入

用学生生活中熟悉或关心的事例来导入新课，也可介绍新颖、醒目的事例，为学生创设引人入胜、新奇不解的学习情境。

【例子】

师：同学们，请大家看这样一份电子板报，大家觉得它漂亮吗？

生：不好看，都是文字，而且让我们感觉到很凌乱！

师：(展示第二份电子版报)那么这份电子板报给你们的感觉呢？

生：很漂亮。布局合理、设计得也很漂亮，还有恰当的图片穿插其中，看起来比较舒服。

师：是的，一份好的电子板报不仅能够吸引人们的眼球，还能方便人们阅读。大家愿意和老师一起学习如何利用 Word 软件制作出这么精美的一份电子板报吗？

【点评】

教师首先利用多媒体出示一份已做好的电子板报，通过合理的布局、精美的设计的情景创设，迅速把学生带入到一种跃跃欲试的情绪中去。同时教师及时转入话题，指出本节课的教学内容是利用 Word 软件制作电子板报。

五、提出疑问

在章节开始，编拟符合学生认知水平、形式多样、富有启发性的问题，引导学生回忆、联想或渗透本课学习目标、研究的主题。

【例子】

师：首先，我请同学们打开 D 盘根目录下一个 Excel 工作簿“本学年各科

成绩统计表”。

师：大家看完之后，我布置给大家一个任务，请同学们思考一下，如果我希望利用此工作表，要求对本学年的各科成绩统计总分，同学们该如何完成呢？我们应该运用 Excel 中的什么命令来实现呢？

【点评】

教师精心设计有关的问题向学生提出，以引起学生的好奇心和较强烈的学习动机，使学生的求知欲由潜伏状态转入活跃状态。本例中教师利用 Excel 表，向学生提出问题，从而引出本节课程的主题——学会使用 Excel 的“求和”命令。

六、讨论引发

【例子】

师：同学们，通过上节课的学习，我们已经知道 Word 软件具有强大的文字处理功能，并且已经学习了基本的入门知识和文字录入方法。这是我已经做好的一份电子报纸。看着这份设计精美的报纸，你想进一步了解什么？想做什么？

生：标题中的字是什么字体？怎么做的？

生：加黑的字、倾斜的字、加底线、底色的字都是如何完成的？

生：报纸中美丽的图片是怎么加上的？

生：报纸中的表格是如何编辑的？表中的文字呢？

生：如何把报纸的版面设计成不同的格式？若把报纸打印在纸上，应该怎么做？

师：好，下面就让我们一起来共同解决以上大家提出的各种问题。

【点评】

本节课程的开始之初，教师给予同学们充分、自由的讨论时间，让同学们针对一份制作完成的电子报纸，提出自己想知道的，想学习的内容。通过同学之间的热烈讨论，同学们不仅仅可以提出自己所渴望学习到的知识，也能通过同学间的沟通交流了解其他同学意识到而自己却忽略了的某些电子报纸制作的细节部分。最终通过讨论，同学们大致能够清楚地了解到完成一份电子报纸，需要注意的细节或需要掌握的技能，从而激发了同学学习的积极性，在学习过程中目的也更加明确。

七、任务导入

【例子】

师：同学们，今天是什么节日？

生（齐声回答）：母亲节！

师：对，母亲节。为了表达对母亲的敬意，我们就用这节课的时间，学习如何为自己的母亲做一张贺卡，送去我们深深的祝福！

师：好，首先请同学们欣赏几张老师做好的贺卡。

【点评】

教师能够充分利用教学时间上的优越性，上课恰逢母亲节，从而为同学们设置了一个任务——为母亲制作一张贺卡，引起学生的注意，也激发了学生学习的热情。由于学生如果不认真学习，无法学会制作贺卡，使学生产生一定的压力，就会注意听教师的讲解。

第三节　导入技能的应用

一、导入技能的结构

1.引起注意

导入的构思与实施，要千方百计地把学生的心理活动保持在教学行为上，与教学活动无关的甚至有碍的活动能迅速得到抑制。当学生“专心”于导入活动，才能从教学之始，就得到鲜明而清晰的反应，获得良好的学习效果。

已经引起注意的标志是：同学们举目凝视，或侧耳细听，或思考，或顿时寂静，或紧张屏息，或议论纷纷……

善导的教师，采用多种方法引起学生的无意注意，并引向有意注意。

导入活动的强度、差异、变化和新奇，都会立刻引起学生的无意注意。例如：

(1)用幻灯机打出一张张精致的彩色图片、物质燃烧的强光、爆炸的巨响、色彩绚丽的物品。

(2)鲜明的对比实验、演示实物、模型在形状、大小、颜色、持续时间的显著差异；在和谐宁静的课堂里，教师采用轻微的低声教学，在讲至关键之处，声音由小变大。

(3)教师生动的语言,抑扬顿挫的语调,并配以适当的手势、颈部表情和走动。

(4)导入内容的新颖,导入方式的多样化。

上述这些,很容易成为注意对象。而刻板平淡的、千篇一律的内容和方式,就很难引起无意注意。

在导入活动中引起和保持有意注意的途径有:

(1)加深对学习目标的理解,合理组织教与学的活动。对学习目标理解得越清楚、越深刻,后继学习的自觉性、主动性越强,完成学习任务的愿望越强烈。

(2)设问导入,有利于加强有意注意,为了思考和回答问题,学生必须注意有关事物。

(3)在导入过程中把智力活动与实践活动结合起来,在课一开始,就让学生动起来。这样比让学生被动地听老师的开场白,更容易集中注意。有时可让学生朗读,有时可让学生观察、做练习……

2.引起兴趣

学习动机中最现实、最活跃的成分是认识兴趣,即求知欲。青少年对周围世界有些了解,但知之不多。因此创设引人入胜的情境,能激发他们产生学习的兴趣。自觉性是学习动机中的重要成分,一方面可提出严格的要求,另一方面要说明学习这部分知识和技能的意义,只有学生清晰地意识到自己的学习的社会意义,才能产生学习的自觉性,迸发出学习的极大热情,表现出学习的坚毅精神。学科知识与生活、生产实际相联系,也是创设良好学习情境的方法。

3.明确目的

导入要给学生指明学习任务,安排学习进度。这样可以引导学生走向思维,使学生有目的、有意义地开展学习。在教学过程中,教师要不断设法保持教学重点,沿着重点环环相扣地完成教学目标。

二、导入技能的应用原则

各种不同的导入类型,在设计和实施中应遵循下列原则,才能导之有方。导入的基本技巧是:贵在方法之妙,妙在语言之精,精在时间之少。

导入要具有直观性和启发性。应尽量以生动、具体的事例或实验为基础,引入新知识、新观点,使设问或讲述达到激其情、引其疑,启发思维。

1.对象突出针对性,目的性原则。导入的目的性与针对性要强。要有助于学生初步明确将学什么？怎么学？为什么要学？要针对教材内容和学生实际，采用适当的导入方法。

2.内容突出关联性。导入要具有关联性。善于以旧拓新，温故而知新。也就是说，导入的内容应与新课的重点紧密相关，能揭示新旧知识联系的支点。

3.语言突出简明性。导入的语言要突出简明性，这是导入的概括性所必需的，也是必备的。因此就要求教师在设计和编写导语时，在内容上要高度概括，高度提炼，精而又精；而在语言上则要简洁洗练，短小精悍，不要拖泥带水，芜杂拖沓，碎语连篇，言不及义。这样的导入才能做到简而丰，约而明，言简意赅，明晰透彻，给学生以明快感和利落感。

4.方式突出多样性

在运用导入技能的时候，切忌一种格调，一种方式，搞得呆板僵滞，死气沉沉，千篇一律，形成固定套路，而要从实际出发，灵活机动，随时变化，多姿多彩，样式翻新，鲜活有力。

5.艺术突出趣味性

由于导入的位置处于整个教学活动的开始部分，强调了趣味性，等于一开始就以兴奋与愉快之火，点燃了同学们的情绪，活跃了课堂气氛，这对后面各教学环节的展开是十分有利的。由于它有统领与定调的作用，所以强调趣味性，等于开讲就给学生带来了兴味与欢快，使同学们在高兴和振奋的情绪中学习新知与新课。这种魅力很大程度上依赖教师生动的语言和炽热的情感。

6.时间突出时效性

时效性是指教师在课堂导入阶段花最少的时间取得最好的导入效果。一般来说要注意以下两点：一是导入的过程要紧凑。在导入过程中，各环节之间既要层次清楚，又要合理安排，衔接紧凑，使学生尽快地进入学习情境，顺利地进入下一环节的学习。二是导入的时间要控制。一般的来说，一堂课的导入时间要控制在五分钟内，因为上课后的第5分钟到20分钟之间是一堂课的最佳时域，因此，导入过程应安排在这一时域前，以利一节课取得最佳学习效果。

第四节　导入技能的训练与评价

一、导入技能的训练

(一)训练目标

1. 理解导入的含义。

2. 明确导入的作用、特征和运用的要求。

3. 掌握导入的多种类型。

4. 根据课堂教学的任务和中学生的行为,心理特点,将导入技能有的放矢地,灵活地运用于本人的教学实践之中,而不是机械地、教条地、呆板地套用,并在自己的教学中熟练地体现出来。

5. 能够按照导入技能的评价标准,对自己或其他被培训人员的导入技能做出较为恰当、公正的评价。

(二)注意事项:

1. 引入课的方法要能激发学习动机,造成悬念,达到激其情引其疑的目的。

2. 以生动的语言,具体的事例、引人注意的实验,或以旧知识,引入新知识、新概念。

3. 引入新课的方法,有助于学生对本课主要内容产生兴趣。

4. 引入所用事例,所做实验与将要学习的新知识联系紧密,能起到渗透教学目的的作用。

5. 导入时间掌握得当,安排紧凑。语言的启发性强,感情充沛。

(三)训练内容

1. 组织理论学习

首先要组织受训教师集中学习导入技能有关的辅助技能的理论,弄清导入的类型、导入的方式、导入方式的选择及导入教案的设计与编写。

2. 观摩示范录像

组织受训教师认真观摩示范录像,结合已学习的理论知识边观摩边分析。使受训教师进一步明确培训的目标和导入方式的要求。

3. 选择恰当的导入方式

受训教师根据所设定的教学目标选择恰当的导入方式进行教学导入设

计。

4. 设计导入教案

表 6-1 《×××》课程教学导入教案

科目：		课题：		时间：
学习目标：				
教师行为	应用的教学技能、技巧等	学生行为	教学媒体	时间分配

(四)受训教师的教学实践

1. 组成微型课堂

微型课堂要由教师角色(由受训者扮演)、学生角色(真实的学生或由学员扮演)、教学评价人员(学员或指导教师)和摄录像设备操作人员(学员或专业人员)组成。

2. 角色扮演

在微型课堂上受训者(教师扮演者)讲一节导入课并在课前做简短的说明,以便明确训练的教学技能,教学内容和教学设计思路。

3. 准确记录

一般用录像的方法对教师行为、学生行为进行记录,以便及时准确地进行反馈。指导教师在一边旁听,然后再对他们进行指导。

(五)反馈评价

1. 重放录像

为了使被培训者及时地获得反馈信息要重放录像。教师角色、学生角色、评价人员和指导教师一起观看,以便进一步观察被培训者达到培训目标的程度。

2. 自我分析

看完录像后,教师角色要进行自我分析,检查实践过程是否达到了自己所设定的目标,是否掌握了所培训的教学技能,是否还有其他方面教学行为的问

题，明确改进的方向。

3.讨论评价

扮演学生角色的其他受训者、评价人员和指导教师从各自的立场来评价实践过程，讨论所存在的问题，指出努力的方向。

二、导入技能的评价

表 6-2 导入技能的评价标准

课题：　　　　　　　　　　　　　　　　　　　　执教：

评价项目	好	中	差	权重
1.目的明确，能将学生导入课题情景	□	□	□	0.20
2.导入吸引了全班学生的注意力	□	□	□	0.15
3.导入的方法很有趣	□	□	□	0.15
4.导入用的演示效果好	□	□	□	0.10
5.导入具有启发性	□	□	□	0.10
6.导入内容与要研究的概念联系紧密	□	□	□	0.10
7.教师的教态自然，语言清晰	□	□	□	0.15
8.导入的时间掌握好	□	□	□	0.10
9.导入能面向全班学生	□	□	□	0.05
对整段微格教学片断的评价：				

（请听课后在以上适当评价等级处划“√”）

思考与练习

1. 什么是导入技能？
2. 导入技能有哪些特征？
3. 导入技能的作用。
4. 导入技能有哪些类型？
5. 导入技能的结构。
6. 导入技能应用的基本原则。

第七章

提问技能

第一节 提问技能概述

一、什么是提问技能

“提问”，即提出问题求答。提问技能是教师运用提出问题以及对学生的回答做出反应的方式，以促进学生参与学习，了解他们的学习状态，启发思维，使学生理解和掌握知识、发展能力的一类教学行为。

提问技能在培养学生的思维能力方面有着特殊的重要作用，是解决问题最有效的教学行为。因此，有人称提问是教师的常规武器。教师在课堂上有目的地设置问题，形成问题情境，从而引起学生的认识兴趣和认识矛盾，激起探究的愿望，造成一种心理紧张，是使他们对学习产生兴趣，积极参与学习活动的良好方式。它是实现教学反馈的方式之一，是师生相互作用的基础，是启发学生思维的方法和手段。因而，在各种教学技能中，提问是比较复杂的教学技能。

二、提问技能的功能

课堂教学提问是教师经常采用的一种教学方式，是启发式教学的主要手段，同时又是教学活动过程中的一项重要的教学技能。

信息技术是一门带有探究性的、以学生动手实践为主的学科，常用“探究性学习”的形式来进行教学设计。探究性学习以“问题”为基础，“问题”是学生进行探究式学习的载体，而教师可通过课堂提问将“问题”传递给学生。因此，恰当的课堂提问是信息技术教学的重要手段，它不但能巩固知识，及时反馈教学信息，而且能激励学生积极参与教学活动，发展学生的思维和口头表达能

力。

提问技能的功能可概括如下：

(一)检查知识、温故知新

提问可以检查、复习和巩固已学过的知识、引入新课，使新旧知识紧密联系，铺路架桥，为继续学习打下坚实的基础，提高教学质量。这种提问是建立在学生已有知识经验的前提下进行的。学生经过独立思考后的回答过程，也是学生的大脑对以往所学知识进行思维加工、重新联想和组合、再现和提取的过程。教师精心设计的问题，又往往是前面所学知识的重点、难点、关键部分，它们承上启下，既是对以前所学知识的复习、巩固，又是为学习新教材打下基础。

例如：在信息技术课有关 Power Point“对象的插入”内容的教学中，如前面已介绍过图片的插入，教师就可以从检查、复习“如何在幻灯片中插入图片？有几种方法?”开始，再从图片的插入引到其他对象(如：表格、影片等)的插入方法，顺理成章，水到渠成。提问学生，复习旧知识，为新知识的学习架设桥梁，新知识有机地“同化”于旧知识体系中。此外，传授新知识过程中的提问也必须建立在学生已知的基础上。因此，课堂提问能检查学生已学知识、技能掌握情况，起温故知新的作用。

(二)激发学习兴趣、引起无意注意

兴趣是最好的老师，教学的最大成功是学生乐学。人总是有力图认识、探究新事物的心理倾向。教师的提问如能与学生的这种心理倾向相结合，就能激发学生的求知欲。

兴趣、动机等非智力因素虽不属于人的认知系统，但它对认知活动却有着指导、调节和强化的作用，是学习过程顺利而有效进行的心理条件。“所有智力方面的工作，都要依赖兴趣”。在一定意义上说，“兴趣在教学中起着决定性的作用”。

未知的世界对学生具有很大的吸引力，这种好奇心便是学生对知识学习的一种内在的心理需要。但由于学生不能根据自己现实的愿望和需求去选择学习内容，所以学生对知识的需求常处于一种潜伏状态。如何将这种潜伏状态转化为对学习起实际促进作用的活动状态，这就需要教师不断采取措施进行激发，课堂提问就是这种有效的措施之一。

在正式讲述教学内容之前，可以设计一些恰当的与课文有关的问题，这类问题不要求学生回答，目的仅在于引起学生认知上的冲突，造成学生认知结构上的不平衡，以期引起学生在认知上进行自我调节的需要。这种需要的产生

就是对学生学习起推动作用的最实际的动力。

在新课开始或更换教学内容时的提问，可以吸引全班学生的注意力、激发学习兴趣。如果教师的提问巧妙、新奇，或者与学生的兴趣、爱好相符，就容易引起学生的无意注意。例如，信息技术课中，在引入“复制”操作时，首先描述了一个比赛情景：一个人在讲故事，讲“从前有座山，山里有座庙，庙里有个老和尚在给小和尚讲故事，讲的什么呢？从前有座山，山里有座庙，庙里有个老和尚在给小和尚讲故事，讲的什么呢？从前有座山……”这样一遍遍地重复下去，另一个人则把所讲的故事输入到电脑中，也是这样一遍遍地输下去，一个小时后，比比谁的遍数多。结果是讲故事的人赢了吗？不！是另外一个人，这是为什么？赢的原因是打字速度快，还是另有其他便捷的操作？假如你是那操作电脑的人，你会赢吗？这些有趣的问题一下子把学生逗乐了，同时也点燃了学生智慧的火花，噢，原来有一个“复制”操作在起作用。这种激趣性问题，不但紧紧抓住了学生的注意力，让学生进入最佳学习状态，而且会让学生对新的学习内容产生浓厚兴趣。

（三）开阔思路、启发思维

学生的思维是从问题开始的，疑问是思维的第一步。没有疑问，就不会思考，就没有收获，就没有智力的发展、能力的培养，也就没有学生创造力的养成。

从心理学的角度讲，凡经人脑思考过的东西，都会留下一定的痕迹。教师的问题一经提出，学生就得把有关这个问题的内容在头脑里进行分析、综合、比较、概括，进行直接的思维操作。这样，必能加深学生对所学内容的印象。

例如，信息技术课中，在《文字的修饰》教学时，在展示样品时，问：文字字体、字号、字形是否相同？让学生了解文字修饰包括字体、字号、字形，同时启发学生思考什么是字体？有哪些常用字体？什么是字号？有哪些规格？什么是字形？有几种变化？等等。又问：还有哪些特殊效果？这样便使学生形成“急盼”、“渴求”的心理状态，孜孜以求，加速思维。实践证明，提问、疑难是开启学生思维器官的钥匙，是思维的启发剂。课堂教学提问能开阔学生的思路，启发学生的思维，发展学生的智力，培养学生的能力。课堂教学中，倘若没有提问，学生限于知识不足而不能提出问题，就会对自己所学知识的重点、难点、关键点视而不见、听而不闻。即使学习中遇到“疑难”，也不认为是“问题”。

学科知识通常是前后联系的，许多新知识是建立在旧知识的基础上的，教师在讲述新知识时可以通过适当提问，让学生共同来回忆、复习旧知识，并在此基础上引出新的概念和规律。学生在准备回答提问中发展了思维能力，在

回答提问时也锻炼了语言表达能力。

在课堂上,学生思维活动的激发,较多来自于个体以外的刺激。教师提问是促进学生思维活动的外部动因,这种外部动因具有如下特征:

(1)教师提问对学生的思维具有始动性。即教师的提问能启发学生的思维,成为学生思维的外部推动力。通过提问的解答,能提高学生运用有价值的信息解决问题的能力和语言表达能力。

(2)教师提问对学生的思维发展具有方向性和指导性。课堂提问可以激发学生的定向思维活动,教师提问内容可以规定学生思维发展的方向和任务,对学生能起思维桥梁作用或思维定向作用。能把学生带入"问题情境",使他们的注意力迅速集中到特定的事物、现象、定理或专题上。当学生思维处于十字路口、茫然不知所措之时,教师恰当的提问就可使学生找到正确的思维方向。使其主动投身于教学活动中去,并能意识到自己在该活动中的地位,从而能增强其学习的内动力。

(3)教师提问对学生思维具有强化性。教师提问的目标愈高、难度愈大时,要求学生思维的强度就愈高。通过提问引导学生追忆、联想、进行创造性思维,从而获得新知。

(4)教师提问对学生思维的发展具有调控与调整性。教师提问的方向性、目标性、指导性可以控制与调整学生思维发展的速度;根据教学目标需要,不断调整问题的难易程度,以加速或延缓学生思维发展的进程。提问能使教师及时得到反馈信息,不断调控教学程序,为学生创造自我表现的机会,鼓励他们提出疑问,积极主动地参与教学活动。

以上四个特点,构成了促进学生思维发展的外部动因。

(四)活跃气氛,增进感情、促进课堂教学和谐发展

课堂气氛与一定的教学环境中师生间关系的特点和性质有关。形成特定课堂气氛的因素包括:教师运用权威的方式、各个学生感到受支持的程度、学生间竞争和合作的性质以及学生公开表达自己的观点所感受到的自由度。很明显,这些因素中有很多直接与教师的行为有关。传统的课堂教学,受"注入式"的影响,教师"一言堂",学生无一人发言,课堂秩序"良好"。在课堂教学中,教师巧妙地运用提问艺术,能调动学生学习的积极性,活跃学生的思想,使学生的思维活动处于积极状态。问题提得好,甚至能"投石冲开水中天"。例如:上面提到的在《文字的修饰》教学中,在学生掌握了字体、字号、字形的设置之后,继续提出问题:还有哪些特殊的文字效果?学生思索后纷纷回答:"有些字有边框,有些字有底纹,有些字有着重号等等。"发表意见是学生自主学习的

重要表现。此时教师对学生的各种说法，无须做出任何评价，教师应鼓励学生大胆猜想，应始终以赞赏的态度对待学生，不能有半点责怪、埋怨、厌烦，以形成宽松、和谐、民主、平等的思考环境，激活课堂，使学生敢于参与、勇于参与。活跃的课堂气氛来自教师的启发诱导，来自学生的思维。

教师的课堂提问是根据教材内容，针对学生的实际情况而进行的。提问需要学生回答，对不同的学生提出不同的问题，这是教师对学生了解和研究的结果。学生对不同问题作出不同程度的回答，又可以得到教师的评价。当教师鼓励学生公开表达自己的观点，并对学生在班上的发言给以好的感情支持时，比起教师倾向于不欢迎学生自由表达意见并频频对讲些不"正确"的话的学生进行评论时，课堂上更易产生师生间自由交融的气氛。可见，课堂教学提问——回答的过程，也是教师深入了解学生、增进师生感情、促进课堂教学和谐发展的过程。

（五）发挥教师的主导作用和学生的主体作用

教学是教师的教和学生的学组成的双边活动。教师起着主导作用，学生既是教育的客体，又是学习的主体，具有积极性和主动性。教师的主导作用和学生的主体作用是辩证统一的。教师主导作用的发挥及发挥的程度如何，主要标志是学生学习的积极性和主动性是否被激发和调动起来。课堂教学中，学生的主体作用具体表现是积极地动脑、动口、动手。动脑是核心，就是让学生集中注意力，思维活跃，争论热烈，学得积极主动，在辩论中思考，在思考中辩论，最终发现真理。课堂上，能引起学生主动、认真地思考的问题，是教师精心设计的问题，这既是教师创造性劳动的表现，又是教师的主导作用充分发挥的结果。没有教师的课堂提问，就没有学生的思考、答疑；没有教师的启发、诱导，也就没有学生的积极探究。"教是为了不教"。课堂教学提问有利于充分发挥教师的主导作用和学生的主体作用，有利于实现教师的主导作用与学生主体作用的统一。

（六）获得反馈信息，及时调整教学进程，提高教学质量

课堂提问不仅能引起学生的学习兴趣、启发学生积极思维，而且通过提问与回答，教师能及时吸收反馈信息，了解学生接受知识的情况。

在课堂教学中，把输入信息的结果，通过输出信息返送回来，并对信息再输入产生影响，起到调节、控制作用，这种过程叫反馈。教师根据教学进度，在完成一个课题内容后，为了检验是否已经达到教学目标或目标达到的程度，教师针对不同程度的学生，提出不同层次的问题，让学生回答。根据学生的回答情况，教师可以从中了解学生掌握知识的基本情况，了解他们智力活动的方式

和反应速度，及时查找原因，发现教学过程中的不足，调整教学进程。教师根据课堂提问所获得的反馈信息，要采取一定措施，对个别学生的疑难，进行个别辅导；对多数学生的共同难题，采取集体辅导；对教学重点、难点，迂回深入、循序渐进地重讲。坚持理论联系实际，改进课堂教学，提高教学质量。

学生对问题的回答是教师获得反馈信息的重要渠道，这种反馈的信息往往能收到意想不到的教学效果。即便是学生答错也往往能给教学提供生动的实例，成为澄清教学问题的大好契机。

三、提问技能的构成要素

提问技能是一项基本教学技能，它广泛应用于教学的各个环节，并大量运用于导入、讲解、结束和演示等综合教学技能的设计与实施之中。为了实现知识的迁移、系统化和巩固运用的目的，往往要设计由若干个具有内在联系或逻辑关系的问题组成的问题系列，即教师还需要有综合运用各种类型的提问引导学生解决复杂问题的能力。研究提问技能的要素，主要集中于提问过程中外显的、操作性强的那些主要教学行为。提问技能的要素可以概括如下。

1. 引入提问

教师往往用简单明确的语言指出即将提出问题以及提出问题的目的，作为提问的开始，使学生对提问做好心理上的准备，因此，提问前要有一个十分明显的界限标志，表示由语言讲解或讨论等转入提问。例如，“为了检查××原理是否已经理解，我提一个问题”，“为了区别××和××这两个概念，我提一个问题”，等等。

为了实现某一较复杂的教学任务设计的问题系列，教师在说明了提问总的目的后，对每个具体问题是否都要引入，或者只选择哪几个问题说明提问的意图，应该根据教学的实际需要灵活掌握。

2. 提出问题

提问技能的教学行为方式是教师提出问题和对学生的回答作出反应。因此，提出问题，即教师陈述提出的问题并作必要的说明，应该是提问技能的关键要素之一。

陈述问题——这是提出问题的主体部分。要用清晰、准确的语言把问题表述出来。问题的措词要适合学生的理解水平，表述要简练，措词的字面意义应与要表述的意义完全一致。句子不宜过长。切忌背景的陈述或问题的指向含糊不清或故弄玄虚。重点内容或关键字词应通过改变语速、音量或重复等方式加以强调。

提示说明——这是提出问题的辅助部分。在学生回答问题前，教师可以根据需要提示运用什么知识去解决问题，引导学生承上启下地把新旧知识联系起来，找出解答问题的依据。教师还可以预先提醒学生有关答案的组织结构，包括提示依据什么样的顺序回答(时间、空间或过程等)以及回答的详略或表述形式等。

3.探查指引

教师提出问题后，学生的思考、回答大致有两种困难情况：回答不准确、不完整；思维受阻，无法作答。前一种情况，教师往往要针对学生的回答，通过直接表述或者提出问题给予提示，帮助学生发现回答中的不足及其产生的原因，从而改进回答。后一种情况往往是问题跨度较大，学生在最初提问中未能建立起已有知识或方法与问题间的联系，教师往往要以有序的系列化的问题，设置认识阶梯，通过一系列子问题帮助学生发现困难所在，最终实现整个问题的解决。教师的这些教学行为都是提问技能中的探查指引。探查指引的具体行为主要包括：

澄清——要求学生对初次的回答进行准确的概括，或者使答案意义更简明的提问；

支持——要求学生对初步回答的观点提供证据的提问；

准确——要求学生注意初次回答中的错误，重新判断和组织一个答案，通常在教师指出回答的合理部分和错误并提供某些暗示后，要求学生再次回答；

表态——在集体讨论中或针对已有的回答，给学生个人提供机会来表达他是否同意已发表的观点；

关联——要求学生再次确定他的回答与问题之间的关系；

举例——要求学生对他的含糊不清的表达或概括，举出具体例子来说明他的观点；

辅助提问——从较低认知水平的问题入手，逐步加深，通过问题系列以探查出学生在哪些层次的问题上思维受阻，针对问题加以指引和解决；

提示关键——不同认知水平的问题有着不同的思考方法，应该针对该水平问题的思考方法和解决问题的关键进行探查，并加以引导。

4.反应评价

教师对学生回答的反应和评价，将对学生进一步参与起到重要的作用。当学生对问题作出回答后，教师要处理学生的回答，对学生的回答作出反应评价，主要包括：

重复——教师肯定学生的回答并重复学生的答案，或以不同的词句重述

学生的答案；

更正——教师指出学生回答的错误，给出正确的答案；

评论——教师对学生的回答进行评价；

核查——教师通过征询或谈话检查其他学生是否理解某学生的答案；

延伸——依据学生的答案，引导学生思考另一个新问题或更深入的问题；

扩展——就学生的答案加入新的材料或新见解，扩大学习成果或展开新的内容。

第二节　提问技能的类型

由于标准、角度的不同，提问技能可有不同的分类。

按课堂教学的结构可划分为：新课导入式提问、讲授启发式提问、内容总结式提问。

按提问在教学中所起的作用可划分为：把握整体，感知性提问；突出重点，理解性提问；搭桥铺路，铺垫性提问；促进迁移，导读性提问；发挥想象，推理性提问；激发思维，质疑性提问；创新求异，发散性提问；总结深化，探索性提问。

按教学活动认知领域的目标可划分为：低级认知提问，即记忆方面的知识水平的提问；高级认知提问，即以知识水平为基础的智能与技能，以对教材或问题进行组织（或重新组织）的思维过程相联系的提问。

现就按教学活动认知领域的目标划分情况，分别叙述如下：

一、低级认知提问

1. 回忆提问

回忆提问是一种检查学生已学知识，着重培养学生记忆能力的提问。它是课堂上教师对学生已经学过的具体知识、事实、材料进行的提问。其目的在于确定学生能否掌握已学知识的实际内容，是否了解所学内容的基本事实，是否对已学过的知识有一种正确的理解。

这类提问只要求学生回答“是”或“不是”，“对”或“不对”即可，教师期望的目标是学生作出唯一正确的解答。只要求学生对问题作出反应，不需要进行深刻的思考，多是集体应答，因此，不容易发现个别学生掌握的情况。比如，记忆资料、分类、概念等。如，什么是 CPU 等。

教学中适当安排回忆提问是必要的，可以减少或防止遗忘，或帮助学生从

已有的认知结构中提取记忆的相关知识，作为探讨新内容的依据或出发点。但要注意的是：回忆提问不宜滥用。如果教师过多地把提问局限在这一层次上，虽然学生应答的次数多，表面看课堂很活跃，实际上思维训练层次不高，学生思维的积极性受到抑制，因此，这种方法应当节制使用。

2. 理解提问

理解提问是一种加深学生对知识的理解，培养学生理解能力的提问。它是在回忆提问的基础上，教师对学生提出的更加深层次的提问，多用于了解学生对所学新知识的领会、掌握情况。该提问的目的在于引导学生理解教材，形成科学概念，培养学生的抽象思维能力。

根据要求学生理解程度的不同，理解提问可分为三种类型：(1)用自己的话对事实、事件等进行描述，以便了解学生对问题是否理解；(2)用自己的话讲述中心思想，以便了解学生是否抓住了问题的实质；(3)对事实、事件进行对比，区别其本质的不同，达到更深入的理解。

一般来说，理解提问用来检查最近课堂上新学到的知识与技能的理解掌握情况。多用于某个概念或原理讲解之后，或课程的结束。一般以"是什么"、"怎样"、"哪些"的题型出现。例如："你能谈谈计算机的工作原理吗"、"计算机内存和外存的区别和联系如何"、"数据库的分类排序与索引排序的异同"等问题。学生要回答这些问题，必须对已学过的知识进行回忆、解释或重新组合，因而是较高级的提问。

3. 应用提问

运用提问是一种培养学生运用知识能力的提问。它是教师为了加深学生对知识的理解，要求学生把当堂所学的理论知识运用于实际，从而解决实际问题。这类提问旨在要求学生用语言文字对所学知识进行精确地表述，运用所学知识去解决某些设计出来的问题，借以检查学生对知识的理解、掌握情况。例如："多媒体技术在日常生活中的运用"、"如何制作一张精美的生日贺卡"等问题。

运用提问的应用很广泛。它即可通过解决具体问题巩固学过的知识，也可学习、探讨新领域的知识。学生思考、回答这类问题，不仅需要理解有关知识的含义，还需要具有选择和运用已把握的知识自己去解决问题的能力。

指导学生回答运用提问，关键要抓住已有知识与新问题的关系。为此，教师要引导学生研究并筛选出解决新问题涉及的知识或知识点，将原有知识具体化为解决实际问题或探讨新知识的方法或步骤，从而达到解决新情境下新问题的目的。

二、高级认知提问

所有高级认知提问不具有现成的答案，这就要求学生进行高级的思维活动。教师除鼓励学生回答外，还需给予适当的提示与诱导。

1. 分析提问

分析提问是一种培养学生分析问题、解决问题能力的提问。分析性提问要求学生把事物的整体分解为各个部分、各个方面，找出其间的相互关系，因此，分析提问是一种高级认知提问。

分析提问对学生掌握知识和发展思维能力有重要的作用。在教学中，教师往往要通过分析提问及相应的提示、讲解，帮助学生把握较复杂对象事物的要素，分析复杂事物的过程及其微观本质，从而掌握新的基本概念、原理或事实。凡是教学目标规定为分析水平的知识或知识点，在巩固运用阶段一般都要通过分析提问或练习落实知识和培养学生分析问题的能力，以确保教学目标的实现。例如："计算机 CPU 的构成是怎样的？各部件的功能和工作过程是什么？""为什么我们要运用压缩技术来处理视频信息？"等。

指导学生思考、回答分析提问，关键是提示和培养学生分解复杂事物或问题的方法，即如何辨认整体中的各个部分及各部分间的关系。在学生不会回答或应答不完整时，要及时探查指引，针对回答及时总结，使学生在解答问题的同时了解解决问题的过程，逐步提高分析能力。

2. 综合提问

综合提问是一种培养学生综合解决问题能力的提问。"综合"与"分析"相对，二者又相互依存：分析是为了综合，分析是综合的基础。综合性提问要求学生在头脑中把事物的各个部分、各个方面、各种属性加以联合，组成一个统一的整体。这类问题能激发学生创造性思维，问题的答案是多元的，是学生以自己的知识经验、智慧技能为基础，但更体现个人认知策略的风格性。可见，综合提问也是一种高级认知提问。

综合提问对学生掌握知识和发展思维能力有重要的作用。在新知识的教学中，教师往往要通过综合提问及相应的提示、讲解，帮助学生推导出新的结论，把握新的概念、原理或规律，或者帮助学生思考知识间的内在联系，把握知识结构。在复习、巩固阶段，安排综合提问能够加深学生对知识的认识，并把思维训练提高到新的水平，以促进教学目标的实现。

例如："如何解决计算机运算器、内存与外存在存储速度上的差别"、"根据循环语句的结构，如何编写出一个乘法表程序"等问题。

指导学生思考、回答综合提问，关键是在占有和提取有关知识信息的基础上，如何进行组织加工，建构从整体上解决问题的方案，包括确定理论问题的推理、判断过程和设计实践问题的操作程序与方法等。在学生思路受阻时，要围绕整体设计方案的研讨探查指引，使问题较顺利地得到解决。

综合提问涉及的知识范围较广，而且要求学生思路清晰敏捷，通常只有在学生积累了一定知识和有较好的思维训练的基础才能独立解答。和分析提问相似，综合提问的设置不仅受教学目标的制约，而且，在不同学习阶段中运用综合提问，提示指引应该有不同的实施方案，以更好地发挥综合提问的作用。

3. 评价提问

评价提问是一种要求学生对一定的教学内容进行评价，以培养学生评价能力的提问。这类提问是让学生运用所学知识、概念、原理、法则，对所学知识的重点、难点、关键点部分，经过分析、比较、推理、论证，说明原因，指出关系，判断是非，加以评析，发表评论；或谈自己学习某知识后的感想和体会；或发表自己对某历史事件、某作品中的主人公的观点和看法；或评价其他同学课堂回答中的正误并分析其原因等。回答问题时，学生须先设定标准和价值观念，据此对事物进行评价判断或选择。判断并说明理由的题目便属此类。如：在Photoshop中图像合成的教学中，教师给出一张合照及两幅我国万里长城的图片，要求学生用一定的方法将照片加到万里长城图片上，并且要注意人物与背景的大小比例、摄影的角度和光线、总体的色调等。完成后，老师通过投影展示二位学生作品，问："这二位同学对图像的合成有什么不同之处，请你加以评析"；还比如："你能对两个多媒体作品进行评价吗?"这种教学环节（提问）的设计，既培养了学生的评价能力，又培养了学生的审美情趣。可见，评价提问是一种高级认知提问。

指导学生解答评价提问关键要抓评价标准或规则的确定。首先要指导学生充分占有问题提供的信息和从已有的认知结构中提取有用的信息，作为评价的出发点。然后，要通过必要的探查指引，运用提问的技巧和相应的讲解，引导学生通过分析、综合、比较、概括，创造出解决本课题的评价标准或规则。

评价提问要求学生占有大量知识，还要有较强的逻辑思维能力和创造力。因此，不能要求每个知识或知识点的教学都设计运用评价提问。在新知识学习的初始阶段和低年级的教学中，评价提问的运用更要慎重并应加强指导。

课堂教学提问的种类很多。采用什么样的提问方式，要视教材而定，因学生而异，为激发学生的思维着想，为突出重点服务，培养学生的能力，提高教学效果。

第三节　提问技能的应用

一、提问技能应用的原则

课堂提问是教学的有效手段之一，也是教学过程的一个重要环节。它不但可以用来组织教学、反馈教学信息，而且对于培养学生的思维能力、创造精神大有益处。因此课堂提问的重要性是不言而喻的。

在教学过程中对提问技能的应用应遵循这样的几个原则：

（一）启发性原则——提问要有启发性

要求教师提出的问题要能够激活学生的思维，引导学生去探索、去发现。提出的问题具有启发性，不是填空式问答，把一个完整的句子截成几段，教师问上半句，学生答下半句；也不是判断式发问，学生无须做多少思考，凭猜测便能正确回答；更不是搞“提灌式”，用提问的方法去“灌”，直到学生钻进教师预先设计好的圈子里，使之“就范”。怎样的提问才能启发学生思维呢？

(1)创设问题情境，教师应“慷慨”地提供思维加工的原料，通过课件演示：回忆已有知识、观察现象、出示练习题等，再用准确、清晰、简明的语言提出问题，充分发挥和调动学生的主观能动作用，达到“一石激起千层浪”的目的。

例如，信息技术课中，在《切换方式与动画效果》的教学时，先通过课件向学生展示幻灯片“飞”出来的效果，给学生创设一个情境。问：想不想让你的幻灯片也“飞”起来？再问：这种“飞”的效果可以通过哪个“菜单”的什么命令进行设置，还有没有其他好的效果呢？请同学们自己动手试试看。从而引导学生积极思考、大胆猜想和假设、反复设计、不断实践。

(2)利用矛盾，引起思索。教师要善于把教学内容本身的矛盾与学生已有的知识、经验间的矛盾作为设计问题的突破口，启发学生去探究“为什么”，把学生的认识逐步引向深化。

例如，学生在掌握了文件(夹)的删除操作、文字处理软件中的文字及图片的删除操作后，已基本形成按“delete”键即完成“删除”操作的操作习惯，然而这一个操作对于删除表格的某行某列及至整个表格时，却无法实现，为此，学生经常在此出错，总是习惯性地用“delete”键去做。教学时，不妨在介绍正确的操作方法之前，先故意列举以前的删除操作，然后让学生尝试删除一个表格，此时，学生往往会蛮有把握地先选中整个表格，然后，按“delete”键，然而表

格却纹丝不动，这时教师向学生提问，“这是为什么？难道‘delete’键失灵了”，教师紧接着让学生在表格中输入一些内容，然后再选中表格，再按“delete”键，发现“delete”键起作用了，但删除的只是表格中的内容，表格本身并未删除，原来“delete”键只删除表格中的内容，那么到底用什么方法才能删除表格本身呢？到此，教师就顺势进行正确操作方法的教学过程。“掉进陷阱”的体验往往比走一段直路更容易让学生在“反面教育”的作用下，经历了一个设谬——排谬的过程，不仅加深了对知识的理解，而且会逐步养成思维的批判性、严谨性和深刻性，从而提高思维的品质。

(3)提出激发学生进行发散思维的问题。教学中教师适当选取一些多思维指向、多思维途径、多思维结果的问题，引导学生纵横联想所学知识，寻找多种解答途径，有利于学生深刻地理解知识，准确地掌握和灵活地运用知识。

例如，学习文字处理软件的保存操作时，在学生学会了新文档的首次保存并自认为已掌握了保存操作后，教师不妨变换角度向学生提出如下问题：如果以后再给已保存过的文档增加新内容，要不要保存、如何保存、会不会再次弹出如首次保存时的“另存为”对话框？如果对一个已保存过的文档要换个名称保存，怎么做？如果对一个已保存过的文档要换个保存位置又怎么做？如果对一个已保存过的文档中的内容进行了删除操作，不保存而退出应用程序，再次打开该文件会不会看到被删除的内容？这些问题的提出及解决不仅使同学对“保存”操作的认识变得更为全面、深刻，而且通过这个例子，也让学生得到启发，遇到问题不能只从一个角度去考虑、认识，而是应该有意识地去多想想问题的其他方面。这样一题多问，既帮助学生把相关的知识沟通起来，形成了联系的知识网络，又帮助学生学会从不同方向、不同角度，全方位思考问题、探索问题，从而提高了学生的自主探索能力。

(二)重点性原则——提问要突出重点

一堂课45分钟，不可能对所有的问题都详细展开研究，提问的重点就是要将问题集中在那些牵一发而动全身的关键点上，问在最需要、最值得问的地方，以突出重点，攻克难点。对于课堂中的同类问题不平均用力，尽量做到前详后略，提高课堂效率。突出设问的重点应注意以下几点：

(1)抓住教学重点，不在枝节问题上周旋。

(2)抓住知识的难点设问，有的放矢地帮助学生突破难点。

(3)针对学生认识模糊、易疏漏的地方，抓住关键词及制造矛盾为突破口设计问题，帮助学生将片面的、孤立的和形而上学的认识转化为全面的、辩证的认知结构。

（三）层次性原则——提问要有层次

系统而周密的课堂提问能引导学生去探索达到目标的途径。提问的层次性原则要求教师紧扣教材重点、难点和关键，分析教材内容的内在联系、逻辑顺序和学生已有的知识、能力，按照由具体到抽象、由感性到理性的认识规律，由易到难、循序渐进地设计一系列问题，使学生的认识逐渐深入、提高。设计问题，在知识范围上可以由小到大，先设问，后反问，再追问，最后得出概括的结论，使学生把握思维的正确方向，提高概括能力；设问也可以从大入手，问题提得大，并不要求学生立即回答，目的是让学生进行发散思维，明确思维的方向及途径。随后，教师再提出一系列小问题，引导学生思考、讨论，培养学生的分析能力。一堂课往往就是这样的几个先小后大或先大后小的问题组合，构成一个指向明确、体现教学思路、具有适当思维容量的“问题链”，打通学生的思路，使学生有序地思考，获得知识，建立知识系统，掌握学习方法，得到能力的良性迁移。例如：在进行 Windows 教学时，可以设计这样的提问：同学们都很喜欢玩电脑游戏，那么你们知道游戏软件买来后是如何安装到电脑中去的？电脑又是如何对它们进行管理、运行的？一连串的问题，引起学生追求知识的欲望，集中了学生的注意力，从而导出目录结构，软件安装（复制）等知识，使学生更容易接受和掌握。

（四）量力性原则——提问要把握量力性

要求设计的问题应注意“因材施教”和学生的“可接受性”，使不同层次的学生通过答问都能得到发展。若提出的问题低于或高于学生的思维水平，学生就不能进行积极的思维活动。提出问题的难易、深浅应因人而异，兼顾学生的知识和智力水平，把 A、B、C 不同难度的问题，对应地提问给 A、B、C 不同层次的学生，使不同层次的学生“跳一跳”都能“摘到果子”。同时，根据学生的学习进度，逐步提高要求，不搞“一步到位”。因此，教师备课时不仅要备好教材、教法，更要“备好”学生，对学生学习信息技术课程的情况应了如指掌。

二、应用提问技能时要注意的问题

（一）提问要面向全体学生

面向全体学生就是要充分体现“学生为主体”的教学思想，要根据学生的知识水平和认识能力设问，调动每个学生思考问题的积极性，让全体学生参与教学过程，让每一位学生都有回答问题的机会，体验参与和成功带来的愉悦。因此：

（1）提问对应答人数要有量的要求，每个问题根据难易及重要程度提问 1

至3人，形成一种讨论的氛围。每节课要尽可能让更多的学生参与回答，特别要考虑中、低程度学生的参与面。课堂提问不能满足于个别学生的回答，对个别学生的回答，无论正确与错误，教师都要考虑这种回答与全班大多数学生的理解是什么关系。如果个别学生的回答很好，那么全班多数学生是否理解他的回答？如果个别学生的回答需要矫正，那么他所存在的问题是否代表着多数学生？只有把这些情况搞清楚了，才能真正做到面向全体学生。

(2)提问要使全体学生都能参与思考，切忌先指名再提出问题。

(二)提问要注意发挥教师的主导作用

教师课前设计的具有系统性、逻辑性的提问，教学中往往不会一帆风顺地得以实现，这就要求教师在课堂上不能完全拘泥于备课中的设计，应围绕提问的中心内容，根据学生答问的反馈信息，适当变通。当学生的回答：

(1)迷惑时应平缓坡度：如面对提问学生迷惑不解，可有的放矢，巧指迷津，平缓坡度；如问题难度较大，学生力不从心，可追加问题，巧妙铺垫，帮助接通思路，或者迂回设问，让学生回答类似的问题，借助原型启发，再触正题；如因目标不明显学生茫然，可揭示目标，促其思维指向目标。

(2)矛盾时应引辩启思：如提问后出现截然不同的矛盾答案，可提挈矛盾，引辩启思，以统一认识。

(3)反向时应归谬促悟：有时，学生答题与正确答案背道而驰，此时，师生信息落差太大，简单交代答案，学生难以接受。为此，可将错就错，以归谬法引其碰壁，促其领悟。

(4)出岔时应疏导引正：教学中，学生常会提出与教学目标无关的问题，对此，置之不理或过多纠缠都不行，有效的方法是把学生思路引正。

(5)肤浅时应追问求深：如学生思考浮于表面，可追问点拨，引导深入理解。

(6)呆板时应点拨求活：如学生理解问题就事论事，可以设问发散的方法点拨，以引导学生灵活理解。

(三)提问要留给学生思考的时间

问题提出后，要给学生留有思考及动手操作求证的时间，然后指名回答。思考时间力求照顾到全体，以中等偏上水平的学生为标准。这样的标准，对于水平差一点的学生，虽有难度，但经过努力也可跟得上；对于水平高的学生，也不至因为节奏太慢而影响学习情绪。

(四)提问要重视学生的思维过程

培养学生科学的思维方法是提高学生“信息技术”科学素质的主要内容。

思路往往比结论更为重要，学生只有学会了思考，才能掌握获取知识的本领。课堂提问中巧妙引渡，体现提问的坡度，不仅便于教师了解学生思考问题的方法，而且能达到学生间相互交流思路的目的，相互启发，取长补短，提高分析问题的能力。

(1)由具体到抽象：由具体形象思维向抽象逻辑思维过渡，是学生思维发展的重要特点。因此，提问要体现由具体实例到抽象的坡度，在引导学生对事物充分感受的基础上进行提炼归纳，抽象概括。

(2).由特殊到一般：学生理解问题往往就事论事，难以由特殊向一般推广。因此，提问要注意强调特殊，加强感受，再巧妙引渡，认识一般。

(3)由现象到本质：学生认识事物易被现象所迷惑，难以透过现象看其本质。因此，如果是以引导认识事物为目的的提问，可先引导学生对事物的表象进行分析，进而通过点拨诱导，让其透过现象看本质。

(4)由已知到未知：教学中，须把学生新知识的获取建筑在原有知识的基础之上。因此，提问须注意引导学生借助已知探究未知。

(5)由发散到集中：发散思维是教学中常用的思维训练方法。为强化训练效果，须把发散思维训练与集中思维训练集中起来。

(五)提问要把握时机

(1)利用“开场白”激发学生学习兴趣

良好的开端是成功的一半，好的“开场白”是开启学生思维大门的钥匙，是把学生引向知识海洋的风帆。可利用“开场白”揭示“信息技术”在各学科教学中的地位和作用，对现代教育科学的重要影响以及在高科技领域中的巨大成就，从而激发学生学习兴趣。“开场白”要注意利用直观的趣味性的课件。诱导学生变枯燥抽象的原理学习为生动活泼的规律探索。这样，“以用入读”造就学生的知识饥饿感，促其产生强烈的求知欲，启发学生尽快地理解其真谛。例如：在教用 Power Point 制作演示文稿时，开始上课时就给学生展示本堂课要用 Power Point 完成的效果，从最简单的文字飞入到较复杂的图片动画。然后提问：“你们也能做出这样的作品吗？”利用“开场白”进行情感教育，缩短师生的思想距离，创设积极、和谐、富于情趣的教学环境。

(2)讲授新知识前提问，为新知识的学习铺路搭桥

“信息技术”科学的知识具有很强的系统性，每一章节并不是彼此独立的，它们之间有着或多或少的内在联系。一般情况下，新知识总是从旧知识中引申、发展而来的。因此，在讲授新知识之前，首先应该让学生对与本课有关的旧知识进行回忆复习，从中找准与新知识有关的问题，把学生引进旧知识的

"最近发展区",启发学生运用旧知识去获取新知识,实现知识的正迁移。这样,便为学生学习新知识打下良好的基础。

(3)学习新知识时提问,抓住知识的重点处

每节课都有它的重点和难点,只有把这些重点、难点逐一突破,这节课的教学任务才算完成。因此,在教材的重点处,要设计一定的问题,引导学生思考解惑。

(4)思维训练时提问,抓住知识的联想点

联想是学生常用的思考方法,教师的引导直接影响到教学效果,只要教师抓住知识的联想点,精心设计,定向质疑,就能收到事半功倍的效果。因此,在训练学生思维时,要求学生联想已学过的知识,然后将有关知识加以比较、归纳,找出共同性。从个别概括出一般性,又从一般性推导出特殊性,使他们找到知识的联系性,最后形成概念。通过联想、比较、归纳,使学生不但对知识的学习更具深度,而且从中训练了思维的方法。例如:教 Power Point 制作背景时,可从"格式"菜单选择背景,也可从右击演示文稿空白处选择背景,就可以先提问 Word 中表格格式的设置可从格式菜单及右击来设置,通过联想,训练了思维的方法。

(六)提问的"五先、五后"

1. 先提问,后指名。教师清楚地叙述完提出的问题后,要适当停顿,观察学生对提问是否明确,然后指名回答,使全班学生都动脑筋思考。如先指名,再提出问题,被指名回答问题的学生会积极思考,而未被指名回答问题的学生就认为"事不关己,高高挂起"。

2. 先思考,后回答。提问后要留给学生足够的思考时间,当多数学生"跃跃欲试"时,再指名学生回答,回答的内容、回答的语句不一定局限于预定的设想,要鼓励学生的创见。

3. 先讨论,后结论。对学生的回答,老师尽量不要立刻表态,可以让别的同学补充、纠正、表示赞同、表示反对、提出不同的答案、提出更佳的方案等等。在此基础上,老师"顺水推舟",根据成熟的讨论作出结论。这样做的好处:(1)增强民主合作的气氛,增进师生感情;(2)让全体同学参与,强化了学生主体地位,调动了全班同学的积极性;(3)使问题从各种角度得到剖析,使答案更清晰、更全面、更深刻;(4)培养学生研究的风气、深钻的精神,培养学生思维的发散性。当然,一些简单的问题,时间紧迫的情况,要根据不同情况灵活处理。

4. 先学生,后教师。就是说在学生回答问题时,教师态度要亲切温和,让学生充分表达自己的观点,不能轻易打断学生发言,学生稍有停顿,要让学生

思考继续回答，学生回答有困难，老师要鼓励学生想，必要时才适当引导或暗示。回答有错尽量让学生自己纠正或另外请同学纠正，在学生充分发表意见后，教师才发表看法。

5. 先激励，后更正。对学生的回答要热情鼓励，即使差生回答错了，也要表扬他积极答问的精神。对于回答不全面的学生，要着重表扬他对的部分，然后再提醒他今后要注意的不足之处。对优等生回答问题很"精彩"时，当然要鼓励，但也要在更高层次上要求，促进他"更上一层楼"，防止骄傲自满情绪，不要"故步自封"。

三、提问技能应用的方法

在课堂教学中，如何让学生对所提出的问题乐于思考、积极回答呢？下面介绍几种提问的技巧与方法。

1. 顺序法。这种提问是根据教材的逻辑顺序，依次提出一系列的问题。如：在程序设计内容的教学时，通过循序渐进的提问，让学生找出问题的变量、解决问题的过程、写出算法、编写程序、运行和调试、最终得出结果。

2. 铺垫法。在讲新课之前设计一些准备性题目，铺路搭桥，利于掌握系统知识，减少难度。通过提问，交给学生具体的思考方法，作好思维方面的铺垫，从而降低了难度。

3. 对比法。对比式提问，是指将相互联系或容易混淆的概念加以对比而排定的提问，旨在使学生认识事物的相同点和不同点。例如，提问：什么是ROM，什么是RAM，各自有什么特点？通过分析、对比，全班同学都能很好把握教学内容。因此，进行启发式教学，实现教与学"双向交流"，进行对比十分重要，可以取得更佳效果。

4. 引导法。学生有了一定知识基础，又有探索新知的欲望，教师要善于引导学生"温故知新"，联系已学过的知识，引导学生到知识的海洋中遨游，加深对新知识的理解。教师还可针对学生易犯的错误，设计错例，进行分析讲评，借此生议。可采用设陷诱导的方法，如：Modem是用来进行网络连接的设备，是一种输入设备，大家说对吗？这样引导后，学生对输入和输出设备的特点记忆深刻，分析能力也不断加强。

5. 想象法。不局限于教材内容，而是根据教材内容，让学生展开想象的提问，从而使学生对教学内容有更深刻的理解，更有利于丰富学生的感情，发展学生的思维能力。如：你能否想象今后的计算机是什么样子的吗？

6. 探究法。根据事情的结果，对事情的原因、经过，进行探究设问，有利于激发学生的兴趣。探究式提问在程序设计教学中常被采用，它是从编程题中所求的问题出发，在教师的适当暗示下，主要由学生自己根据题意，逐步探求一个个中间问题，从而达到解答问题的目的。逆向启发式提问，对学生在思维上的要求更高，显然这对发展学生的思维，培养他们独立的解题能力起着十分重要的作用。

7. 引路法。这是指学生遇到了难以解决的困难时，教师要给他们指方向、教方法，引导学生突破难点。在运用引路法时，教师应做到循循善诱、诲人不倦，在课堂上对所提问题的措词要确切，回答的活动范围要小，尽可能从一个角度去问，有时还可以比较具体明确地把一个大问题分解成若干个小问题，便于学生回答，有利于学生思维定向。

8. 破题法。即根据课题要点设问。课题是教学内容的关键，通过对教学内容中重点、难点的把握，由此展开问题的探讨，如：在数据库结构的学习时，可以根据课题提出问题：关系数据库的结构由哪些部分构成？什么是字段、字段名、字段类型、字段长度、如何设置？什么是记录，记录的内容？教学中解决了这些问题，也就达到了教学目的。

9. 评价法。教师先不表态，把学生各种方法并列公布，提问学生评价，从而启发学生思维，得出正确结论。如提问：这几种算法对不对？哪一种算法最简便？学生通过讨论、分析、评论，既找到最简便的算法，又掌握了计算编程算法的编写方式。

10. 连环法。它是指为了达到教学目的而精心设计的一系列环环相扣的问题。这几个问题形成一个整体，几个问题解决了，整个问题也就解决了。如在网站建设内容中，通过提问引导学生学习 WWW、网页、主页、网站的基本概念及其相互关系。

11. 消化法。适用于讲授新课后，为了加深学生理解，在学生容易模糊处设问。例如，通过归纳，学生总结了算法的基本书写格式后，进而提出问题：在描述算法中，最关键的要素是什么？

12. 发散法。这种提问可以对于同一问题从不同角度去获得多种答案。如：从我们学过的输入数据的方式中，我们可以用哪些方法对数组赋值？如何赋值？通过发散提问，培养了学生求异思维能力。

13. 激趣法。在学习新知识之前，教师有意识地提出问题，展示制作好的作品，以创造生动愉快的教学情境，从而引导学生带着浓厚的学习兴趣去积极地思维，寻求新的知识。课堂气氛顿时活跃起来。这样就能使学生在轻松愉快的气氛中进入探求新知的阶段。

14. 重复法。由于所提问题在教学内容中处于重要地位，是关键之所在。因此当一个学生已经做出正确回答后，教师仍要继续提问若干学生，通过重复回答，起到突出、强调的作用，以形成深刻的印象。这种提问的特点是用学生的重复回答来代替教师的强调。同时，由于教师对每个学生的回答暂不表示态度，有利于提高学生的辨别能力。如教程序设计的编程题时，在对几个循环问题求解之后，提问:利用循环程序求解的问题有什么特点？在学生回答后，教师继续点名，让学生继续重复回答，连续进行几次，使学生形成统一的深刻印象。

15. 迁移法。就是让学生通过回答和完成教师精心设计的旧知练习或操作活动，来向学生提出问题，启发学生对新知的探索，从而能使学生尝试利用过去的知识、技能、方法和经验来解决新问题的提问法。这种提问法成败的关键除了首先要针对教学内容外，还要对练习或操作活动进行精心设计。

16. 逆向法。逆者反也，就是从反面把问题倒过来提出，让学生利用事物之间相反相成的矛盾关系，以反推正。逆问的特点是以反推正，形成矛盾，它容易引起学生心理上的矛盾冲突，应将学生容易忽略的地方提出，以引起注意。例如教"程序设计内容"时，可以不从正面讲如何编程，而是从程序运行的结果中提出问题、分析问题，构成了矛盾情境，更能调动学生思维的积极性。

总之，课堂中问题情境的创设，有利于教学内容的展开和学生对知识的把握，教师应掌握提问的基本方法，同时也要重视让学生自主提出问题，用问题驱动的方式实现教学目标，使课堂的教学更加高质高效地进行。

四、课堂提问的技巧

课堂提问是课堂教学艺术的组成部分，也是教学反馈的重要手段之一。有的提问能"一石激起千层浪"，而有的毫无反应。如何使课堂提问收到比较好的效果呢？现提出一些注意的问题。

1. 明确目的。提问，或是调动学生思维，或是检查教学效果，或是引导学生突破难点，或是引起学生注意，或是提高学生的表达能力，教师必须事先心中有明确的目的，不得随心所欲，随意发问。

2. 围绕中心。提问不能盲目，一定要有目的，这些目的要围绕一个中心，都要为完成该节课的教学目标服务，使学生掌握知识提高能力，提问要具有针对性。

3. 言简意赅。提问语句尽量简短，让学生明白问的是什么，避免提那些似是而非、模棱两可、冗长啰嗦，容易引起学生误解的问题。

4.富有趣味。有趣味的东西容易引起学生注意,激发学生思维,对所提的每个问题教师要精心设计,语言精练,富有趣味。在低年级课堂提问时更应如此。

5.启发思维。课堂上,学生的思维往往是从问题开始的。课堂教学中,什么时候提问,先提哪个,后提哪个,都应遵循一条原则,即有利于调动学生的思维。

富有启发性的提问是激励学生积极思维的信号。设计精巧、生动、有趣的提问,有利于激发学生积极地思维,加深对所学知识的理解,有利于培养学生的思维品质,发展学生的智力。

(1)创设悬念,巧设疑问,激发兴趣

要使学生在教学过程中经常处于最佳心理状态,教师必须想方设法去触动学生的情绪,唤起学生的心理共鸣,激发学生学习的兴趣。

这样,有目的性地创设悬念性的问题,可使学生对新知识产生浓厚的兴趣,及时打开学生思维的闸门。

(2)指导操作,巧设疑问,激活思维

信息技术与日常生活联系紧密,在教学过程中,可以结合学生动手操作,在操作中引导思考、讨论,得出与日常生活相吻合的结论,激活学生的思维。

这样,学生觉得所学的知识与实际相吻合,学生就认识到知识的作用,感到有兴趣,激活了思维,深化了记忆。

(3)变换角度,巧设疑问,培养能力

课堂提问无固定的模式,也不一定要照搬教材中的原题,可根据学生的注意力容易集中在新鲜、有趣的事物上这一心理特点,不断变换提问的角度。从不同角度提问,引导学生多方面去思考问题,并能从中选择解决问题的最佳方法,是培养学生求异思维和发散思维的重要手段。

这样,学生在教师设问的引导下,通过思维活动,不但会解答这类应用题,同时也掌握了求异思维,发展了智力。

6.考虑程度。要考虑学生知识的准备程度。据心理学研究,如果人能够用他现有的知识去回答某个问题,那么思维过程就不发生。当提出的任务须借助于那些人所不掌握的知识才能解决时,思维过程也不发生。为此,提问必须与学生原有的知识相关联、相衔接。

7.类型多样。设计问题要形式多样。根据答题的要求,问题大致可分为五大类型:一是回答"是什么"的判别型;二是回答"怎么样"的描述型;三是回答"为什么"的分析型;四是回答"有什么异同"的比较型;五是回答"怎么想的"

或"可能会怎样的"想象型。相对来说,后三类问题对智力活动的要求高一些。为了增强教学中的智力因素,我们不能只提前两类型的问题,而要综合运用各种类型的问题。随着年级的升高,后三类问题的比重要逐渐增大。

8.形式新颖。提问时教师可根据不同的教学内容,不同的教学目的,采取不同的提问方式。比如,可先让学生看书后提问,也可先提问后让学生看书,可先提问讨论后再答,也可提问回答后再讨论。

9.难点分散。有些含意深刻或比较含蓄的内容,学生一下子难以理解、领悟,可以采用化整为零,化难为易的办法,把一些太大或过难的问题化为若干个浅易的小问题。或针对教材的难易或从班级的实际水平出发,为学生架设从已知通向未知的阶梯,即把教材的难点化为几个台阶。这样,教师的提问给学生指出思维的方向和寻找答案的途径,并锻炼了他们的思维能力。

10.以旧引新。以旧引新提问,是指提出的问题要便于学生运用已有知识去分析、解决,以获得新的知识。从心理学的角度讲,经常运用已有知识,是恢复已有条件反射,巩固旧的暂时神经联系,使旧的知识得到不断的巩固、保持,进而获得新知识的方法。动用这种方法提问,目的是让学生在化难为易强化新旧知识联系,建立知识的系统。

11.显现亮度。所谓亮度,就是指教师提出的问题,要注意讲究感情色彩,要根据不同的内容,或幽默、或渲染,总之要力求通过摒弃陈旧的提问样式,创造、开拓出一种新鲜的、能激起学生求知欲望的提问境界,使学生的创造性思维火花得到有效的迸发。

12.挖掘深度。教师向学生提问,在注重广度的同时要重视挖掘深度。唯有此,方能让学生深刻而透彻地理解问题,认识到课文所反映的事物本质的东西。

13.设置坡度。一般来说,教师向学生提出的问题,就包含着矛盾。不要提那些不假思索即可回答或书上有暗示性答案的问题,有矛盾的提问,就是有一定的难度才能锻炼学生的思维能力。所谓坡度,就是在提问时,做到由易到难,由浅入深,由简到繁,层层递进,步步深入,把学生的思维一步一个台阶的引向求知的新高度。

14.难易适度。问题太浅,引不起学生兴趣,学生也不思考;问题太难,高不可攀,学生也不会动脑筋。因此,提问考虑难易适度必须与学生原有的知识相关联,相衔接。使"最近发展区"转化为"现实发展区",这样学生的知识和能力就都能得到发展。采用哪一种提问,应根据班级的知识基础和学生的能力差异,恰当选用,使提问难易适度。

15.因势利导。课堂提问,不宜总是一问一答。针对学生的答案,特别是那些思路奇特、逾越常规的答案,要能随机应变,因势利导,提出新的富有启发性的问题,让学生的思维呈辐射状、从多角度充分展开,以产生新的信息,求得问题更完满的解决。

16.逐层深化。教师在课堂提问中,切忌随便使用问答的形式,这种简单的问答式不但不能激起学生的思维,反而会使学生的思维遭到抑制。日本心理学家曾针对这个问题指出:不能随便运用问答式,必须使提出的每一个问题都要包含着矛盾。有了矛盾才有思维。教师在提出第一问题让学生回答以后,就要顺着思路逐层深入地追问第二个、第三个问题,使学生的认识随着这样的提问逐步趋向深化,使他们的智力得到充分的发展。如果教师在讲课时,只注意把教材嚼烂喂给学生,那么学生就用不着开动脑筋去思考了,这对他们的成长是不利的。而逐层深化提问法,就要求教师在教课时,注意创设问题的情境,设置疑难的条件引导学生顺着问题去深思遐想。

17.先易后难。在课堂提问中,我们还要注意从学生、教材的实际情况出发,使问题的提出难易适中,切合实际。太难了不行,太浅了也没有意义。一般的方法是要难易适中,深文浅问,浅问深究,直事曲问,使学生有思考的余地。因为,题目过易,会使学生产生厌倦与轻视的心理;题目太难又会使学生望而生畏,无从回答,影响思维的积极性。这样的教学,克服了一些学生死记硬背词义的坏习惯,同时也使学生感到学习轻松有趣,信息能及时反馈,为学习课文打下了坚实的基础,培养了阅读能力。

18.逻辑顺序。按逻辑顺序提问,是指在课堂提问时,依照教材的一定顺序层层深入地提出问题。因为教材大都是按一定的逻辑顺序来布局谋篇的。因此,我们在课堂提问时,一定要注意按照教材的逻辑顺序提问,不能杂乱无序随意发问。只有这样,才能使学生按照由浅入深,由简到繁,从已知到未知,由现象到本质的顺序,循序渐进地学习和思考。

19.激发悬念。激发悬念,犹如古典章回小说中,在情节出现高潮之际,突然中途打结,让它暂时悬挂起来,给读者的心理造成一种期待的情境,用悬念演变来吸引读者。在课堂教学中运用激起悬念的提问法,就是指教师提问时,能使学生对问题或事情产生"欲知后事如何"的好奇心,对知识的学习有一种"追下去"的悬念心理,使他们带着一种心理上的期待情境去学习。这样,就能增强他们的求知欲和集中他们的注意力。这样提问制造了悬念,埋下了伏笔,学生产生"疑"问,就迫切要知道学习内容,因此课堂上学生会始终处于一种积极思维的探求状态,激发了学生的学习兴趣和求知欲望。

20.激疑问难。激疑问难，就是指教师在课堂教学的过程中，善于用提问的方法，打破学生头脑中的平静，引起他们心理上的疑难，激起大脑皮质的兴奋，掀起思维活动的波澜。学生的求知欲，往往总是从疑难发端的。当他们发现了问题，提出了疑难后，就可以在师生的共同质疑、问难、分析、思考中点燃智慧的火花，促进智力的发展。因此，在我们实际教学中，教师要善于抓住教材中主要内容的奇巧之处来提出疑问，以便让学生质疑争论；要善于抓住课文中的重大线索提出问题，以引起学生问难、思考；要善于把握教学时机投以一石，激起学生思维的波澜；特别是要善于在平淡中激起难点，在普通中比较奇异。这样的提问，就可以促使学生质疑问难，引起深思。

21.利用矛盾。利用矛盾提出问题，以引起学生的注意和思考，这是一种有效的提问法。因为矛盾是打开学生思维大门的钥匙，有了矛盾，才能激起学生思考的兴趣。这样，可以为讲课打好基础。阅读教材本身的矛盾大多数是作者精心安排的。这些带矛盾的问题，易激起学生探究的愿望。

22.适机诱导。适机诱导提问，顾名思义，就是抓住时机，采用循循善诱、开导的方法提出问题，让学生在教师的诱导下，充分运用他们的才智，自己独立解决问题。课堂提问，要做到适机诱导，很重要的一条就是当学生的思维活动出现停滞、闭塞或悖谬的时候，教师就要善于提出问题来诱导学生调整疏通自己的思路，使思维活动和思维能力能顺利地发展。通过诱导起到“不愤不启，不悱不发”的效果。

23.叩其两端。这种方法创始于两千年前的孔子。孔子说“有鄙夫问于我，空空如也，我叩其两端而竭焉”。意思是说，有人向我问难时，我什么也不答，不作任何正面的答复，只是尽量叩其两端，指出问题的正反面，让发问者多动脑筋，自己作出结论。有时，也可先提出问题的一方面，看他能否举一反三，触类旁通——这就是叩其两端提问法的实质。利用这种方法，就能启发学生多作思考，培养他们良好的思维品质。如果在我们的课堂教学上能经常这样训练，学生就能学会从正反两方面想问题，思维的广阔性和灵活性就会很好地培养起来。

24.运用对比。在课堂教学中，教师能运用对比的提问即提出对比的问题让学生加以分析、研究、思考，这很有利于学生对知识的了解，很有助于锻炼他们思维的深刻性。因为，鲜明的对比，有强烈的刺激作用，越是新异的刺激物引起的探究反射就越强烈，就会在大脑皮质的相应区域内引起优势兴奋中心，从而可以使人对注意的对象得到清晰而完整的反映。即使是刺激物消失后，这个暂时神经联系仍可以留下极为深刻的痕迹，对以后的再认识与重现都是有好处的。

25.点拨启迪。在教学过程中，往往会遇到学生对教材中的一些比较重要的问题，未能很好地认真研究思考就放过去的情况。针对这种情况，我们在教课的时候，可提出一些问题，点拨启迪学生去积极思考，激起他们的学习兴趣，使他们能获得较深一层的认识。

26.一石三鸟。一石三鸟提问的意思是说，我们在提出某个问题时，能兼顾其他问题或涉及其他方面的教学要求，使学生在解答这个问题时，能得到两个或更多方面的收获。我们知道，一节课的教学目的往往不是单一的，而是两个，甚至多个。而这些教学要求，又往往是互相联系，互为表里的，在这种情况下，我们采用"一石三鸟"的提问法，就可以使学生得到更多的收获。

27.环环相扣。环环相扣提问法，就是利用教材内容的内在逻辑性，提出一环扣一环的问题，使学生在环环相连的问题诱导下，有节奏、有起伏地进行学习。

28.变换角度。课堂提问不要只局限于一个角度，采用一种表达形式，在学生能够接受的前提下，适当变换角度提问，可以训练学生思维的灵活性。还有这样一种情形，对于某一问题，有时从这一角度看，就看不懂，理解不了；然而，换一个角度却豁然开朗。这就启示我们，向学生提问，要注意调整角度，引导学生多角度、多途径、多方面、立体式地进行分析领会，并加以贯通。其类型一般有以下几种：(1)自我感受型。现行教材中，借事说理的课文不少，有些课文直接让学生归纳比较困难，我们可以让学生进境悟理，自我感受，让其谈"亲身"体会。(2)思维转换型。有些问题如果学生难以理解，可变换思维方向。(3)由此及彼型。有些问题，如果学生一时难以理解，可暂缓一步，让学生解答类似的简单的问题，再作巧妙的迁移，由此及彼。

34.落实措施。提问要写入教案，这是教案的一部分。提问的方式、措词、提问的对象，各种回答的对策，老师要心中有数。提问的目的、语言、应注意的问题等，都要周密考虑。每次上课后对提问的效果可作一小结，不断积累经验，使提问更加优化。

第四节　提问技能的训练与评价

一、提问技能的训练

1. 提问技能训练目标

(1)掌握提问技能的有关理论,全面理解提问技能的含义,功能、应用要求。

(2)能够结合教学实际,遵照课堂提问的原则独立设计出问点准确、问度适宜、灵活多样的问题。

(3)掌握提问的技巧,并能灵活运用,在课堂教学中能适时提出相应的问题,善于启发诱导,不断提高学生的思维能力,提高教学效果。

(4)能够准确、客观地依据提问技能的评价标准评价自己或他人的提问技能,并能修正不足,逐步完善。

2. 提问技能训练建议

(1)首先弄清低级认知提问与高级认知提问的区别,各包括哪些类型,在教学中各有什么作用,学生认识事物,掌握知识的不同阶段各采用哪种类型的提问比较合适,提问中要注意贯彻哪些提问原则。

(2)多到教学现场去听课,多观看优秀教师的课堂教学实录。在观看过程中,认真记录下教师的提问,然后逐一分析:提出的问题各属于哪种类型?起了怎样的作用?贯彻了什么提问原则?

(3)平时多训练自己对同一问题用不同的形式、不同的语调等提出来,并使自己的提问清晰、流畅、准确,点题集中。

(4)选一节教材,认真设计提问,然后在微格教室里试教,并针对“学生”可能出现的情况进行正确处理,如:

A. 学生沉默,没有答问的表示。

B. 学生茫然,尚不清楚提出问题的要求。

C. 学生回答吞吞吐吐,回答不出来或答非所问。

D. 学生回答了一部分,尚不完整。

E. 学生回答结结巴巴,但不能较好地表达回答的内容。

F. 教师尚未指名,学生就插嘴回答了。

G. 学生反应迅速,回答正确,说理清楚。

二、提问技能的评价

表 6-2　导入技能的评价标准

课题：　　　　　　　　　　　　　　　　　　　　　　　　执教：

评价项目	好	中	差	权重
1. 提问的主题明确，与课题内容联系密切	□	□	□	0.15
2. 问题的难易程度适合学生认知水平	□	□	□	0.15
3. 提问有利于学生发展思维	□	□	□	0.10
4. 提问有层次，循序渐进	□	□	□	0.10
5. 提问能复习旧知识，引出新课题	□	□	□	0.10
6. 提问能把握时机，促使学生思考	□	□	□	0.10
7. 提问后稍有停顿，给予思考时间	□	□	□	0.05
8. 对学生的回答善于应变及引导	□	□	□	0.10
9. 能适当启发提示，点拨思维	□	□	□	0.10
10. 提问能得到反馈信息，促进师生交流	□	□	□	0.05
对整段微格教学片断的评价：				

（请听课后在以上适当评价等级处划"√"）

思考与练习

1. 什么是提问技能？
2. 提问技能的功能及其构成要素。
3. 提问技能的类型。
4. 提问技能应用的原则。
5. 提问技能应用时要注意的问题有哪些？
6. 提问技能应用的方法。
7. 课堂提问的技巧。
8. 提问技能的训练与评价方法。

第八章 演示技能

第一节 演示技能概述

一、什么是演示技能

教学演示技能，简称演示技能，是指教师在课堂教学过程中为了达到特定的教学目的向学生展示实物、图片、动画、课件或具体的实验演示，说明有关事物的特点和发展变化过程，并指导学生进行观察和思考使学生获得感性认识的一种教学活动方式。

目前，信息技术课是以学习计算机技术为核心内容，尤其是小学和初中阶段的课程，基本上还是以提高学生的计算机操作技能为重点。演示操作在信息技术课教学中起着很重要的作用，它可以帮助学生快速掌握操作技能的要点，使学生在自主实践时少走弯路。同时，课堂演示常常能极大地刺激学生学习的积极性、主动性，提高学习效率。随着科学技术的发展，大量的新技术和新媒体进入教学领域，这为教学演示提供了丰富的手段和材料，也对改革教学方法起了极大的推动作用。目前演示技能在中学信息技术教学中已得到广泛的应用。

二、教学演示技能的功能

（一）提供直观感性材料

中学生的思维以形象思维为主，教学演示能使学生获得生动而直观的感性知识，加深对教学内容的认识，促使书本知识和实际事物联系起来，形成正确而深刻的概念。现代信息技术最大的特点是主动性、形象性和直观性，利用现代信息技术将文字、图像等内容直观地展示出来，为学生提供生动逼真的教学情境，引起了学生的参与热情、激发了学生的学习兴趣和培养了学生各方面的能力。

(二) 激发学习兴趣

教学演示的趣味性决定了它在激发学生学习兴趣方面的积极作用。因为一般而言，课堂演示所提供的信息，往往是学生闻所未闻、见所未见的“新鲜事”，也是学生很感兴趣的事。

例如：某学校学生第一次上信息技术课，教师在课前把机器全部开好，上课开始做的第一件事是用“创迅红点”多媒体教学演示软件演示了一个 Flash 动画作品。这些学生此前每天都在接受传统的“黑板＋粉笔”式的教学，此时都被屏幕上那色彩鲜艳、生动活泼的画面和美妙的音乐深深吸引了。三分钟播放完毕后，教师说：“你们通过信息技术课的学习，也会制作这些美妙的 Flash MTV 的，你们想不想学习信息技术知识?”学生们都表示很愿意学。

(三) 提供研究方法

信息技术教育的任务之一就是要使学生负责任地使用信息技术，把信息技术作为支持终身学习和合作学习的手段。课堂教学演示改变教学内容呈现方式、促进学生学习方式，教师教学方式和师生互动方式的变革，为学生的多样化学习创造环境，提供可行性的研究方法，使信息技术真正成为学生认知、探究和解决问题的工具，培养学生利用信息技术自主探究、解决问题的能力。

(四) 提供操作示范

信息技术教育强调让学生了解或掌握信息技术基本知识和技能，使其初步具备应用技术的实践能力。教师通过课堂演示，提供这些基本技能的标准示范，是培养学生基本技能，提高学生实验操作能力的直接而有效的途径。

例如，对于学习 Windows 系统的目录管理、文件管理命令和方法，这个过程本身比较抽象，课堂中教师可以边讲解边演示操作过程，这样学生就能一目了然，并为其课后练习提供了操作的参照示范。

(五) 培养观察能力和思维能力

教学演示有助于培养学生观察和思维能力，开发学生潜能，减轻学习的疲劳程度，激发学生强烈的求知欲望和好奇心，激活学生思维机关，点燃学生智慧火花。

例如，在信息技术课“全景图制作”教学中，教师利用启发性强的多媒体演示软件“四方环视”，演示“网上虚拟看房”作品，在教学中引导学生，上、下、左、右移动鼠标让学生了解虚拟全景图可以上、下、左、右移动的特点；再用鼠标点击放大和缩小按钮，让学生观察放大和缩小的效果；再按住鼠标一直向右(或

向左)移动,并提出"是不是相当于一个人站在房间中央旋转360度所看到的景物",引出"虚拟全景图是固定一点,旋转360度所拍的图像的拼合"的问题,为下一步的学习作准备。如此多角度、全方位、多层次、多形式地启发学生观察和分析,启发学生发现问题、探索问题,从而培养学生的观察能力、想象能力和思维能力。

第二节　演示技能的构成要素与基本类型

一、演示技能的构成要素

(一)演示设计

教师在做课堂教学设计时要认真设计演示,确定演示的目的、媒体的选择、演示的顺序。教师要依据教学内容和学生原有感性经验的特点决定演示的目的,使用演示一般是为解决教学内容所必需的,学生经验所缺乏的,或学生直觉经验是错误的,以及抽象结论在应用中造成疑难的这些问题;选择媒体,要使演示明显客观;安排演示顺序,要使演示便于学生分析概括。

例如,讲"文件"只读属性时,可以这样设计一组演示操作:教师首先拿一张学生很熟悉的CD光盘,问光盘中的内容能不能修改,学生很快回答说不行,问其原因,很多学生可能哑口无言,这时老师告诉学生因为光盘是只读光盘,所以只能读里面的数据,而不能修改。接着把CD光盘换成软盘,看能不能把软盘上的内容修改,让学生真正体会到读操作和写操作的区别。最后再设计把软盘中的文件的属性改为只读,学生很快发现文件不能修改。

(二)引导观察

教学演示中教师的动手操作和讲解占据主导,学生则是观察与思考的主体。在教学中教师要教给学生观察的方法,同时又要利用规范的操作、正确的实验程序以及必要的讲解,让学生明确成功演示必须注意的事项及原因,从而培养学生的观察、思维能力和科学态度。引导观察包括:教师结合教学中的目的需要,提出演示的目的,使学生明确观察的任务;介绍演示使用的媒体和观察的方法;演示过程中,提出每一演示步骤的观察任务;演示后使学生明确所观察到的现象。

(三)操作控制

演示时教师的操作应当规范,并做到准确、熟练、快慢适当。演示的安排和控制要得当，可以构成问题情境，便于学生观察、讨论、分析和概括。同时还要把握好演示的时机和合理控制一些现象重复出现的次数，以利于学生对所看到的现象进行思考。根据演示所涉及的内容的难易程度、学生实际的理解情况和不同教学目的的需求，教师可分别采用完整示范、分解示范、慢速示范、重点示范和正误对比示范等演示方法。

（四）启发思维

在演示教学中，使学生获得感性认识的同时，教师要善于启发学生积极思考。演示实验总是为解决某一主题而设置的，教师在演示之前善于提出问题，启发学生积极思考，使学生对演示实验产生一种期望，调动了学生的主动性。在演示中教师还应善于因势利导，组织学生对实验现象进行分析，并从中抽象、概括出规律和本质，得出结论。

二、演示的基本类型

按演示手段和方式，可以分为以下几种类型：

（一）实物演示

实物演示就是把真实具体的物体拿到课堂上进行演示。实物演示可以使学生真实具体地感知教学对象的形态特征或结构特征，获得第一手的感性认识材料。此外，实物演示可以不受时间和空间的限制，又便于指导学生观察，因此特别适用于课堂教学。例如，在讲述计算机的构造和工作原理时，教师可将一台计算机拆开，将主板、CPU、内存条、显示卡等硬件通过视频实物演示平台展现于投影屏上，使每位同学都对计算机有一个感性的认识，打破学生对计算机内部的神秘感。

（二）实验演示

实验演示是指通过做实验来揭示概念、原理、规律等，也称“演示实验”。在信息技术课中，实验演示主要有两种类型：一是以获取知识为目的的“发现型演示”，二是以巩固知识为目的的“验证型演示”。

发现型演示比如：在“掌握搜索技巧”教学中，教师演示从网上下载一个非常有意思的 Flash 作品“东北人都是活雷锋”，演示设计采用三种搜索技巧：直接搜索（“东北人都是活雷锋”），使用组合关键词（Flash、swf、down、下载等），采用强制对所有 SWF 文件检索（“filetype：swf 东北人都是活雷锋”）。通过演示实验，去发现在一定条件下哪种搜索技巧，完成速度最快。

验证型演示比如：在介绍 Word 文档中超链接应用时，可以设计课堂实验演示完成图片超链接操作，然后打开文档，点击对应图片，打开另一文档，验证

超链接功能是否得到执行。

（三）多媒体演示

常用的多媒体有：音、视频文件、图片，FLASH动画和三维动画等类型。多媒体集文字、图形、音频和视频和动画等多种媒体信息于一体，使教学内容形象生动，更具吸引力。利用二维或三维的动画技术还能将教学中的一些抽象的问题进行动画模拟和过程演示，营造出动静相融，变静为动，化虚为实，变抽象为形象的教学情境，从而培养学生的形象思维能力和空间想象能力。因此，信息技术课教学应充分发挥多媒体技术的特点和优点，设法制作，并在教学过程中演示应用高质量的多媒体素材，利用其直观性和形象性，激发学生的学习兴趣，诱发学生的探究动机。

（四）计算机教学软件演示

教学软件是一种根据教学目标设计的，表现特定的教学内容，反映一定教学策略的计算机教学程序，它可以用来储存、传递和处理教学信息，能让学生进行交互操作，并对学生的学习作出评价的教学媒体。在信息技术学习过程中学生的信息能力需要多种计算机软件共同支撑才能合理地构成。教师教学中应做到根据不同的问题使用适当的软件去解决，在适当的环境中使用适当的软件表达思想。如教授打字指法与输入，选用《金山打字通》等类型的软件是个不错的选择，而若介绍排版和演讲交流，则Word与Power Point演示文稿适合使用；布置宣传栏，适合使用文字处理和图像处理软件；在可交互的信息交流方式时，网站的方式又比较合适。应用计算机教学软件演示同时也要注意，要逐步加强学生对各个软件之间的横向联系，并注意综合使用多种软件。

第三节　演示技能的应用

一、演示技能的应用的过程

虽然教学演示中的运用的媒体可能是多种多样的，具体形式也千差万别，但在应用上可采用一套相对一致的应用范式。具体来讲其流程如下：目标设定—媒体介绍—演示操作—指导感知—回顾与总结。

1. 目标设定：在演示开始之前，向学生讲清演示的目的、原理和过程。

2. 媒体介绍：介绍媒体的功能特点以及媒体的使用、操作要领。

3. 演示操作:按照预设的过程和步骤展开演示操作。

4. 指导感知:感知包括视觉感知、听觉感知、嗅觉、触觉感知等多方面,在整个演示过程中,教师通过提示操作,并配合必要的解说等技能,指导学生观察,引导学生思考使学生迅速抓住演示事件重点、难点和关键点,从而更好理解事物现象与本质之间的内在联系。

5. 回顾与总结:如果是"发现型演示",这一步就应当在演示全部结束后,即在实验的基础上引导学生归纳出科学的结论;如果是"验证型演示",这一步教师应当进一步提示要点,引导学生的思维,在验证事先提出的科学命题基础上,进一步说明相关的科学原理或规律,必要的时候,可以重复一些演示步骤和过程,加强感性认识。

二、演示技能的应用要点

(一)目的性

课堂教学演示都必须有明确的目的,并要求体现在演示的全过程。信息技术知识对学生有很强的两面性,一方面是吸引学生的兴趣面,另一方面是相对比较枯燥但实用的无趣面。当教师选择许多有趣的演示材料,试图表达出学生所要体会而又相对无趣的内容时,往往会因设计的目的性不明确,使得演示材料的有趣面被教师进行强调或夸大,结果却使学生忽略信息技术知识本身的学习。

例如,一位教师在初一的"走进多媒体世界"课堂上,教学目的是要引导学生认识并正确使用有关图片、音乐、视频等多媒体素材,于是他设计借助印度歌舞这一主题,运用了印度歌舞的图片、音视频制作了演示课件,然而在实际上课中,教师却将重点放在了欣赏印度歌舞、讲解和分析印度歌舞的特点上,而多媒体的概念和音、视频文件的特点,则被放在了"一带而过"的地位,导致本节的教学目标无法预期实现。

(二)选择性

演示过程稍纵即逝,因此要善于引导学生学会掌握良好的观察时机,和选择具有代表性的观察对象,面对复杂的操作及现象,要逐步学会分清主次,并合理选择对照实验或空白实验等,突出所需观察的对象。有时候教学演示的过程比结果更有意义,教师在演示过程中要善于把演示过程中的那些决定性的、隐蔽着的属性抽取出来并引领学生用已学的知识判断或分析其实质,进而将教学过程引入新的层次。

（三）精确性

演示操作要精确、到位，避免盲目的重复和随意的操作，在信息技术课中，一个演示课件可能体现了很多的学习目标，因此要求有目的地选择并精确控制演示操作步骤和过程。对于那些程序编写和调试的教学与演示过程，更要精确确定操作或观察的条件、时间和位置，从而能从较复杂的演示现象中得到所需要的观察结果。

比如，在高中信息技术“规划与设计”一课中，教师通常会运用“走进西部”课件进行演示讲解，由于该课件版面形式多样，内容丰富，图文并茂，导航链接随处可见。因此，教师在演示过程中尤其要注意演示的精确性，鼠标不要随意移动，以免分散学生注意力，链接操作要一步到位，要避免反复和无序的链接点击，否则快速切换的页面容易让人眼花缭乱，不知所指。

（四）客观性

演示，特别是实验演示过程中，不可预知的因素很多，因此要从实际出发，采取实事求是的态度，善于捕捉瞬间发生的现象，准确地记录观察结果包括实验误差，绝不做主观虚构。演示结束后根据事实推出结论。此外，实验演示还要为学生提供实验技能的示范，因此，教师的操作必须十分规范，绝不允许违反操作常规。

（五）开放性

在教学过程中，教师的实验演示可以为学生创设开放，也可以让学生参与操作，让学生获得充分的体验机会。

例如，对于人工智能的应用教学，教师通过实验演示，展示翻译软件、手写板输入等信息智能处理工具的使用，使学生了解人工智能的应用领域。这一过程可以设计成让学生亲历人工智能的操作实践环境，比如让几个学生上来实际体验一下手写识别的过程，或任由学生输入几句英语，由软件翻译成中文句子。这样更有利于激发学生学习兴趣。

三、演示技能应用应注意问题

为了发挥教学演示的作用，提高演示效果，教师需要在演示时遵守和注意以下几点：

（一）演示与语言讲解紧密结合

演示过程具有动态的特征，有时情形错综复杂。因此需要讲解技能的配合，才能达到预期的教学目的，同时教师在演示的同时进行必要的讲解，促进学生以视听结合的方式理解并接受知识，这对于提高他们的理解力和巩固知识有重要的作用。

例如，在演示用FLASH软件制作动画的过程中，教师解释引出FLASH软件中"帧"与"关键帧"，让学生更容易理解动画的原理。在介绍动画运动轨迹控制时，教师要及时点出引导图层和运动图层的区别和联系，特别要强调引导线必须在引导图层中设置。

演示与讲解相结合的形式可以有以下几种形式：

1.用直观手段辅助讲解。教师通过对教学内容进行语言描述并附有直观的教学演示，让学生在观察的过程中获取知识。

2.将直观教学手段作为讲解的出发点。这种方式是教师先提出问题，然后让学生根据问题对直观事物进行观察，最后教师对学生的观察结果进行概括，并将其上升到理论的高度。

3.利用语言指导学生的观察。这种形式是让学生通过自己观察，获得直观教学手段能呈现出来的知识，此时，教师并不直接传授知识，而是通过指示学生有重点地观察，启发他们思考问题。

4.引导学生自己得出观察的结论。这种方式由教师先提出问题，然后由学生自己观察。在观察的基础上，引导学生自己思考，得出概括性的结论，最后由教师进行总结。

（二）演示要适时适度

所谓演示适时是指演示要在恰当的时候进行，使用频度合适。教学演示对于学生的学习兴趣常常是一种强刺激，如果使用次数过多，每次使用的时间过长，学生不但会感到疲劳，而且还将对一般性的刺激产生反应迟钝，从而严重影响学习的兴趣和积极性。

（三）演示要选取适当的素材

教学演示应当以学生已有的认知为依据，在选择演示素材时，应该注意选取能给学生适当刺激效果的内容素材。最好是选取既能激发学生的情感活动，又能引起学习兴趣的那些刺激强度的内容素材。

例如，在利用电子表格软件进行数据处理和图表制作中，"书店图书销量"比"股市中股票价格变化"更接近学生的生活；而那些需要补充大量其他学科知识学生才能了解的主题，如"超导材料"、"纳米材料"等，就不适合作为对初中生的演示材料。

（四）演示要活用演示材料

信息技术教育理念之一是培养学生的创新精神，教学实践中要特别重视

信息活用能力的培养，教师应充分发挥演示教学的艺术性，综合运用各种演示材料来调动学生的积极性，促使学生对所学知识产生浓厚的兴趣。

例如，在教《指法》一课时，老师在教学中就先演示"青蛙过河"等打字游戏，接着让学生玩《金山打字通》，比赛谁的成绩好，或者与老师比赛。学生在的实践中发现，要取得好成绩就必须练习好指法。在这种情况下，老师再运用《金山打字通》演示讲解指法使用及其练习。经过一段时间的练习后，学生们再玩这个游戏时就感到轻松自如了。这样，既保持了学生学习计算机的热情，还可以促使学生自觉去学习计算机知识。

（五）演示要设置悬念，引导探索

教学演示应当充分调动起学生的学习积极性，有时在演示设计过程中故意设置悬念，留下伏笔，以便演示出现后能吸引学生认真观察和主动去发现问题，从而激发起学生学习成就感以及解决这些问题的欲望。

例如，有一位老师在教高中新课程《信息技术基础》模块中对"数字化图像的简单合成"的知识内容时，老师先演示了一组老师本人在各地的留影照片（用 Photoshop 合成的，每张照片上老师的姿势和衣着都一样），请同学们欣赏。"泰山中天门"、"青岛海滨浴场"、"北京天安门广场"、"法国凯旋门"、"英国伦敦"……"咱老师去过那么多地方吗？""值得怀疑！"……同学们议论开来。

突然，一个学生大声说："看不出来吗？老师在各地的留影穿的都是现在的这身西装，都是一个姿势，这组图片是用 Photoshop 合成的。"真是一语道破天机。

"是的，这是老师用 Photoshop 合成的留影照片，大家想不想去这么美丽的地方留影呢？""想！"同学们异口同声地大声说。

四、演示技能教案的设计

通过老师课堂演示或师生合作共同演示方式，学习插入链接的操作方法的教案设计

表 8-1

<table>
<tr><th colspan="2">教学过程</th><th rowspan="2">学法指导
设计意图</th></tr>
<tr><th>教师活动</th><th>学生活动</th></tr>
<tr><td>1. 问：同学们，你喜欢我们的学校吗？
说出我们学校的场室有哪些。
我们的学校的配备这么齐全，这么漂亮，你想向来听课的教师介绍一吗？我请大家来做一下小导游。介绍我们的学校。
2. 出示演示文稿初稿。
3. 现在我们放映幻灯片，怎样才能随心所欲地想放哪一张就放哪一张呢？（此处除了这样提问外，还要操作，即老师事先准备一个能指到哪儿就点击到哪儿的 PPT，让学生对比，然后也可以呈现优秀的 PPT 电子报刊作品，通过点击导航，来让学生感受超级链接的作用带给学生直观、整体体验）
（超级链接）</td><td>个别学生汇报课前收集到的情况。

思考</td><td>从身边出发，引起学生兴趣。</td></tr>
<tr><td>教师示范：
以学校门口（第一张）作起点到“电脑室”（图片）的超级链接。
1. 将“电脑室”三个字选中，单击右键，选择“超链接”，弹出插入超级链接对话框。
2. 在“链接到”选项中，选择“本文档中的位置”。再从右边的“幻灯片标题”中选择所要的幻灯片。
3. 确定。
4. 放映幻灯片。</td><td>观察做了链接文字与其他文字的区别。

单击后你发现了什么？</td><td>指导方法，
观察变化，
明白原理。</td></tr>
</table>

第四节　演示技能的训练与评价

一、演示技能的训练

演示技能的训练步骤

1. 组织观摩学习阶段

组织学生观看优秀教师课堂教学示范录像带。通过观摩和学习，领会演示实验在信息技术课堂教学中的应用方法，注意观察优秀教师课堂演示实验的操作过程和实验效果，为自己的课堂教学打下基础。

2. 编写教案阶段

结合中教法课程的学习，教师从理论上讲述演示实验在课堂教学中的作用，指导学生编写教案和设计教学实验过程。在此基础上，让学生编写一个演示实验的小片断，在教案中，要突出演示实验在教学中所起的作用，目的是使学生把精力放在加强实验效果和规范实验操作上，教师要检查学生的教案并给予辅导。

3. 实施微格教学阶段

将学生分成若干组，每组 5～6 人，在微格教学室中进行课堂教学实训，并全程实况录像，注意把演示过程的一些细节以特写形式保存下来，以便后面的反馈和评价。

4. 课后评价阶段

结合观看录像组织小组讨论，分别对学生的演示技能教学进行评价，教学评价分两种形式：(1)自我评价形式，学生通过电视屏幕观看自己的课堂教学录像，对自己的实验操作过程一目了然，从中发现自己多年来养成的不良习惯及教学中存在的缺点，从而有助于学生克服和纠正不良习惯和缺点，提高演示技能。(2)小组评价形式，小组成员针对某一学生的课堂教学情况进行评价分析，肯定其可取之处，指出其不足之处，提出改进意见。

5. 第二次微格教学阶段

在小组评价和自我检查的基础上，学生对教案进行改写，对演示方法和演示步骤反复研究和演练，同时注意提高课堂教学效果，必要时可重新观看优秀教师课堂教学示范录像带。学生将自己对教材的处理、教案的设计、演示实验技能的运用等方面的情况跟优秀教师进行对比分析，找出差距，加以修改，在此基础上进行第二次试讲。

二、演示技能的评价

由于演示技能类型丰富，环节众多，在教学中的应用情形多样，因此对演示技能的评价方法也应该多样化。实践中一般采取了教师组织评价、学生组织评价和学生自我评价方式，评价时可以通过观看教学的反馈录像，对照评价标准，进行客观、全面、具体的评价，评价可采用分数加评语的方法，或用简明的评语记述评价的结果。学生自我评价方式的评价结果，只供学生自己参考，不作为评价结果的依据。教师组织评价是在教师的指导下进行的，可采取定量评价法中的综合评分法，对评价结果进行统计处理，作为评价结果的主要依据。教师评价要突出重点，要具有可操作性，不可面面俱到，但也要整体考察实验演示的整体连贯性和目的性。

表 8-1　演示技能评价表

课题：　　　　　　　　　　　　　　　　　　　　　　　　执教：

评价项目	好	中	差	权重
1. 演示的目的性介绍清晰扼要	□	□	□	0.10
2. 演示现象明显，能吸引全班学生的注意力	□	□	□	0.20
3. 演示中注重对学生观察与思维的引导	□	□	□	0.15
4. 操作演示动作科学、规范、有示范性	□	□	□	0.15
5. 演示程序清楚，关键步骤能重复	□	□	□	0.05
6. 演示与讲解等其他技能结合自然	□	□	□	0.10
7. 演示开始时能将仪器交代清楚	□	□	□	0.05
8. 演示时机选择、时量控制合理	□	□	□	0.10
9. 演示安全可靠、效果明显、结论明确	□	□	□	0.05
10. 对演示结果能实事求是地解释	□	□	□	0.05
对整段微格教学片断的评价：				

（请听课后在以上适当评价等级处划“√”）

三、示范与练习

训练题 1

4 月 22 日是世界地球日，为庆祝和宣传 2008 年第 39 个世界地球日，结合“用 Word 制作宣传画”教学目标，请你设计一个教学演示片段，表达“地球是我们生活的家园”的主题，希望更多的人从身边环保做起，关心环保，了解环保，更加热爱我们生活的美好环境，保护我们共同的母亲的宣传效果。

训练题 2

简单演示邮箱的使用——发送与接收邮件。

知识点：

1. 上网申请电子邮箱；

2. 给他人发送邮件；

3. 接收邮件；

4. 发送附件。

教学重点：

1. 上网申请电子邮箱；

2. 发送、接收邮件。

学情分析：基本没有邮箱，需要重新申请。对电子邮件一知半解。

思考与练习

1. 什么是演示技能？
2. 教学演示技能有哪些功能？
3. 演示技能的构成要素与基本类型。
4. 演示技能的应用的过程。
5. 演示技能的应用要点及注意的问题。
6. 演示技能训练步骤和评价方法。

第九章

板书(电子文稿)的应用技能

第一节　板书技能概述

一、什么是板书技能

板书是教师在课堂教学中，为辅助课堂口语的表达，强化教学效果而写在黑板上或演示文稿中的文字和其他符号。在多媒体教学中，课件的文字图像也是一种板书。板书设计不仅是一种教学手段，更是一门教学艺术，好的板书设计能直观地显现课堂教学的脉络，精当的突出教学重点，能加深学生对教学内容的理解和记忆，有助于培养学生思维的连贯性，有利于学生对教学内容的整体感知和概括能力的提高。

所谓板书技能，就是教师在板面或屏幕上书写和设计文字及其他符号的技巧。板书包括正板书和副板书。正板书一般反映教学的主要内容，副板书反映的是提示内容。

二、板书技能的特征

1. 完整性。课堂板书是一种视觉符号系统，它可以把一个相对完整的知识体系在视觉空间里简明扼要、步步叠加地展示出来，从而弥补了课堂讲解瞬息即逝的不足。

2. 依附性。课堂板书必须服从特定的课堂教学内容，并同其他教学技能融为一体。课堂教学不可以没有板书，也不可以只有板书。

3. 多样性。每一位教师所写的字都具有自己的风格特点，板书形式是根据教师自己的理解而设计的，因而板书的形式就会多种多样。

4. 简明性。教学过程中所设计的板书，具有简明扼要、揭露事物本质属性

的特征。

三、板书技能的作用

由板书的设计和运用构成的板书技能，具有以下重要功能：

1. 引导和控制学生的思路。课堂教学中，教师往往首先通过板书将所要讲的课题展示出来，然后根据教学内容的呈现逐步进行展示。在授课过程中，相应地实施板书，可以引导和控制学生的思路，帮助学生定向注意和定向思考。

2. 揭示教学内容中的知识结构和认识过程，有助于帮助学生正确理解教材，明确重点和难点。学生仅凭听讲要理解一节课的全部教学内容是较困难的，有了板书，学生边听、边看、边记，眼、耳、手、脑等多种器官同时调动、互相协调，有助于学生理解教学内容。学生利用板书指示的认知思路，可以促进理解教学内容。

3. 激发学生的学习兴趣，凝集注意，启发思考。设计巧妙、书写工整、画技精湛、布局美观、直观形象的板书，能给学生以美的感受，从而达到激发兴趣，集中注意的作用。

优秀的板书将繁复的教学信息浓缩演化成简明的、艺术化的符号构图，能引起学生积极的认知情绪和其他一系列积极的心理活动，激发学生的认知兴趣和智慧能力。学生从好的板书里学习到知识结构、迁移技巧、创意能力等，从而体会到学习的情趣和意味。

4. 便于学生掌握教学内容的本质，有利于学生记忆教学内容。有了高度概括、鲜明的板书的板书，学生不仅听“讲”，而且能看，便于做好笔记。多种感觉器官协调活动，远远超过“耳听”的学习效果。精心设计的板书是反映知识结构的提纲，既便于记忆，又便于迁移。

教学口语配合板书，可使学生听得更清楚准确，并将教学信息的疑难部分及教学内容的重点部分显示出来，及时补充足量的、完善的信息。心理学研究证明：学生的听课得到视觉配合，能使听者注意力保持更持久、理解更充分，从而强化信息记忆。

5. 反映事物间的相互联系。信息技术课程教学内容之间是相互联系、相互制约的整体。教学内容互为因果，有的具有从属关系。但是用口头语言常常不易表达清楚，板书就能较容易揭示其脉络。

第二节　板书技能(演示文稿单页设计)的类型

板书有主板书和副板书之分。主板书是表现主要内容的板书,能体现课堂教学内容结构和教学思路。一般安排在黑板的左侧或中部,占的地方要大一些。副板书是对主板书的补充,与该课程相关的内容以及学生不易理解、要进一步解释的内容。

一、提纲式板书

提纲式的板书,是对一节课的内容,经过分析和综合,用精要的文辞,形成能反映知识结构、重点和关键的提纲。其特点是高度概括地揭示教学内容、结构,给人以强烈的整体印象,这是教学过程中最常见的板书形式。如《工作表数据的处理》这则板书,教师将工作表数据的处理的基本要点依次呈现在屏幕上,那么学生很容易了解到本节课程的教学内容。

表 9-1　工作表数据的处理

工作表数据的处理
一、数据库的基本概念 按照一定的结构方式来组织、存储和管理的相互关联的数据集合称为数据库。 **二、数据排序** 1. 简单排序 例 1:对学生成绩表按“总分”关键字段降序排列。 2. 多重排序 **三、数据筛选** 1. 自动筛选 例 2:筛选出语文成绩为 88 分的男同学。 2. 自动筛选前 10 个

二、表格式板书

表格式的板书，是把有关内容分门别类列入表格。这类板书的优点是类目清楚，井然有序，便于学生分类归纳，进行对比。

表 9-1　动画效果比较

动画效果	驶入效果	飞入效果
优点	配有汽车的声音效果	汽车运动的效果好
缺点	汽车运动方向相反	声音不适合
解决方法	自定义动画	

这是关于《Power Point 添加动画效果》一文的板书，它通过表格显示出不同动物效果的优缺点对比，条理清晰。

三、线索式板书

线索式板书是依据教学内容提供的线索(时间、事件、具体事物等)为主要内容，以必要的线条或箭头联系重点词语为形式，显示出事情的来龙去脉，其特点是能较好地反映教学内容的发展变化，注重教学内容各部分的相互联系(如图 9-1 所示)。

例如，这则《网页制作教学设计》板书，教师用线索式板书将网页制作的一般步骤呈现在学生面前，让同学们能够一目了然，明白设计网页的一般步骤和程序。

四、关系式板书

关系式板书重点表现教学内容，事物或人物间的相互关系，从而揭示内在联系，使学生加深对教学内容的理解，尤其加深对复杂抽象内容的理解，如《计算机的组成》一则板书，这则板书把存储器的关系呈现出来，利于学生对知识的理解、归纳和总结(如图 9-2 所示)。

下面这则板书《计算机硬件系统》，利用计算机处理信息过程与设备之间的对应关系，帮助学生掌握不同计算机设备在计算机信息处理过程中所起的不同作用(如图 9-3 所示)。

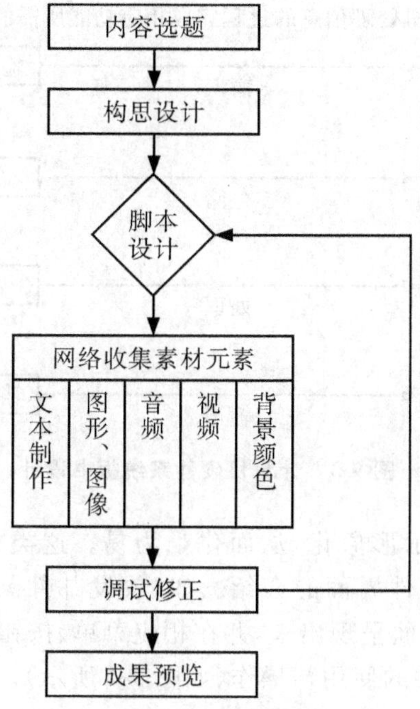

图 9-1　网页制作教学设计板书设计

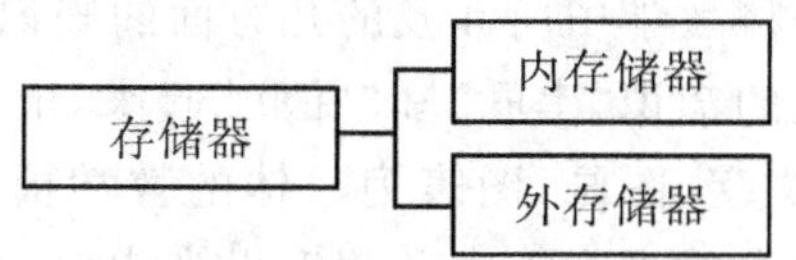

图 9-2　计算机的组成板书设计

五、总分式板书

总分式板书是根据教学内容，将教学内容的整体结构和局部结构，在板书上进行布局，而形成的一种板书方式。总分式板书的特点是概括性强，条理分明，能清晰地展示教学内容的纵向联系，按照并列的形式进行分别归纳，同时又能够展示各部分内容间的横向联系，完整呈现教学内容的层次和结构。

六、图示式板书

图示式板书，顾名思义是用图画并配以简短文字的方法表现教学内容，使

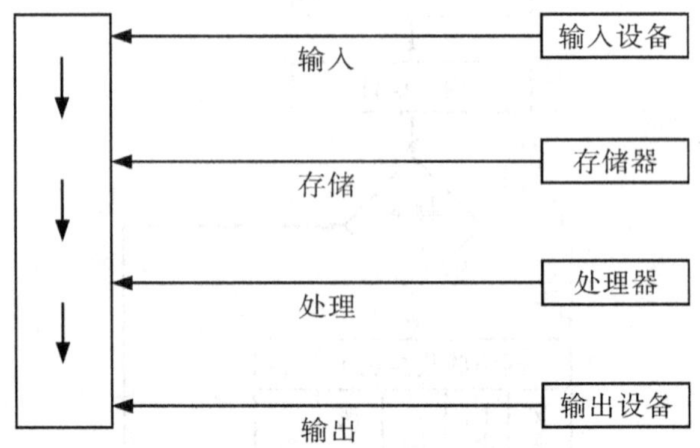

图 9-3 计算机硬件系统板书设计

教学中的难点通过图示形象化，从而化难为易。这类板书直观明了，易于理解，常常使用于某些软件界面的介绍。如《收发邮件》一则板书，这则板书把outlook 软件的主要界面呈现出来，并在相应菜单、按钮边进行文字介绍，便于学生理解 outlook 软件的使用与操作（如图 9-4 所示）。

七、综合式板书

综合式的板书，是将教学中所涉及的几方面的知识内容综合地反映出来。便于学生将零散、孤立的知识“串联”和“并联”起来，形成系统化、简约化的知识网络。其形式为融文字、图画、图表为一体的教学板书，能有效地解决本课的教学难点，培养了学生的观察能力和逻辑思维能力。

总之，板书的类型多种多样，无固定模式，但无论哪种类型都应紧扣教学内容，层次分明，重点突出，精当凝练，把板书有机地、和谐地融入教学过程，与其他教学技能结合构成一个协调的系统，促进教学效果的优化。

第三节　板书技能的应用

一、板书技能的应用原则

教师应当从教材内容出发，同时要与教学目的联系起来设计板书。因此教师在备课时要设计板书，并把设计好的板书作为一项重要内容写在教案上。

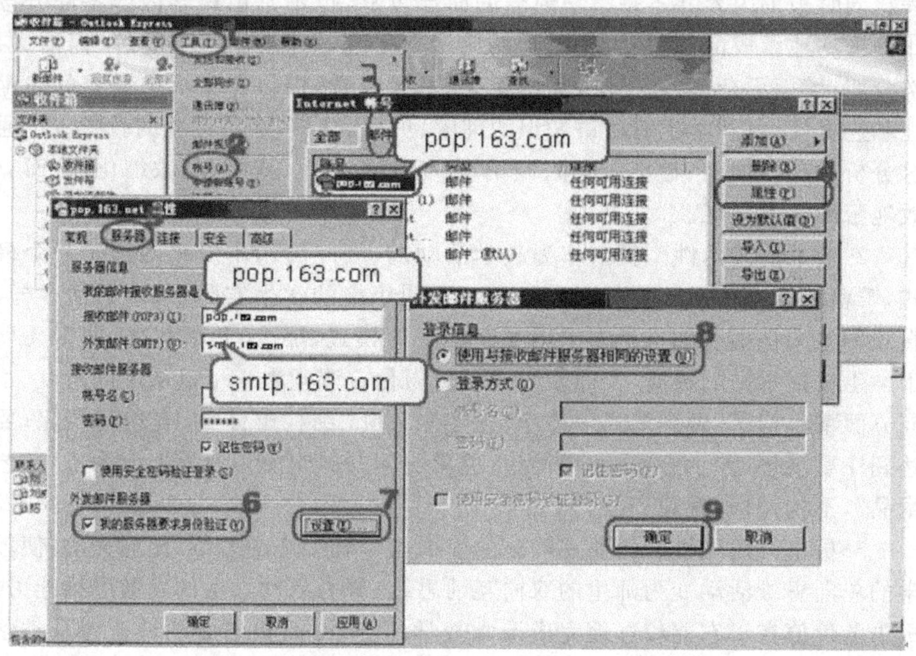

图 9-4 “outlook 软件的使用与操作”图示板书

而在教学实践中,板书不单独出现,必须与其他教学技能相配合才能发挥作用。其中,板书技能与讲解技能的相互配合尤为重要。板书与讲解的配合有以下三种形式。

1. 先讲后书。这里的板书常起综合、归纳作用,对前面讲解的内容加以小结。

2. 先书后讲。这种配合形式,可使学生通过观察板书先对教学内容做些直观了解,然后借助听讲再做深入细致的钻研。

3. 边讲边书。这是最常见的配合形式。一般而言,所有的板书类型都适合边讲边书。

板书和讲解到底怎样配合才好,这是个实践问题,要根据教学实践中的具体情况灵活安排。

二、板书的设计原则

1. 板书的条理性。指教师在设计板书时要提纲挈领、抓住要点、条理分明、纲举目张。要使讲授的知识系统化、网络化,使学生有一个清晰的思维过

程。同时板书内容并不是教学内容的简单重复，也不是由教学内容各部分按比例平均地组成的，而是画龙点睛的启示。条理性还要求板书凝练、简洁、层次分明；繁而不杂、多而不乱；疏密相间、平衡有致，保持课堂板书内容的完整性和连贯性，以利学生对所讲知识的理解、巩固和提高。有经验的教师善于通过分析、综合、抽象、概括、演绎、归纳，使板书提纲化、概括化、浓缩化，从而有效地帮助学生记忆。

2.板书的艺术性。板书作为教学活动的一种手段，不应该固定于一个模式，千篇一律，要根据不同的教学内容、不同年级的学生实际，采取灵活多样、直观形象的板书。如果板书采用凝固不变的模式，那么，久而久之，非但无助于学生概括水平的提高，反而使学生思想僵化。课堂教学可以从不同角度、不同方面精心构思，做到形式多样化、内容系列化、结构整体化、表达情景化；要达到庄重端正、大小有序、布局得当、色彩协调、科学合理，使板书成为一种"艺术品"，不拘一格，百花齐放。

3.板书的启发性。指要使静态的板书蕴含着动态的思维，化静为动，使教学的单向思维活动变为师生的双向互动思维，努力启动学生的发散思维能力。板书的价值在于它能较好地完成课堂教学任务，因而板书必须针对课堂教学任务来设计。由于每一节课都有教学重点和难点，所以板书必须突出重点、难点，才能对学生有所启发。

4.板书的规范性。规范性就是要注意书写规范和内容规范。所谓书写规范，就是要写规范汉字，不写错别字、繁体字和不规范的简化字；字体要匀称、工整。所谓内容规范，就是要浓缩整节课的内容为一体，板书的词、句要简明精炼，具有代表性和概括性；内容表达要明确、清晰、简明。

三、电子文稿的设计原则

对于教师应用多媒体技术进行教学，教师更多地采用电子文稿形式作为教学板书。因此，教师还需要掌握一定的电子文稿设计原则。

(一)界面简洁

电子文稿的界面避免繁琐，内容应力求准确、简洁明了，尽可能用较少的文字或简单的图表来准确表达所需的信息。同时可以在显示中使用黑体字、加下划线、增大字的宽度、闪烁、反白和彩色来强调某些重要的、期望引起学习者注意的信息。

(二)布局合理

1.恰当布置，主体突出。显示内容应恰当，不应过多，切换不易过快，屏幕不应过分拥挤,四周应留出一定的空间。一般正文每屏不应超过15行,每行不超过30个汉字,如显示不下可采用滚动技术。字体应选用笔画丰满的字体,大小标题可用不同字体、字号,以区分层次和段落。文字的色彩也应有一定的对比,从而突出主题。

2.重点集中,视点明确。由于屏幕尺寸较小,要求重点集中,视点明确。在同一画面上,不应出现两个以上的兴趣中心,以免分散注意力。

3.合理预留空行、空格。必要的空行及空格会使结构合理,条理清晰,阅读、查找方便;相反,过分密密麻麻的显示会增加学习者的视觉负担,也不利于学习者把注意力集中到有用的信息上。

4.美观大方,层次清晰。界面设计要美观大方,不落俗套,但也不易过分"花哨"。界面的"花哨"虽然能从心理上加深刺激学习者的感知,但却显得主次不分,并容易使学习者分散注意力,甚至有的媒体成为毫无意义的累赘,而起不到应有的效果。如果必须把多种媒体引入,最好能让操作者控制依次展示,给人以清晰、有序的感觉。

5.前后一致,风格谐调。前后一致是人机界面领域的普遍原则,它是将相同类型的信息使用一致的方式显示,包括显示风格、布局、位置、所使用的颜色等的一致性以及相似的人机操作方式。一致性的交互界面,可帮助学习者把他们当前的知识、经验推广到新课件中去,从而减轻学习者重新学习、记忆的负担。

(三)色彩搭配合理

1.正确配置显示的前景、背景色彩。前景与背景在色彩上要有鲜明的区别,形成明暗的对比。一般以单色或特定的简单图形做背景,但对比不能过于强烈,否则刺激太大,使人产生疲劳。文字一般在深色或中度色调背景上用白字或黄字;或在浅色的背景上用深色字。再如动画设计,一般选择深色作为底色,动静部分使用对比强烈的色彩,以区分不同的功能。

2.每个幻灯片显示使用颜色不宜过多。使用过多颜色的屏幕反而不利于区分颜色及使用颜色的含义。在不必要的情况下,显示使用的颜色宁少勿多。

3.辅助信息颜色使用强调柔和、平淡。使用低饱和度、低亮度颜色来显示不需强调的辅助信息,如使用柔和、平淡的颜色。

(四)自定义动画及页面转换的问题

自定义动画是针对幻灯片中的对象呈现顺序和呈现方式进行动画设置。在选择和设置时要考虑对象出现和退出的方式,要做到合理和恰当,不要太复杂和过多的动作。如文字的出现常运用"擦除(从左到右)"比较符合人的视觉

习惯。

页面间的转换如同电视画面间的转换一样，其设计也具有一定的艺术性。界面转换设计的基本原则是要使学习者的注意力从这一界面自然过渡到下一界面，中间没有明显的视觉间断感和跳跃感。要达到这一点，必须做到：界面切换自然，保持在方向、色彩、亮度等方面的协调，如果把反差较大的画面组接在一起，会让人感到不舒服；恰当处理图形和动画画面的衔接，静止图形和一些动画画面可以采用淡入、淡出等过渡技巧组接；界面间的衔接必须符合事物发展的规律。

第四节　板书技能的训练与评价

一、板书技能的训练

（一）训练目标

1.明确板书技能的内容，认识板书的重要作用。

2.能陈述板书设计的基本原则，说出常见的操作方法。

3.了解板书技能的不同类型及其特点。

4.把握板书设计的基本要领和操作要求。

5.掌握板书技能的一般步骤，并能针对不同的教学内容特点，设计板书方案。

6.根据自己的教学实际，对原有板书设计进行适当的改造和加工。

（二）训练内容

1.理论学习

（1）明确板书目的。板书要有明确的目的，黑板（演示文稿）上写哪些内容，并不是随意的，而必须有一个明确的目的。

（2）设计板书方案。方案设计要根据教学需要，选用恰当的板书形式。要事先将需要板书的内容做一个梳理概括，尽量做到言简意赅，便于学生掌握。

（3）要有清晰的条理，可以用数字帮助分清层次；可以用彩色画线突出重点，总之要使人能够准确地理解教师的上课意图，准确地分辨出黑板（演示文稿）信息的纲目脉络。

（4）要有美观的整体，注意每行不要渐渐地向上斜或向下斜，字体不要逐渐放大或逐渐缩小，统筹考虑版面、色彩、过渡效果等多种影响因素。

2. 与其他教学技能的训练有机结合

教学技能的实践性和板书技能的依附性，使得这种训练不能满足于纸上谈兵，更不可能单独进行，而要与其他技能的训练结合起来。

3. 变化训练方法

(1)变化训练。即：将一种类型的板书改换成另一种类型的板书，或改变其排版形式。

(2)比较训练。将关于同一内容的若干幅不同类型、不同版式的板书加以比较，评品其优劣。

(3)竞赛性训练。规模可大可小，做法不拘一格，充分调动全体受训者的积极性，激发其兴趣和热情。

此外，更多的是一般性设计训练。以上各法应结合起来使用。

二、板书技能的评价

表 9-3　板书技能评价标准

课题：　　　　　　　　　　　　　　　　　　　　　　执教：

评价项目	好	中	差	权重
1. 板书设计与教学内容紧密联系，结构合理	□	□	□	0.20
2. 板书有条理、简洁	□	□	□	0.15
3. 文字书写规范	□	□	□	0.15
4. 板书大小适当，便于观看	□	□	□	0.15
5. 板书配合讲解，富有表达力	□	□	□	0.10
6. 能激发学生的思维和兴趣	□	□	□	0.15
7. 应用了强化手段，突出重点(如彩笔、加强符号等)	□	□	□	0.10
对整段微格教学片断的评价：				

(请听课后在以上适当评价等级处画“√”)

思考与练习

1. 什么是板书技能？
2. 板书技能的特征及其作用。
3. 板书技能的类型。

4. 板书技能的应用原则。
5. 板书及电子文稿的设计原则。
6. 板书技能的训练与评价。

第十章

变化技能

第一节　变化技能概述

一、什么是变化技能

变化技能又称变化刺激的技能，是教师在教学中为了引起学生注意、减轻学生的疲劳、激发学生兴趣、启发学生思维，不断改变教学媒体、信息传递方式和教学环境气氛等要素及其组合的教学行为方式。变化技能是教学技能的一个重要方面，是教师必须具备的教学艺术与技巧，历来为教育家所重视。美国斯坦福大学列举的 14 种教学技能中，“变化刺激”的技能居第一位。我国古代和现代教育家也十分强调采用多种方式传递信息。

二、变化技能的意义

人们常说：“教无定法，教有佳法。”有经验的教师总是根据千变万化的课堂情境，因情而变、因势而导地变换教学方式。当代中学生的求知欲望是很强烈的，而且是很有思想，也有主见的。这对教师设计教学计划，制定教学策略以及设置学习任务都有很大的挑战性。教学要有变化，教学需要变化。现阶段信息技术课的教材基本上都遵循以信息处理为主线，以基础知识和基本操作为主要内容，以“模块化”构筑教材系统。因此教师在进行教学设计时，要依据学生实际来对教材作灵活的处理，多种教学方法的综合运用才能收到最好的教学效果。变化在丰富教学过程，在引起学生兴趣，并在保持兴趣方面有独特的不容忽视的作用。此外，变化也是形成教师教学个性、教学风格的主要因素。

三、变化技能的特征

变化技能的特征主要表现在两方面。

(一)因势利导

变化技能运用集中体现教师的主导意识。它以教师敏锐的观察判断力和熟练变化的课堂教学技巧为基础。课堂教学中变化技能的运用有两种情况。一种是有计划的变化,即在上课之前教师对课堂上学生的学习情况有准确的估计,为了强化知识,促进智能转化有意设计变换教学的方式方法,以突出教学重点、突破教学难点。另一种情况是临场性的变化,即根据教学实施过程中出现的新情况、新动向、新问题,教师对教学进程进行相应的调整和处理。两种情况的目的都相同,通过教师得力的引导,把学生引向充分发挥学习积极性的方面来,创造事半功倍的课堂教学效果。

(二)充满活力

运用变化技能调整课堂教学,就是为了增强课堂教学的活力,使教学活动的全过程充满生机,让学生始终保持认知活动的高效率。变化技能运用的活力就在于任何一种变化都紧紧围绕教学目的实现这个中心,通过不同方式对学生的学习兴趣给以新的刺激,引导学生在活跃的思维、愉快的气氛中更主动更积极地参与教学进程,从而圆满完成教学任务。

四、变化技能的功能

(一)引起并保持学生的注意力

在教学中抓住学生的注意力是成功的基础,教学的变化,在引起特别是保持学生的注意力方面有显著作用。心理学研究表明,要保持一个人稳定的注意,应该使其所进行的活动多样化。变化刺激能抓住听众的注意力,当你抓住学生的注意力时,他更喜欢向你学习,更喜欢听你的课。

(二)激发学生的好奇心

新奇的东西很容易成为注意的对象,而刻板的千篇一律的东西,就不易引起人们的注意。变化是兴趣之母,教师不断地变化教学内容、手段、媒体等,使课堂上不断出现新异刺激,从而不断激发其学习的好奇心,学生在一定程度的好奇动机驱使下,学习起来就轻松、自然多了。变化在丰富教学过程,在引起学生兴趣,并在保持兴趣方面有独特的不容忽视的作用。

(三)调动学生学习的主动性

变化技能的合理运用,势必要求学生参与教师的教学活动,师生双边教与

学同步进行，使学生以更多的感官参与学习过程，有助于学与教效果的提高。

（四）树立学生学习的正确态度

课堂适当运用变化技能就能从不同感官上对学生造成刺激，从不同侧面引发学生的学习动机，消除大脑疲劳，克服不良情绪。同时，教师活泼热情的教学和富有变化的课堂环境，养成学生积极参与教学活动和积极思考的良好习惯，这种习惯转化成积极向上的内驱力，易于促进学生的积极学习态度和个性品质形成。

第二节　变化技能的类型

一、变化技能的构成要素

教师在课堂上所采用的变化方式，有的是在课前设计好的，有的则是在教学过程中根据实际情况采取的灵活变化。不论在什么情况下，只有明确了变化技能的构成要素，才能更好地运用它，发挥它的作用。变化技能的构成要素主要有：

（一）做好铺垫

当教师要改变教学方式时，在变化前要做好铺垫，使变化的出现流畅自然，而不突然，这样既能引起学生的注意，又保持了教学活动的连续和一致。如在讲解汉字输入法时，老师先告诉学生目前市面上有多种汉字输入法；然后通过软件演示几种常用的汉字输入法的实际使用过程；接着与同学们一起分析、归纳其各自的优点和缺点；在这基础上，开始向学生重点介绍某种输入法的具体使用方法。这样能够促使学生从最初的茫然、到获得感性认识、到确立具体学习目标的自然转变。

（二）变换方式

变换方式是变化技能的主要行为。在特定的教学环境中，根据教学内容和学生的听课情况，教师变换信息传递方式或教学活动形式进行教学。变换方式有的是为了引起学生的注意，如停顿、手势、目光接触等，有的是为了充分调动学生的感官、帮助学生领会学习内容，如应用 PPT、动画等教学媒体，有的是为了活跃气氛、调动学生参与，如开展情景教学、协作式学习等。

（三）师生交流

教师在课堂上所采用的变化方式，应当得到学生的回应。在进行变化时，

教师要注意学生的反应,一定要有必要的师生间的交流。这样才能使变化发挥应有的作用,达到预期的目的。

二、变化技能的类型

在教学实践中,课堂变化是多样的。根据教师传递教学信息的方式,主要有以下几种类型:

(一)教学语言的变化

课堂教学语言的变化主要指教师在课堂教学中口头语言、板书语言、辅助言语和类语言的选择变化和交替运用。教学过程中,教师要善于运用不同的语言形式传递教学信息。教师主要通过口头语言传递信息,为了防止单纯口头传递的呆板,可以配以板书、PPT 以及体态语等。同时,口头表达时要注意通过音量的变化、语调的变化、音色的变化、语气的变化和节奏的变化。

(二)教师教态的变化

教态的变化是指教学过程中,教师的目光、面部表情、手势、身姿等随着教学进度的发展和教学情景的需要所作出的相应的改变。课堂上教师的教态变化是师生交流情感、沟通信息不可缺少的辅助手段,它从知识、情感等多方面影响学生。同时教师讲课中自然得体的教态变化也是教师气质、品行、人格的呈现,能引起学生的注意,给学生潜移默化的影响。一般而言,课堂中的面部表情可分为常规面部表情和变化面部表情。常规面部表情是课堂教学面部表情的基本要求:如和蔼、亲切、热情、开朗等。变化面部表情是教师随教学内容的变化的面部表情,如随教学内容和教学情境变化的面部语,或与学生发生情感共鸣而产生的表情变化等。手势的变化主要是通过手臂、手掌、手指的配合变化实现的。身姿是指教师个体躯干的动作,是课堂教学中有重大意义的体态语,教师在教学中常用的身姿语有站立姿、稍息姿、走姿、坐姿等。

(三)传输信息媒体的变化

传输信息媒体的变化,指教学过程中教师除了自身的语言、板书、表情、身姿之外,借助其他教学媒体的变化,给学生造成视觉、听觉、嗅觉、味觉、触觉感受,深化对感知对象的认识的教学行为方式。在课堂教学中变化传输媒体,目的是要增大课堂教学的知识信息含量,有的放矢地从不同角度调动全体学生参与教学活动,促使学生在课堂上进行高效率的心智活动。成功的课堂教学,必定是多种信息传输媒体的优化组合。作为信息技术教育的老师应当掌握并懂得应用各种现代教育技术手段,根据教学需要,适当变换教学媒体。即使是使用同一种教学媒体,也可通过转换其功能、对学生提出不同要求等稍作变

化。

（四）师生相互作用的变化

课堂教学活动是教师和学生相互作用下的双边活动。每堂课都是一个连续的师生相互作用不断变化的系列活动。课堂上师生相互作用存在于教师与全体学生，教师与个体学生，学生与教师，学生与学生等之间。教师对全体学生的作用有课堂讲解、启发提问、指导实验操作、安排活动游戏等；教师对个别学生的作用有指名答问操作、个别点拨辅导、交代任务要求等；学生对教师的作用有质疑问难、对教师故意设置的“漏洞”或“失误”进行分析评说等；学生对学生的作用是在教师指导之下完成的，较多地反映在课堂学生的群体活动中，如学生讨论、分组实验、解疑问难、评议互改、课堂知识竞赛、游戏活动等等。

（五）课堂应急变化课堂

课堂应急变化是指教师在课堂教学中遇到意外情况时做出的迅速反应，随机应变地调控课堂的行为方式。课堂应急变化是一种即境变化，它要求教师有敏锐的观察能力和快捷的反应能力。教师在上课时要能随时注意捕捉学生的反馈信息，并对这些信息进行准确的分析和判断，迅速果断地制定对策。面对突然的课堂偶发事件，老师应该表现出良好的适应性心理品质，不能焦躁烦乱感情用事，而要冷静沉着从容化解。

第三节　变化技能的应用

一、变化技能的应用原则

事实上，在实际教学过程中，教师教学方式的变化不只是某一方面的，而应是几种变化技能的组合。只有将变化技能运用得出神人化，才会使课堂跌宕起伏充满活力。要使变化技能运用得恰到好处，教师在运用时要考虑到下列原则，并注意把握。

（一）目的性原则

运用变化技能应该有明确的目的性。课堂教学中任何形式的变化，都应该紧紧围绕完成课堂教学任务这个中心。即教学行为方式的变化应与教学任务和内容的转换同步，与学生的心理状态同步。教学课堂主动的“变化”，要针对教学内容的关键和重点难点，针对教学活动中学生思维活动的特点和走向，以进一步激活学生思维、最有效地调动学生学习积极性为目的。课堂教学中

的被动“变化”，应有更强的针对性，其目的是化解矛盾，消除尴尬，打破僵局，保证教学任务的顺利完成。在课堂教学中，该不该变，怎么变，不能凭教师的兴趣，盲目的变，或者为变化而变化，以及频繁而无意义的变化都不能收到好的效果。

（二）流畅性原则

从某种意义上说，一堂课的教学就是一个有控制的系统的程序化的操作过程。课堂上每个变化技能的运用都不应是教学的节外生枝，它应该自然地融在流畅的教学过程中。课堂上运用变化技能是为了保证学生学习情绪的相对稳定，注意力的保持恒定，以及教学过程的相对顺畅。因此，在运用时应该避免学生情绪和课堂气氛的大起大落，避免对学生产生过头的强刺激。运用变化技能，无论是内容的取舍，还是方法的考虑都要做到过渡自然，衔接紧凑，不露痕迹，顺理成章。

（三）适当性原则

变化技能运用的分寸掌握是能否实现变化目标的关键。在运用变化技能时不宜过分夸张、做作，也不能过于平淡，失去引起学生学习兴趣，调动学生注意力的作用。在内容和时间的处理上应该相机而定，既不能喧宾夺主大段插说，也不能不顾学生接受情况频频变化，要循序渐进不能操之过急。应该指出的是教态变化常常是与讲解、指导学生等活动结合在一起的，伴随着教学内容和学生的情绪而变化，如果脱离具体的教学情境，单纯追求教态变化的多样，其结果只会适得其反。

二、变化技能的应用及范例

（一）教学语言的变化

教学过程中，教师要善于运用不同的语言形式传递教学信息。教师主要通过口头语言传递信息，口头表达时，要注意通过音量的变化、语调的变化、音色的变化、语气的变化和节奏的变化传达教学信息。有经验的老师教学时声音时而亮如洪钟，时而娓娓道来，时而声调上扬，时而低沉凝重，时而圆润，时而悲切，让学生完全沉浸在教材之中，为教师所吸引。为了防止单纯口头传递的呆板，可以配以板书、PPT或体态语等。比如，PPT是目前广泛使用的一项教育技术，教师在以口语传输信息的过程中配以具有较强视觉刺激效果的PPT，简练提示重点或关键知识点，视听结合能给学生带来鲜明的印象，对学生理解知识重点和难点产生突出的认知效果。

（二）教师教态的变化

教师教态的变化可以引起学生的注意。课堂上，教师的目光应时而指向投影或黑板上的内容，时而扫视全体学生，了解学生的反馈信息；教师的眼神要端庄、温和、亲切，伴随不同教学情境的眼神变化可以准确传导教师内心对学生赞许、鼓励、期待、劝勉、责备等微妙的情感和心理。课堂上教师的面部表情是学生最关注的情感信息，教师结合教学内容轻微的眨眼、扬眉、瞬目，甚至一闪而过的喜悦、欢乐、失望、期待的表情变化都能有效地传递情感，给学生留下深刻印象，教师的面部表情的应用要做到既要熟练掌握表达方式，又要做到自然得体，毫不夸张。教师还要善于利用手势和不同的身姿来传达信息：课堂教学中教师的手势变化要强调准确、舒展、明朗、自然、恰到好处，恰当得体的手势可以引起学生的注意，而且会使教师的语意更丰满、明确、突出，增强教学的感染力，激发学生丰富的想象力。一般地说，辅助表现畅想、希望、激昂、张扬情感的手势常在肩部以上，但不宜超过头顶；辅助引导思索、探寻，表达深沉、凝重情感的手势一般幅度不宜太大，多在胸前，不宜高过肩；表达鄙夷、憎恶、失望情感的手势多在腰腹部之间。课堂身姿变化是教师品格、气质、修养的反映，教师课堂上的站、走、坐都直接影响学生情绪。教师上课时的点头、动肩、俯仰身躯无不传导教师微妙的情绪和心意。教师上课的身姿应做到身姿平稳，站立稳定，移动脚步要自然，灵活而不轻浮。身姿变化，老教师要慈祥、稳健、老练，体现长者风范，青年教师要大方、端庄、成熟，充满青春的活力。教师在讲台周围的走动身姿的变化要适度，不做无意识的动作如抖动小腿，把手插在口袋里，摸摸头发，甩甩辫子等。

（三）传输信息媒体的变化

成功的课堂教学，必定是多种信息传愉媒体的优化组合。在课堂教学中变化知识传输媒体，重要的是要增大课堂教学的知识信息含量，有的放矢地从不同角度调动全体学生参与教学活动，促使学生在课堂上进行高效率的心智活动。

例如，在教学“信息与信息能力”这节课时，设置如下教学设计环节：导入时通过让学生阅读两个例子“啤酒与尿布的故事”和“日本人是如何获取我大庆油田情报的”，进而认识和感受信息技术的作用；在展开环节，展示一幅图片“第二十八届夏季奥运会闭幕式旗帜交接仪式上，北京市市长王岐山挥舞奥运会会旗”，然后将学生分组，分别代表旅游部门、城建部门、体育部门、新闻部门、政府部门等，对这一信息进行分析。从不同角度分析信息，从而得到不同的结论，提高学生获取信息技术的能力。在拓展环节，设置学生通过网络，查

找北京奥运会的相关报道，评价奥运会准备工作进展情况。从而培养学生对信息技术的应用能力。

（四）师生相互作用的变化

在信息技术课堂教学中，“任务驱动”为主体的探究性学习是信息技术课最基本的教学方法和学习方法。探究性学习需要在学生与教师之间，以及学生与学生之间的相互作用活动中完成的。师生相互作用的变化能有效地满足不同层次的学生需要，又拓展了学习内容，而且还能充分激发起学生主动探索的欲望。

师生相互作用的变化——一案例描述(For—Next 语句的教学)：

老师：同学们在数学课里已经学过数列这一章内容了，现在请同学们帮老师求解以下几组数列的和(幻灯片展示)。

学生：对第一组反应，哄堂大叫，太简单了；对第二组反应，稍加思索便叫道，难不倒我们；对第三组反应，国王算米，这是一个等比数列，我们在数学课上算过……

老师：如此说来，都难不倒你们了(底下有些学生笑眯眯的，有点得意)。好，请大家再来看下面几条数列(出示两组有规律的但又不是同学们在数学里学过的等差等比数列)：

学生：傻眼了，这可怎么算啊，不烦死才怪呢？学生嘀咕……

老师：趁机出示课题：挑战数列求和公式——计数循环语句(For—Next)的理解与应用。

学生：看到这一有趣的课题时，顿时也有了想进一步了解的意愿。

老师：首先我们还是从求 sum＝1＋2＋3＋……＋100 说起。先进行分析、演示、说明，然后把这一段参考程序代码下发给每一位同学，让大家模仿。实践之后，让同学们停下来，对 For—Next 语句格式功能进行演示说明，最后布置任务请大家编程求解刚才老师展示的其他几组数列的和

学生：编程求解。第 2 组数列大部分同学都能自行解决，个别同学在其他同学的帮助下或老师的指点下也能很快地求出；第 3 组数列，有同学犯难了，由于无法确定步长值，所以代码写不下去了或有同学乱写一个步长，以致程序不能运行等等。

老师：这时鼓励同学们互相交流，提示学生注意观察数列特点并与上面的 1、2 两组数列比较，并提示只要作一点小修改就可完成，请大家开动脑筋想一想、赛一赛。

学生：不一会儿，果真有同学得到了结果并举手，经查看，结果正确。随即

陆陆续续又有一些同学也得到了正确的结果。

老师：对着上面两段代码做了一点小结提升，很快其余的同学也跟着完成了。第4组数列也很快解决了……

【案例点评】

本片段以同学熟知的数学内容入手，引起学生兴趣，吸引学生"眼球"，再顺势抛出"难题"，引发学生认知冲突，从而新课题浮出水面。教学方法上采用讲授、示范、分析、启发、任务驱动等多种教学活动的有机结合，课堂上综合应用了模仿、实践探究、交流协作等互动形式，很好地调控学生的课堂学习方向和注意力。

（五）课堂应急变化

课堂应急变化——案例描述

上课了，学生们迫不及待地走进教室，打开电脑。等大家都开机后，我开始按照预先设计的教案开始上课。一切看上去都在有条不紊地进行中，可是当我讲到下载后的文件一般需要解压缩时，突然听到有个同学嘟哝了一声，说为什么这么麻烦呢，干吗不直接把文件放在网上，省得下载后还要解压一遍，这么麻烦。是啊，为什么从网上下载下来的文件一般都是经过压缩的呢？我的脑子突然闪过一个点子，为什么不让学生自己动手体验一下压缩的作用呢。

我稍微思考了一下然后说："平时我们经常在科学课上做一些实验来验证或探索，今天我们也来做一个实验，看一下文件的压缩到底对文件有什么影响，对文件在网络上的传输又有什么影响，大家说，好不好？"同学们听到我说要做实验后感到有些好奇，叽叽喳喳地开始在下面小声交谈起来。

这时，我提出实验研究的任务，先完成文件大小压缩前后的比较，比较单个文件压缩的变化，还可以比较多个文件（包括文件夹）压缩的变化，然后再完成 FTP 传输时间的比较，期间我及时地引导他们讨论一下这个实验该怎么操作，又该记录哪些数据。

【案例点评】

压缩的意义与功效在预先的教案设计中没有，但课堂实际中学生很感兴趣，而这问题的本身又极具探讨价值，教师课堂应急变化，顺水推舟，跟进研究这一问题，往往能得到出其不意的教学效果，但同时也看到这对教师的知识准备，教学备课和临场发挥提出了很高的要求。

三、应用变化技能应注意的问题

1. 应用变化技能目的明确，与教材内容相关性强。在设计课堂教学时要

针对不同的变化技能确立具体的目的,即教学行为方式的变化应与教学任务和内容的转换同步,与学生的心理状态同步。

2. 选择变化技能时要针对学生的能力、兴趣,教学内容和学习任务的特点。不要为变化而变化,为逗趣而逗趣的变化。与教学目的和内容无关的,或者只是迎合个别学生消极需要的变化,就失去了变化的作用与意义。

3. 变化技能之间,变化技能与其他技能之间的连接要流畅,有连续性。教师在使用多种变化时,要认真构思、设计并注意变化的连续性。否则就会影响或失去学生的注意力和兴趣。

4. 变化技能是引起学生注意的方式。引起学生的无意注意和有意注意之后,就要进入教学过程。

5. 变化技能的应用要有分寸,不宜夸张。教师在课堂上的表现不同于戏剧表演。如果变化技能使用的过多,幅度太大就会喧宾夺主,影响教学效果。

第四节　变化技能的训练与评价

一、变化技能训练

（一）变化技能的教案设计

变化技能作为一种教学技能,贯穿于课堂教学设计整个过程,始于课前的精心准备和设计。设计课堂中的教学设计要考虑到其构成要素,遵循其基本应用原则,根据教学目的,设计内容和执行方案,并作好课堂预设和应急方案的准备,以便应对课堂中的突发事件。

变化技能的教案设计范例:

教学主题	《认识专家系统》教学设计
教学目标	本课旨在引导学生了解专家系统的概念和特征。通过感受人类专家解决复杂问题的思路,增强学生的逻辑思维和问题解决能力。通过小组协作交流,提高学生对问题的分析、归纳和总结能力。

续表

教学主题	《认识专家系统》教学设计
学情分析	学生已经系统学习了人工智能初步中的"知识表示"模块、"产生式规则"等的基本知识，但是各种知识如何在人工智能中得到应用，还难以深入体会，此外学生具有一定的小组协作能力。
教学思路	主要采用"情景教学"和"问题驱动"的教学方法。通过 FLASH 动画等媒体传输信息，以辩论赛的方式加深学生对专家系统的认识。在教学的时候让学生亲自操作专家系统，教师在实践活动中向学生提出探究的问题，学生进行协作学习，教师在协作探究过程中给予点拨。

教学过程

模块	内容设计	设计意图	变化技能应用类型	实践应用说明
新课引入	1. 展示智能机器人的画面。 2. 播放《疯狂医院看病记》的 Flash 动画。	以此引入将要学习的专家系统。 感受并讨论人类医学专家在解决复杂问题时的思维。	传输信息媒体的变化	针对画面和动画，适当进行语言讲解。
提出问题、学生实践探究及归纳总结	通过多媒体网络广播系统演示专家系统操作过程 1. 专家系统有什么特征？ 2. 专家系统有哪几个基本组成部分？ 3. 各部分功能是什么？	学生在操作中通过小组协作交流探究问题的解决。最后教师对学生的探究结果进行归纳总结，让学生透过现象看到本质。并通过辩论加深对专家系统的认识。	传输信息媒体的变化与师生互动变化	在教学的不同阶段分别向学生提出两个问题，并配合教师演示、教师讲解和教师总结
情景设置：（辩论赛）	教师讲述斯坦福大学实验的故事。 组织学生分两组辩论专家系统 VS 人类专家各自的优缺点。	为辩论开始作铺垫，激发学生的辩论激情。 学生从辩论比较中得出专家系统与人类专家处理问题的异同点。加深学生对专家系统的认识。	教学语言的变化 师生互动变化	根据学生辩论的情况，教师引导学生从低成本、有人情味、灵活性、可复制性等几方面去比较。

续表

模块	内容设计	设计意图	变化技能应用类型	实践应用说明
活动探究	学生首先阅读专家系统的类型,然后自主上网体验国内外开发的各类专家系统,在动手操作与比较分析的基础上,对教师提供的专家系统进行分类。	了解专家系统的分类,感受专家系统的应用前沿。	师生互动变化	教师抽样小组的活动成果并总结。(应考虑到在探究过程中,学生会遇到不同的问题,教师要给予个别指导)

(二)变化技能的训练步骤

变化技能的训练建议

1. 心理适应能力和承受能力的训练:变化技能应用首先要求教师调整好心态,客观冷静地根据实际教学过程中需求的变化,作出相应的调整。应对变化,在日常教育教学活动中要注意多和学生接触,了解学生,在处理学生间的纠纷和矛盾中,进行自我心理调节、培养自己的适应性,锻炼自己的心理承受力,同时接受必要的挫折教育,以提高克服紧张、恐惧心理和承受压力的能力,包括适应力。

2. 表情、手势、体态的变化训练:这部分内容丰富而微妙,建议平常经常看看名教师授课录像,吸取经验,结合教学训练,有意识地用体态语去准确生动地表情达意。同时应用教学反馈录像,发现并纠正自己体态语中的一些不良的下意识的或习惯性的动作。

3. 传输媒体变化的训练:平时要了解各种教学设备与媒体的特性,熟练掌握的应用技巧,实训中,可参照一课多教的例子,在处理重难点时,试着应用多种媒体结合多种课堂教学技能去解决同一问题,从而训练教学思维的多向性和解决问题的多样性。

4. 课堂应急变化的训练:在微格教室演练时,上课前临时从教案中抽出一个教学环节,讲课时临场补救应对,训练自己应变能力和即境解难的能力。

二、变化技能的评价

（一）变化技能训练效果的评价方法

在变化技能训练效果评价时，可以以训练小组为单位，组织进行片段教学实践，或通过观摩变化技能教学反馈录像。片段教学或小组观摩完毕，开始讨论评议。执教者本人可以先做自我评议，评述自己原来设想的教学目标哪些达到了，哪些没有达到。然后导师要启发和鼓励每位学员积极参加小组评议，通过讨论，大家一起定性地评述运用变化技能的情况，对于优点给予肯定，对于不足提出改进意见。最后参与评价者根据变化教学技能的评价量表来，对照分析讨论结果填写技能评价单，每份评价单的测量值逐一输入计算机，经过计算机运算处理后可以打出一定的分数值。最后，由导师根据小组评议情况和定量结果进行小结，书写评语。

在进行变化技能训练效果评价前，每一位评价者要熟悉变化技能的组成要素和应用过程，要阅读有关技能的指标体系中的各项评价内容，指导教师应讲解变化技能评价的有关知识，让训练小组各成员懂得如何评价课堂教学变化技能的应用。在评价过程中，指导教师应注意提高小组各成员的评价意识，让他们学会对教学技能的观察与鉴赏，在评价的过程中提高对变化技能的认识与应用。

（二）变化技能训练效果的评价表

表 10-2　变化技能评价表

课题：　　　　　　　　　　　　　　　　　　　　　　执教：

评价项目	好	中	差	权重
1.能引起注意，有导向性	□	□	□	0.10
2.能强化教学信息传递	□	□	□	0.10
3.能有效激发学生兴趣	□	□	□	0.10
4.声音节奏、强弱变化适当	□	□	□	0.15
5.手势、动作变化自然得体	□	□	□	0.15
6.变化教学媒体，课堂生动活泼	□	□	□	0.15
7.师生相互作用变化	□	□	□	0.15
8.面对突发情况，能应变自如	□	□	□	0.10
对整段微格教学片断的评价：				

（请听课后在以上适当评价等级处画“√”）

三、示范与练习

训练题1:“网上资源检索”——《信息技术基础》(浙江教育出版社)。

(1) 这节课的内容以培养学生从网络上获取信息的能力为主,这节课的教学应该尽可能培养学生的实际应用信息技术的能力,不应该仅仅满足于教会学生利用关键字搜索,或者是掌握几个搜索技巧,而应该给予一个开放型的任务,让学生在完成任务的过程中不断探索,自发地掌握技巧,培养能力。

(2) 教学目标:

1. 掌握以google为代表的网络搜索引擎的基本用法,能够在网络上找到自己所需的信息。

2. 了解google和baidu的特色搜索,如:google的本地搜索、英汉翻译等。

3. 能够根据具体的要求和网络搜索的反馈结果,而使用恰当的关键字搜索。

(3) 任务预设:

将任务分组,体现从易到难的梯度,让学生循序渐进,保持学习的兴趣和探索的动力。设置三组任务如下表:

表10-3　任务及其内容

任务名称	任务内容	片段说明
基本任务	西湖孤山、平阳南麂岛	单关键字和多关键字搜索
进阶任务	东方明珠、天坛	多关键字搜索和图片搜索
挑战任务	美国自由女神像、金字塔	多关键字搜索、图片搜索和英汉翻译

请在这基础上,完成变化技能的教案设计,并在微格教室中试讲。

操作与实践

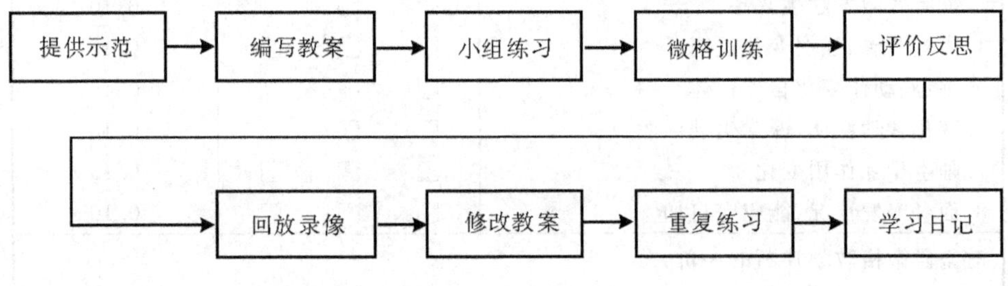

思考与练习

1.什么是变化技能？
2.变化技能的意义、特征与功能？
3.变化技能的构成要素及其类型？
4.变化技能的应用原则？
5.变化技能应用应注意的问题？
6.变化技能的训练与评价？

第十一章

结束技能

第一节　结束技能概述

一、什么是结束技能

结束技能是教师完成一项教学任务时，通过反复强调、概括总结、实践活动等，对所教的知识或技能进行及时的系统化巩固和应用，使新知识稳固地纳入学生的认知结构中去的一类教学行为。

结束技能常用于一节课的结尾。但是，课堂教学中任何相对独立的教学阶段都需要应用它，小到讲授某个概念、某个新问题的完结，大到一个单元或一章教学任务的终了。

结束技能的恰当运用，对学生理解学科的基本结构作用很大。在新知识教学过程中，为了探讨、理解新概念、原理等，通常要呈现较丰富的感性材料、事实或背景，并通过归纳或演绎，以得出必要的结论。在新知识教学完结前，明确地概括总结新知识的要点，浓缩出关键的知识信息并加以系统化，有利于掌握和记忆具有普遍意义的重点知识和重要结论。同时，有目的地把概括的新知识与学生原有的相关知识联系起来，使学生的认知结构得以充实和完善，也能够促进学生逐步形成和把握学科的知识结构。

结束技能的恰当运用，还可以通过学生的活动反馈教与学的效果，使教师把握教学目标达成的情况，帮助教师调节教学进程。因此，结束技能也是教学过程的重要教学技能。

二、结束技能的功能

结束技能的总体功能，从信息及其加工的角度看，是帮助学生对新知识学习中获得的信息进行提炼、筛选、简化，有重点地记忆、储存，并通过与原有知识信息的联系促进知识的结构化和知识的迁移运用。

结束技能的主要功能有：

1. 强调重要的事实、概念和规律，概括、比较相关的知识，使新知识和学生的认知结构建立联系，形成知识网络。明确所学新知识的重要性和重点，使学生学到的新知识更加清晰、简明、准确、系统。

2. 引导学生总结教学过程中的思维过程和解决问题的思路，使他们理解学科思维方式的特点和学习的方法，促进学生思维能力与自学能力的发展。

3. 以训练实践操作技能为目标的教学活动，在结束阶段，通过师生间或学生间的交流与观摩，使得基本技能更加熟练和完善，或将单个动作结合成整套动作，努力达到行为自主阶段。

4. 在教师的引导下学生参与评价活动，使学生领悟所学内容的思想性，做到情与理的统一，并使这些认识、体验转化为指导学生思想行为的准则。

5. 检查新知识的教学结果，帮助学生对所学知识及时复习、巩固和运用。

三、结束技能的构成要素

结束技能广泛应用于各种教学任务的完成，不局限于每堂课的结束阶段。在准确把握结束技能的内涵及外延的基础上，通过对结束技能实施中那些最普遍、最重要的教学行为的认真筛选，确定了结束技能可以由以下几个要素构成：

(一)提供心理准备

教师应该向学生明确教学已进入总结阶段，唤起学生的有意注意，把精力集中于关注重要信息以实现知识的系统化、结构化，为学生主动参与总结提供心理准备。教师往往通过语言直接向学生说明总结阶段的到来，并告之通过什么方式总结。例如，“这个新知识就学到这里，现在让我们共同把重点做一个总结”；“让我们共同解答以下问题，作为今天学习的××知识的结束”，“今天的课就上到这，下面让我们一起来回忆一下本节课的主要内容等”。

(二)概括要点、明确结论

结束技能应用的核心是对新知识的深入加工，包括对新的知识信息的浓缩提炼和解释新旧知识的关系以实现知识系统化。这就需要教师引导学生概括要点、明确结论。概括要点、明确结论是结束技能关键的要素。

1. 再现所学习的重要事实、概念、原理，并进行概括、总结。

这种对教学内容的再现，不是简单地重复教学内容，而是强调重要的事

实、观点和思维方法，突出重点，加深学生的认识。

2. 与导入相呼应，建立起所设问题与获得结论之间、新学内容与旧知识之间的联系，并巩固新的认知结构。

导入与结束是教学的两个不同阶段，但他们又是密切联系的。在导入时所设置的问题到结束阶段已形成结论。强调结束与导入呼应，就是要帮助学生建立起问题与结论之间，新、旧知识之间的联系，给学生一个完整的认识。这里还强调巩固新的认知结构，这是因为，在原有认知结构能包容新知识时，要建立它们之间的联系，将新知识纳入原有认知结构；有时候，原有认知结构不能适应新的情境，就要对原有认知结构进行调整，形成新的认知结构。

(三)回顾解决问题的思路和方法

在问题解决的过程中，学生是一步一步地进行分析的，来不及综观全局进行全面的思考。因此，在问题解决之后，教师要引导学生对全过程有个总体的认识，把握住解决问题的思路和方法，这有助于培养他们思维的连贯性，达到思路的顺畅。在回顾过程中，并不要求全面再现全过程，而是要求对思路与方法做出学生能够理解和便于接受的简明的概括，抓住重点和关键，每次突出一两个问题，以有利于掌握、迁移和运用。

(四)组织练习

学生学习完新内容后，是否理解和掌握了这些内容，他们学到的知识能不能转化为能力，能否用于解决同类的其他问题，也就是说，教学是否促进了学生的正迁移。要回答这个问题，就必须及时安排练习，给学生实践的机会。当堂练习、当堂巩固、应用，这是提高教学效率的重要措施。信息技术课是一门实践性非常强的课程。学生亲自上机动手实践远比听老师讲、看老师示范要有效得多。通常，教师对知识进行讲解、演示后，关键的一步就是让学生动手实践，让学生在实践中把握真知、掌握方法。

练习可分为两部分，一类是课堂上当时完成的练习，可由教师设计，也可由学生自己设计。另一类是课后作业，这类作业一般应由教师设计。课后作业的目的是使学生巩固、应用知识，以保证学习活动不中断。

四、结课的原则

(一)目的性原则

结课是为实现课时教学目标服务的。因此，教师必须以课时既定的教学目标为依据来确定“结束”的实施方式和方法。课堂结束要紧扣教学目标、教学重点和知识结构，针对学生的知识掌握情况以及课堂教学情境等采取恰当

方式，把所学新知识及时纳入学生已有的认知结构中。结课要及时精要，有利于学生回忆、检索和运用。

（二）启发性原则

充满情趣的结课能有效地激发学生的学习动机，使学生的身心得到放松，浓厚的兴趣得以保持。根据小学生好奇、好动、好胜的特点，教师每讲一节内容都要设计出新颖别致的结课形式，或者概括总结，或者提出问题，或者设置悬念，不能千篇一律而索然无味。不管怎样结课，都要给学生以启发，以激起他们努力探索的积极性，要“点而不透、含而不露、意味无穷”，既巩固知识又余味无穷。

（三）一致性原则

注意首尾呼应，使结课和导课脉络贯通。结课实际上就是对导课设疑的总结性问答，或是导课思想内容的进一步延续和升华。如果导课精心设疑布阵，讲课和结课中却无下文，或结课又是悬念顿生，另搞一套，则会使学生思路紊乱，难以集中精力进行探索。只有前后一致，主线清晰，才是一节完美的课。

（四）多样性原则

结课的形式应多种多样，不同科目，不同课型需要选择不同的结课方式。例如，对揭示概念的课型一般可采用画龙点睛、概括要点的结课形式；对法则、定律推广练习一类的课型，可采用讨论、总结、归纳的结课形式；对巩固训练的范例课型，可采用点拨方法、提示要点的结课形式。对不同年级的学生，要根据他们心理、生理的特点选择不同的结束方式。低年级一般采用“启发谈话，回顾复述”的结课形式，高年级一般采用“抽象概括、整理归纳”的结课方式；同时，还可以安排一定的学生实践活动，如练习、口答和实验操作等。通过思维训练和实践活动，启发学生积极思维，培养学生抽象能力、概括能力和口头与书面表达能力。

（五）适时性原则

结课要严格控制时间，按时下课，既不可提前，也不可“拖堂”。由于计划不周或组织不当，课堂教学节奏过快，给结课留的时间过多，学生无事可干，教师随心所欲，生拉硬扯一些与本节课毫无关系的杂事来应付，既浪费宝贵的教学时间，也会冲淡或干扰本课的主题，影响学习效果。学生最反感上课拖堂延点，下课铃一响，学生的注意力就不集中了，此时继续讲课、结课都不会取得好效果。拖堂延点还会影响学生下节课的学习情绪，形成恶性循环，得不偿失。总之，不论是提前下课还是拖堂延点，都是违反课堂教学结束基本要求的不正确做法，教师应该避免这两种情况的发生。

第二节　结束技能的类型

一、概括总结

概括总结类型的结束，是指教师引导学生用简明的语言或文字、专业用语、图示、列表等形式概括所学新知识的规律、结构或主线，突出重点、关键和本质，揭示知识内在联系或逻辑关系的结束方式。

概括总结不仅适用于某段新知识结束时对这部分知识的小结，而且，还可以将不同章节中相关的知识或同一事物的属性和变化集中归纳总结，帮助学生概括出零散知识的规律，从知识结构的角度去理解掌握知识。

概括总结的水平，首先取决于教师自身对知识理解的程度和对知识结构整体的把握。为此，教师要深入钻研教学内容和教学目标。同时，高水平的概括总结，其内容的提炼表述和总结的实施方式方法，应该符合学生的认知水平和认知需要，使学生能够充分介入并把握概括总结的内容。

例如：讲完"计算机硬件系统"一课后，教师这样总结："今天我们主要学习了计算机硬件系统的构成和评价、计算机的工作原理以及存储程序的概念。可以看到光有硬件的计算机是没有思想、没有生命的，它不能进行工作，只有配以程序以后才能正常运行。而程序和相关的文档资料就构成了软件。硬件系统和软件系统共同构成完整的计算机系统。"这样的总结不仅概括了本次课的教学内容，而且使学生对整个计算机系统有一个整体的认识。

二、巩固练习

巩固练习类型的结束，是指教师安排学生的实践活动，例如书面练习、实践操作、问题讨论或口答等，使学生通过各种练习去理解和掌握知识要点与知识间的联系，提高学生运用知识解决实际问题能力的结束方式。

例如：在上"多媒体信息的加工与表达"一节中，讲完"动画的构思与制作"后，让学生结合学到的知识、技能，按照自己的构思为多媒体作品设计和制作动画效果。然后，让学生展示自己的成果，并发表动画设计与制作过程中的感想与体会。

在一项教学内容结束后，教师安排这样的实践活动，就为学生自主能动地学习提供了较充分的机会，有助于学生对知识的理解和思维能力的发展，并体验到经过自己努力掌握知识和解决问题的乐趣；又通过让学生谈感想，实际上就是调动了学生参与总结的积极性，使总结阶段成为这个教学过程中的高潮。

结束阶段安排练习首要的是落实教学目标规定应掌握的知识和应达到的学习水平。为此，可以先对所学知识的要点进行简明的概括与强调，然后安排练习，并在练习过程中对重点与关键知识进行点拨与强化。

三、扩展延伸

这是在知识内容和范围上再作扩展，将课内学习延伸到课外学习、活动的结束类型。

例如：在学完多媒体技术的内容之后，要求学生根据自己的兴趣爱好，上网查找多媒体技术在日常生活和学习中的应用案例，增强学生对本内容的把握。另可结合教育资源网站，进行拓展性的学习，并要求学生利用“在线学习”的“有问有答”栏目进行自我检测，如果有疑问，在教师教研主页的“在线答疑”留言板里留言，课后可以和教师继续交流探讨。——利用教研主页，加强师生交流，深化延伸教学，拓展学习的空间和时间。

四、迁移应用

这是适当提供与教材内容或形式相仿的材料，让学生举一反三、触类旁通，实现知识向能力转化的结束类型。

例如：在讲完“表格信息的加工与表达”后，提供给学生材料（如：校运会团体总分统计表），要求学生利用图表分析有关数据，并以简短的分析报告的形式展示结果，帮助学校解决问题。这个课堂结束的目的就是要学生将所学到的知识、技能应用于新的情境中，解决实际问题。用加涅的观点来说，即训练学生的“水平迁移”能力。

第三节　结束技能的应用要点

一、结束技能应用的原则

课堂教学结尾艺术，不仅可以对教学内容起到梳理概括、画龙点睛和提炼升华的作用，而且能延伸拓展课堂教学内容，使学生保持旺盛的求知欲望和浓厚的学习兴趣，从而取得课虽尽而趣无穷、思未尽的效果。

一般地说，要搞好课堂教学的结课，体现出其科学和艺术的特点，必须遵循以下原则：

（一）画龙点睛、突破时空的原则

一条龙画完了，最后是"点睛之笔"，最后这一笔点好了，整条龙才活灵活现。课堂教学的结尾也是整堂课的"点睛之笔"，是很重要的。课堂教学结束时，一定要注意梳理一下当堂所讲的知识，然后归纳总结出几个要点。这里的归纳总结即"画龙点睛"，是对教学内容的提炼与升华，或揭示课堂讲授的中心，或归纳所讲知识的网络结构，使学生对课堂所学知识有一个既清晰完整又主题鲜明的认识。

在学校教育中，课堂教学是教学的主要场所和形式，课堂教学结课时，不能只局限于课堂本身，要注意课内与课外的沟通，学科课程与活动课程的沟通，还要注意给学生留有思考的问题，以便培养学生的创造性思维能力。

（二）首尾呼应、相对完整的原则

写文章，一般地要注意首尾呼应、结构完整。课堂教学也应如此。结课时要适当照应开头，特别是有些课的结尾实际上就是对教学导入时设疑的总结性回答，或是导课思想内容的进一步延续和升华。如果导课精心设疑布阵，讲课和结课中却无下文，或结果又是悬念丛生、另搞一套，则易使学生思路紊乱，无从获益。同时，教师的结课还应注意结在横断面上，即讲授内容告一段落，或讲完了一个问题时，以使教学内容显得系统连贯、相对完整。而不要结束在一个问题还没讲完的"半坡"上，否则，势必会使教学显得支离破碎，影响效果。

（三）干净利索、适可而止的原则

这一点与课堂教学开头导入的要求相同，即结课时，语言一定要少而精，要紧扣当堂的教学中心，干净利落地结束课程，不能拖泥带水，否则就会给人以淹没主题的感觉。

二、应用结束技能时要注意的问题

1. 应用板书

结束活动中凡用到板书、图表，其内容要精当，结构要合理，做到条理清晰，字迹工整。这样的板书、图表才能帮助学生把握教学的重点和知识的系统。

2. 掌握时间

结束技能固然很重要，但毕竟时间有限。要在很短的时间内将一节课的教学内容加以概括总结，这就要控制好时间。结束的内容要精当，教师的语言

一定要简洁、概括、有条理；防止语言的零碎、啰嗦和不系统。

3. 方式灵活

教师要根据教学过程中的实际情况、教学内容的不同、学生的特点等来确定结束的内容和形式，方式方法要灵活多样，防止枯燥、呆板、千篇一律。结课时，各种方法可以综合利用。

4. 情绪饱满

结束环节是课堂教学的尾声，此时，学生由于紧张地思维活动，已经有些疲劳而失去耐性。因此，教师要情绪饱满、精神振奋地去调动学生的情绪，使他们积极参与结束活动。

5. 布置作业

布置作业要清楚、明白，使每一位学生都听清楚、都记下。不能草率了事。

三、结束技能应用的方法

（一）结课的一般过程

在结束一节课或一个课题时，一般需经过以下几个环节：

1. 简单回忆。对整个教学内容进行简单回顾，整理认识的思路。

2. 提示要点。指出教学内容的重点、难点、关键点，必要时可做进一步的说明，进行巩固和强化。

3. 提出问题或采用其他形式检验学习结果。

4. 巩固应用，引导学生把所学知识应用到新的情境中去，在应用中解决新的问题，巩固知识，并进一步激发思维。

5. 拓展延伸。有时为了拓展学生的思路，开阔学生的视野，或把前后知识联系起来，形成系统，需要在结课时对教学内容进行必要的扩展延伸。

（二）结课的方法

教学结课的形式与方法很多，教师可根据教学内容、学生情况或课堂临时出现的情况灵活选用、机变创新。而不可拘于形式，单调呆板。

结合前面“结束技能的类型”，就有概括总结式、练习巩固式、延伸拓展式及迁移应用式等，这里不再赘述。除此之外，还可以有：

1. 自然式结课。所谓“瓜熟蒂落、水到渠成”。教师所讲一堂课的最后一个问题的最后一句话落地，下课的铃声正好响起，这便是自然式结课。这种结课方式要求教师精于设计课堂教学的内容和结构，准确把握课堂教学的进程和时间，才能有效地达到预期的结果。这种结课方式看上去顺理成章、自然而然，好像不讲究任何技巧就可使用这种方式，其实却往往是只有那些教学技巧

纯熟的教师,才能高水平地驾驭这种结课方式。

2. 首尾呼应式结课。课堂教学结束时呼应开头提出的问题,以便给学生一个清晰、明确的答案。如果刚上课时抛给学生一个设问,在相关内容教学结束后,可以回应一下这个问题,使学生有一个前后照应、结构完整的感觉。回应的内容可以是开头设置的悬念、问题、困难、假设等,是悬念则释消,是问题则解决,是困难则克服,是假设则证实或证伪。回应法是指教学结束与起始相呼应,使整个教学过程前后照应的方法。首尾呼应法,使教学表现出更强的逻辑性,让学生豁然开朗,顿开茅塞,同时还使学生产生一种“思路遥遥、惊回起点”的喜悦感,有助于增强学生进一步学习的兴趣。

3. 游戏式结课。游戏法是一种把练习内容寓于游戏之中的结束课堂教学的方法。有时学生上完一节课,身心已很疲劳,用提问、复述等单调的方式巩固复习所学知识,效果往往不会很好。因此结课应尽量生动活泼一些,特别是低年级有时可设计游戏娱乐形式。如在小学信息技术课中,教完如何“正确使用键盘”后,让学生边唱五字歌边按照老师的要求进行键盘的操作。学生在这种类似游戏的练习中非常轻松、愉快地巩固、掌握本节课所学的知识和操作。

4. 悬念式结课。叶圣陶说:“结尾是文章完了的地方,但结尾最忌的却是真个完了。”所以,优秀的教师在教学结课时常常使用设立悬念的方法,使学生在“欲知后事如何”时却戛然而止,从而给学生留下一个有待探索的未知数,激起学生学习新知识的强烈欲望,使“且听下回分解”成为学生的学习期待。一般上下两节课的内容和形式均有密切联系的,用悬念式结课较好。例如:信息技术课程中,前一节课刚好上到图片及文本信息的加工与处理,下一节课要上动画的构思与制作,在结束时,教师把事先制作好动画效果的作品展示给学生,故意问学生:作品有了动画效果后是不是更加生动了?(稍作停顿)想不想知道是如何实现的?(停顿)下一节课你们就知道了。这样学生的求知欲就被激发起来了,急切地等着下一节课,为上好下节课做好了铺垫。

5. 展现成果式结课。课堂教学结束时根据课前或堂上所布置的作业、练习,展现学生的学习成果,例如:在信息技术课上让学生分组利用 Word 知识制作一份电子科普宣传小报。完成后,让每个小组通过 NewClass 系统的屏幕广播教学向全班同学展示他们的作品。这样可以增强学生的成功感,激发他们的求知欲。

6. 归纳总结法。归纳法是教师引领学生以准确简练的语言对课堂讲授的知识进行归纳、概括、总结,梳理讲授内容,理清知识脉络,突出重点和难点,归纳出一般的规律、系统的知识结构等的方法。它可以在一节课结束时进行,也可以在有联系的几节课结束后进行。如：在讲完了文本信息的加工和处理知识之后，可以对板报的排版规划、布局等内容进行归纳总结。归纳式的结语，提纲挈领，概括明确，使学生在饶有兴趣之中巩固了知识，又在头脑里留下清晰、整体的印象。

6. 比较分析法。比较分析法是教师对教学内容采用辨析、比较、讨论等方式结束课堂教学的方法，意在引导学生将新学概念与原有认知结构中的类似概念或对立概念，进行分析、比较，既找出它们各自的本质特征，又明确它们之间的内在联系和异同点，使学生对内容的理解更加准确、深刻，记忆更加牢固、清晰。

7. 练习法。练习法是教师通过让学生完成练习、作业的方式结束课堂教学的方法，这是最简单最常用的一种结课方式。教师通过精心设计的练习题，趁热打铁，既使学生所学基础知识、基本技能得到巩固和运用，又使课堂教学效果得到及时的反馈。

8. 点题法。点题法是教学结束时，在学生对教材进行了认真研读，对一些问题作了深入思考的基础上，教师对教学内容直接或间接的说明、点拨，以表现、揭示主题的结课方法。

9. 激疑、答疑法。激疑、答疑法是在新内容讲完后让学生提出问题，教师和学生一起回答问题的结课方法。这种方法主要是让学生提出一些不太明白的问题，然后采用启发诱导的方式，帮助学生理解与解决问题。运用这种方法结课，要求教师具有较高的教学调控能力，能引导学生提出与教学内容相关的问题，并能引导学生对所提问题作出贴切的回答。

10. 发散法。发散法是引导学生对教学过程中得出的结论、命题、定律等进行进一步的发散性思考，以拓宽知识的覆盖面和适用面，并加深学生对已讲知识理解的结课方法。这种结课法可使教学的主题、内容得到进一步拓展，具有培养发散的创造性思维的作用。如在学习了信息技术与社会的关系知识之后，引发学生思考，进一步探讨信息技术对人类生存环境的影响问题，这就使学生在掌握所学知识的基础上，思维又另起波澜，发散开去。

11. 假想法。假想法是对课文作各种假设，让学生依据假设推断另外的结局，以此培养学生创造力和想象力的结课方法。如：在讲授了循环结构的程序设计，进一步提出问题，假如用条件结构程序来设计这类问题，能实现吗？学生会立即议论、思考、提出各种可能等等。这样的结尾，可使学生的学习意犹未尽，余想不断。

12. 拓展延伸法。拓展延伸法是指教师在总结归纳所学知识的同时，与其

他科目或以后将要学到的内容或生活实际联系起来，把知识向其他方面扩展或延伸的结课方法，以拓宽学生的知识面，激发学生学习、研究新知识的兴趣。

13. 汇报法。汇报法结课就是在一堂课结束时让学生汇报这堂课的学习收获，培养学生的自我评价能力。让学生自己谈收获，学生兴趣浓，既能调动学生的积极性，又能使学生回顾本节课所学内容，进一步掌握本堂课所学知识。一位教师这样结束“信息安全”一课的教学：同学们以“通过今天的学习你知道了什么，有什么收获?”为题各自发表自己的意见。

除了以上结课方法以外，还可以有上机操作法、设疑启发法等结课方法，这里不再一一列举。

信息技术结课的方法虽然很多，但归纳起来主要有两类，即封闭型结课和开放型结课。封闭型结课的目的是巩固学生所学的知识，把学生的注意力集中到课程的要点上，这种方法是对教学内容的归纳总结，对结论和要点的进一步明确和强调，并尽可能地引出新问题，把学生学到的知识应用到解决新问题中去。开放型结课是在一个与其他学科、生活现象或后续课程联系比较密切的教学内容完成后，结课不仅限于对教学内容要点的复习巩固，而是把所学的知识向其他方面延伸，以拓宽学生的知识面，引起更浓厚的学习兴趣，或把前后知识联系起来，使学生的知识系统化。在实际教学中具体采用什么方式结束课，要根据教学内容的性质和学生的年龄特点等灵活掌握。

第四节　结束技能的训练与评价

一、结束技能的训练

1. 结束技能训练目标

(1)理解结束技能的含义。

(2)明确结束技能的功能和运用的要求。

(3)掌握结束的类型和方法。

(4)根据课堂教学的任务和中学生的行为、心理特征，将结束技能有的放矢地、灵活地运用于自己的教学实践中，并在自己的教学中熟练地体现出来。

(5)能够按照结束技能的评价标准，对自己或其他被培训人员的结束技能作出较为恰当公正的评价。

2. 结束技能训练建议

(1)、观摩优秀教师教学关于“课的结尾”、“知识小结”的录像片段，并指出该教师使用了哪一类型的结束技能。

(2)设计一堂课的结尾，在设计时请注意以下几点：

①你设计的结尾是否概括了本节课的知识结构与重点。

②你设计的结束活动，是否都有明确的目的，并强化学生对所学内容的兴趣。

③进行的总结与实践活动，是否能使学生在知识、能力和智力等方面都有所提高。

④你设计的结束方法本身是否有趣，是否增强了学生对课程的兴趣。

⑤你的结束与课的主要内容之间的关系对学生来说是否一目了然。

⑥结束时，你感到达到教学目标了吗？

二、结束技能的评价

表 11-1　课堂结束技能评价表

课题：　　　　　　　　　　　　　　　　　　　　　执教：

评价项目	好	中	差	权重
1.能准确概括知识要点，并使知识系统化	□	□	□	0.20
2.结束时安排有学生活动(练习、提问、小结等)	□	□	□	0.15
3.能有效地反馈教学效果，使学生对所学内容得到巩固、深化或运用，并能激发学生兴趣、引导学生进一步学习	□	□	□	0.15
4.有利于促进学生创造性思维	□	□	□	0.10
5.有效地组织和调动学生积极参与总结或练习	□	□	□	0.10
6.教师语言干净利索，情绪饱满	□	□	□	0.10
7.结束布置的作业及活动明确且面向全体学生	□	□	□	0.10
8.结束环节时间掌握紧凑、不拖沓	□	□	□	0.10
对整段微格教学片断的评价：				

(请听课后在以上适当评价等级处画“√”)

思考与练习

1. 什么是结束技能?
2. 结束技能的功能及构成要素。
3. 结课的原则。
4. 结束技能的类型。
5. 结束技能应用的原则及应注意的问题。
6. 结束技能应用的方法。
7. 结束技能的训练与评价。

第十二章
课堂组织管理技能

第一节　课堂组织技能概述

一、什么是课堂组织技能

在课堂教学过程中，教师不断地组织学生注意、管理纪律，引导学生学习，建立和谐的教学环境，帮助学生达到预定课堂目标的行为方式。这种技能是课堂教学的“支点”，是使课堂教学得以顺利进行的重要保证。他不仅影响到整个课堂教学的效果，而且与学生思想、情感、智力的发展有密切的关系。

二、课堂组织技能的特征

课堂组织技能决定着课堂进行的方向，建立和谐的教学环境。这一技能具有两个明显的特征。

（一）多样性

教师组织学生注意、管理学生纪律、引导学生学习，方法极其灵活，形式多种多样。这是因为：从教学对象看，一个班级的学生都是活生生的个体，有着不同的个性特征。有的注意力容易集中、随教学进程而转移，保持的时间也长，有的则相反；有的对某些教学活动的兴趣很高，有的则对另一些教学活动有兴趣；有的好动，反应灵敏，有的好静，反应迟缓等。从教学内容和程序看，不同的教学内容和程序，对学生的要求不同，有时要求学生回忆、记忆，有时要求学生讨论、推理，有时又要求学生观察、实验，有时又要求学生练习巩固、运用等。面对这种情况，教师有时用一定时间讲清道理，进行安排，提出要求；有时只用短暂时间说一句话、一个词，引起注意；有时还用动作、表情等无声的语言暗示学生；更多的是伴随其他教学技能同时出现。教学技能的多种多样，也

决定了课堂组织技能的多样性。

（二）教育性

教师在课堂教学过程中，组织学生集中注意，管理学生遵守纪律，引导学生积极学习，实质上是在教学的过程中育人，教育培养学生养成良好的思想品德、心理品质和行为习惯。课堂组织技能往往反映在讲清道理、严格训练、典型引路、表扬奖励以及批评等方面。如教育学生明确学习目的，养成爱科学、学科学、用科学的良好品质；知道学会学习、勤于思考、坚忍不拔、自我调控、善于人际交往等对于成长为有用人才的意义。

三、课堂组织技能的作用

教师通过适当地课堂组织，能够维持学生的学习热情，引发学生学习动机和兴趣，培养学生的自信心和进取心，帮助学生建立起良好的学习和行为习惯，创造良好的课堂氛围，便于师生之间的感情交流。

1. 调动学生的积极性，引导学生主动参与教学活动

教师适度地组织与调控，能促进学生最大限度地参与自主的教学活动，主动接受来自多种媒体的教学信息，通过各种感官的交替使用和思维的活跃，保持高昂的情绪和浓厚的兴趣。如果简单把组织课堂教学理解为维持课堂纪律，使学生老老实实地听课，不能自主活动，其结果必然使课堂教学变成单一的教师讲述甚至是“满堂灌”，学生只能被动地接受单一形式的“灌输”，整个教学过程背离最佳状态的要求。只有深刻理解组织课堂教学的含义，才能够科学地调控教学过程，灵活运用各种教学方法和教学手段，合理变换教学形式，使教学信息的传递多样化和多向化，学生始终处于主动的学习状态。

2. 维持良好的课堂秩序，建立和谐的教学环境，保证教学任务的顺利完成

良好的课堂秩序和和谐的教学环境，是中学课堂教学的基本保证。如前所述，维持课堂秩序决不能只靠教师的威慑甚至惩罚，建立师生和谐的教学环境依赖于师生之间和同学之间的情感交流，而组织课堂教学可以有效地解决这些问题。通过向学生提出正当合理的要求和交代课堂常规，可以唤起学生的有意注意。通过正面提醒和巧妙利用提问、演示等技能，可以交替引起学生的有意注意和无意注意，使学生将注意力集中在教学主题上。通过分析原因和启发诱导，实事求是地合情合理地纠正违犯课堂纪律的现象，尤其是及时肯定学生的进步和优点，鼓励学生的自信心和进取心，还有利于克服学生的不良习惯。

3. 完善课堂结构，优化教学过程，提高教学效率

课堂教学求学生在规定的时间内做好意向准备，形成良好的动机，对特定的客观事物进行充分的感知，经过科学的思维理解事物的本质联系，并将获得的知识保持在记忆之中，同时在新旧知识之间建立必要的结构联系，以供随时提取应用。在一节课当中，需要有这样一个总的过程和围绕每一个知识点展开的具体过程，也就是说从意向开始到应用结束的认知过程可能要反复多次。

通过合理安排教学环节，注意各环节的承转，保证学生思路通畅，加强新课引入和课堂总结，帮助学生联系新旧知识，获取学生反馈信息，及时调整教学活动来完善课堂教学结构，是对教师的常规要求。要使教学在这一方面达到规范化，必须依赖教师高质量的组织课堂教学来实现。

第二节　课堂组织技能的类型

组织课堂教学的技能按照功能的不同可分为管理性组织、指导性组织和诱导性课堂组织技能三大类。

一、管理性组织

课堂是教学活动的主要场所，为了使教学过程顺利进行，必须有相应的纪律保证。但是课堂纪律的好坏，并不能以课堂上的绝对安静和学生的“循规蹈矩”为标准，而是既要使学习有序，生动活泼，又不能让学生感到压抑。

1. 课堂秩序的管理

课堂秩序的组织管理需要排除外界环境和心理变化对学生的干扰，纠正学生各种背离教学过程的不良行为。要做好这些组织工作，首先需要教师关心和爱护学生，从学生的角度理解他们所存在的问题，倾听他们的心声，与他们建立友善的关系，同时明确提出学生应遵守的课堂纪律，不断提醒学生注意，强化纪律要求。

2. 个别学生问题的管理

在教学过程中，无论课堂规则制定得多么切合实际，教师的诱导教育多么得法，也难免有个别学生出现纪律问题。其方法归纳起来一般是：

第一，使不良行为得不到回应而自行终止。如学生的恶作剧引起哄堂大笑，会使学生更为得意。这时教师的斥责恰恰会强化其不良意识，如果不予理睬，反会使其感到没趣而终止恶作剧，也会转移其他学生的注意力。

第二，有意识地安排替换行为并给予鼓励。如指定喜爱交头接耳或做小

动作的学生思考一些问题，并作为小组讨论的发言人，给予表扬或鼓励，使其从替换行为中获得心理满足，以抵消不良行为。

第三，正面教育与适当惩罚相结合。如学生损害了公物以后，当然要令其按规定赔偿，但同时还要讲明利害关系，引导其养成良好的行为习惯。

二、指导性组织

教师在课堂教学中起主导作用。学生在课堂内的活动离不开教师的组织引导，课堂教学过程要由教师来调节和控制。为了使学生都能主动地参与教学，迅速地投入学习，同时使课堂教学过程达到优化，需要教师及时发出指令或灵活运用各种教学技能，保证教学环节的顺利承转和衔接，指导学生完成教学大纲规定的教学任务。

1. 对阅读、观察、实验的指导组织

组织学生观察。观察是对研究对象的有目的的了解和察看，通过观察来感知事物和现象，是形成正确表象，进而进行科学思维的基础。根据观察对象的不同，组织学生观察又可分为组织学生观察地图(包括投影片地图)，组织学生观察景观图和示意图(包括录像景观和动态模拟)和组织学生观察实物(包括标本和野外实体)等。组织观察的技能应包括明确观察目的，集中学生注意力，教授观察方法和步骤，注意全面观察与细部观察相结合，鼓励独立观察等。

2. 课堂讨论的指导组织

讨论是一种由学生积极参与的教学方式。它可以促使每个学生都有机会投入活动当中，促进他们积极地思考，相互启发，完成教学信息的多向交流，在教师的帮助和引导下，经过主动探究获得知识。根据学生参加讨论的规模和参与程度，组织学生讨论又可分为组织全班学生讨论，组织小组讨论和组织辩论。

第一，组织全班学生讨论。这种讨论以教师为领导者，多由教师轮流请多个学生发言，各抒己见，而教师不急于作结论，主要是启发学生深入思考，使讨论走向预期的目标，待学生充分发表意见后再作总结。全班讨论还可以采用专题报告形式，即选定若干学生组成小组，经过课前准备在课上向全体同学提出报告，其他学生可就报告提出支持或反对意见。

第二，组织小组讨论。这种讨论多以学生座次划分为固定的小组，每组学生轮流担任发言人。各小组就相同的问题进行讨论，教师在教室内巡回辅导。经过一段时间讨论之后，请各小组发言人报告本组讨论结果，教师进行总结评议。

第三，组织辩论式讨论。课前由教师提出要讨论的问题，指定正方或反方，然后让学生分头查找资料，准备论据，在课堂上提出论述理由。最后由教师加以总结归纳。

三、诱导性组织

诱导性组织是指在教学过程中，教师通过提示、提问和安排活动，充分调动学生的主观能动性，引导学生对课堂教学活动感兴趣，并能参与其中，顺利完成教学任务。

1. 热情鼓励

教师用热情的态度、亲切的语言排除学生的心理障碍，鼓励学生积极参与教学过程中来。比如学生积极答问，当学生不愿回答时，教师说："不要慌，说错了没有关系，大胆发表你的看法"；当学生回答不上来时，教师说："你可能还未想好，先坐下来考虑好后再回答"；当学生词不达意、回答不准确时，教师说："你心里明白了，只是语言没有组织好，如果这样说就对了"，并让学生考虑好后再回答一次；当学生回答正确时，教师说："回答得好，这是你努力学习的结果，值得祝贺！"；当学生回答有一定独特见解时，教师更是喜形于色，号召大家向他学习。

2. 设疑激发

在教学过程中，适时点拨，激发学生的求知欲和积极思维，主动地去获取知识。这既要合理组织教材，精心设计问题，让学生步步提高，又要点拨学生的思路，引导学生学会发现问题，会用科学的思维方法去解决问题，获得知识。

第三节　课堂组织技能的应用

一、课堂教学的组织步骤

1. 预备阶段的组织教学：预备上课之前，教师在教室门前用眼力、语言或手势等方式提示学生做好上课的准备。

2. 开课之前的组织教学：教师走进教室后要提示学生安静和集中注意力，以便在授课阶段有一个良好的教学秩序与活跃的课堂教学气氛。

3. 开课阶段的组织教学：开课之后教师首先应以一个主导者组织教学活动，自己既要讲解清楚问题，又要调动学生积极参与课堂教学活动。同时对于

个别违纪学生，要做出妥善处理，不要因为处理违纪行为而过多地占用教学时间和花费精力。

4.巩固阶段的组织教学：在一堂课或一个单元课的教学任务即将完成之后，教师要通过提问、讨论、做练习和实验等活动，检查学生对所学知识和技能的掌握情况。特别要注意到大多数学生对学习内容的反映，不能以少代多、以一概全。

二、课堂组织技能的应用原则

教师应当充分体现教书育人的教育思想；要了解和尊重学生；重视集体的力量，形成良好的课堂氛围；注意因势利导和灵活善变；要沉着冷静，遇事不急不躁。

（一）教育性原则

学校一切工作都是为了转变学生的思想。教书育人是课堂组织的重要任务。通过课堂组织，使学生明确学习目的，养成良好的行为习惯。课堂过程中，教师严谨的治学态度、高度的社会责任感，不仅对养成学生的良好习惯产生言传身教、潜移默化的作用，而且将对学生形成科学正确的道德观念有着深远的积极影响，更重要的是充分挖掘和运用各科教材中的德育因素，在传授科学知识的同时，提高学生的思想道德品质，教育和指导学生做一个德、智、体全面发展的人。

（二）灵活性原则

在课堂组织中的灵活性，一方面是教师的敏感性，对学生中发生的意外情况迅速做出反应；另一方面是教师运用多种教育形式，灵活处理好课堂上出现的问题。了解情况，不同的问题运用不同的方法，因势利导，把不利因素转化为有利因素。

（三）可控性原则

实施课堂组织技能，要根据少年儿童心理发展特征，根据班级的具体情况，有计划地培养，有步骤地提高。教师提出的要求，制定的规则应该是学生通过努力能够做到的，每前进一步，大家都能享受到胜利的喜悦。不要企图一两次说教就帮助学生克服行为上的毛病。教师要控制自己的情绪，正确公正地对待每一个学生，尊重和爱护每一个学生的自尊心。处理问题时要从教育的根本目标出发，体现自己对社会、对学生的高度责任感，做到不急不躁，沉着冷静，防止师生“顶牛”现象的发生。课堂组织是为了教学活动的顺利进行，不是为组织而组织，不要借某一学生行为大加发挥，影响教学进度。

（四）尊重学生的原则

学生都有自己的人格、兴趣爱好和个性。课堂组织过程中，要尊重学生，坚持正面教育，以表扬为主，激发积极因素，引导学生控制自己，管理自己。对学生在课堂上出现的违纪行为，不要斥责挖苦讽刺，而要关心暗示引导。即使对个别学生的“恶作剧”，也应采取宽容的态度冷处理。

第四节　课堂组织技能的训练与评价

一、课堂组织技能的训练

（一）训练目标

1. 理解课堂组织技能的意义和课堂组织的作用。

2. 能驾驭课堂。

3. 能驾驭学生。

4. 教学情绪饱满，热忱；教学一丝不苟，有情有趣；尊师爱生，关系融洽，教学相长。

5. 能依据课堂组织技能运用的要求，对本人或他人的教学组织实践进行评价。

（二）训练内容

设计一段教学在微格教室内，如果“学生”出现如下情况，你怎样处理？

1. 有个学生迟到了，气喘吁吁地自己跑进教室坐好了。

2. 有个学生低着头，专心看他的“小人书”。

3. 有两个学生正在小声地说着什么。

4. 有个学生突然高呼：“老师，他把墨水洒到我的衣服上了！”

5. 有个学生突然指出：“老师，你（在黑板上）有个字写倒了笔顺！”

二、课堂组织技能的评价

表 12-1 课堂组织技能评价表

课题：　　　　　　　　　　　　　　　　　　　　　执教：

评价项目	好	中	差	权重
1. 语言恰当，要求明确，控制教学效果好	□	□	□	0.15
2. 组织引导方法得当	□	□	□	0.15
3. 能使学生始终处于积极状态	□	□	□	0.15
4. 及时运用反馈，调整教学好	□	□	□	0.10
5. 控制教学进度，时间掌握好	□	□	□	0.10
6. 组织管理中能体现尊重学生	□	□	□	0.10
7. 组织教学的方式灵活多样	□	□	□	0.10
8. 面对各种情况，善于应变	□	□	□	0.05
9. 处理少数和多数、个别和一般学生的策略方法恰当	□	□	□	0.05
10. 教学进程自然，师生相互合作好	□	□	□	0.05
对整段微格教学片断的评价：				

（请听课后在以上适当评价等级处画"√"）

思考与练习

1. 什么是课堂组织技能。
2. 课堂组织技能的作用与特征。
3. 课堂组织技能的类型。
4. 课堂教学的组织步骤。
5. 课堂组织技能的应用原则。
6. 课堂组织技能的训练与评价。

第十三章

说课技能

近年来，随着教学研究活动的不断深入，"说课"这种形式的教研活动受到广大教师的日益重视，在各级教研活动中，特别是在各级教学"评优"活动中，对它的采用也越来越普遍。

第一节 说课技能概述

一、什么是说课

说课是教师以教育教学理论为指导，在精心备课的基础上，面对同行、领导或教学研究人员，利用口头语言和有关的辅助手段，阐述某一学科课程或某一具体课题的教学设计或教学得失，并就课程目标的达成、教学流程的安排、重点难点的把握及教学效果与质量的评价等方面与听课人员相互交流、共同研讨，进一步改进和优化教学设计的教学研究过程[①]。

说课是教师对自己所讲授的课的剖析。讲课是依据教学大纲规定的教学目的、要求和进度，依据教材的内容，学生的基础、条件，选择一定的方法、手段，向学生传授教学内容。讲课的对象是学生，内容是教学信息，目的是培养、教育学生，使学生在听课教学中接受到新的知识、技能、得到学习方法的启迪，思想品质的教育、情操的优化和智能的开发。说课要针对讲课的这些要素，对一节课的准备、设计和讲授实际情况进行从理论到实践的全面阐述，让教学同行、教学研究和管理评价人员，了解教学准备、设计和实施的依据、意图和实施状况。

---

① 杨九俊主编：《新课程说课、听课与评课》，北京教育科学出版社 2004 年版，第 18 页。

二、说课的特点和作用

(一)说课的特点

说课活动的形式可以不拘一格,但不论是何种类型的说课,一般都具有以下特点:

1.机动灵活。说课研究的范围广泛、内容丰富、形式多样、节省时间。说课可以不受教学进度、时间、地点、形式和人员安排的限制,即便两人以上也可以进行。根据实际需要,可以灵活地组织多层次、多形式的说课活动。

2.方便易行。说课方式简便易行。从说课活动所需的媒体或手段来看,它可以仅依靠教师口头表达方式,也可以利用实物、实验、现代教学媒体等手段辅助说课,具有简单易操作的特点,非常有利于在教学研究中推广。

3.短时高效。单纯的说课一般时间较短,10～20 分钟即可完成,但内容却十分丰富,既包括教师对教材的理解和分析处理,又包括教法、学法及其他教学策略设计;既要说清怎么教,又要说明为什么这样教。

4.运用广泛。说课运用广泛。检查教师备课、教师间教学研究,评价教师的教学水平、开展教学技能竞赛等均可采用说课的方法。从中可以综合地反映出教师的教学思想、理论修养、知识水平、教学能力、应变能力和教学基本功等各个方面的素质。

5.理论联系实际。把课说清、说透需要教师积极主动地学习教育教学理论,认真反思教学实践活动,将教学理论和教学实践有机结合。虽然教师在日常的备课和上课中,已对课程标准和教材等进行了分析、处理,形成了初步的教学设计,但这些分析和处理往往是浅显感性的,是依据教师的经验判断。而通过教师在说课中对教学的全面阐述,教师和教学专家就有可能从教学理论的高度来审视和评价教学,反复琢磨教学设计可行性、艺术性和创造性。可见,说课活动体现了较强的理论与实践相结合的特点。

(二)说课的作用

在大力推进课程改革的今天,无论是在职的教师,还是在读的教师教育专业师范生,对于自身教育教学水平地提高,说课都具有非常重要的作用。

1.促进教师教学规范

说课要求说教学目标、说教学内容、说教法、说学法、说教法、说练习设计、说理论依据等,这就使教师,特别是新教师和高等院校的师范生明确了教学的基本工作规范和教学的基本环节。符合当前课程改革中倡导的在课堂教学中应重学法、重教法、以学为本、因学论教等理念。

2. 促进教师交流与合作、智慧互补

说课是一种集体参与、集思广益的教学研究活动方式，为教师提供了教育教学交流的平台，使教师之间能进行充分的信息交流、相互切磋，形成资源共享的教风学风。通过相互交流，每一位参与者都容易迸发出思想的火花。无论是教师同行还是教研人员，他们的每一种想法、每一个观点乃至一个小小的补充或提示，都是一种教学智慧。教师们在相互评议与切磋中分享经验，在合作中共同提高，达到智慧互补。

3. 检验教学把握程度

说课能展现教师对大纲、教材的理解和把握程度，对学情的了解程度；展现教师备课的思维过程，显示教师的教育教学水平和能力，显示教师的教学基本功的扎实程度；能从中了解教师的教育观、教学观和学生观，以及对现代教育教学理论和教学手段的掌握情况，因而能较全面的了解评价教师。

4. 促进教学改革及课堂教学效率的提高。说课是一种重要的教学研讨形式，是教学研究过程中的一项常规性内容，对于教师教学理念的更新与教学方法的转变具有重要意义。通过课前说课，能够发现教学设计中的不足之处，以便及时进行修改，从而使课堂教学更加科学、合理、有效；通过课后说课，对课堂教学中好的做法进行提炼和升华，以推广应用。说课能够在课堂之外解决课堂教学中的低效、无效和负效问题，避免学生在课堂学习中成为教学设计失误的实验品和牺牲品。

说课还是教师在备课的基础上，对所准备的课题进行系统而概括地解说。它介于备课和上课之间，以备课为前提和基础，以上课为目的和归宿。因此，它能促进备课的更加完善，其他教师的评议也能为说课者提供丰富的感性和理性认识，直接促进上课效率的提高。

5. 促进教学研究，提高教师的理论水平。说课给讲课教师提供了向听课、评课人员解说自己备课思维过程的机会，使讲课教师能处于和听课、评课人员平等的地位来研究讨论问题，能更主动的参与教学研究。可见，说课的目的在于更好的研究教学、评价教学过程和教师的水平、能力，促进教学质量和教师水平的提高，提高教学研究人员的水平，促进教学、教研的紧密结合。说课重在讲依据、说原理。如果缺乏教育教学理论作支撑，教师的说课和评课就会浮于表面，难以深入。这就要求教师较为系统地学习教育教学理论知识，不断提高自身的理论素养。

总之，长期坚持说课锻炼，必将促使教师的业务素质和理论素养发生质的飞跃，实现由经验型教师向理论型教师的转变。

三、说课的类型

说课的类型有很多，依据说课与上课的时间先后关系，有课前说课与课后说课，根据说课活动的目的、要求的不同，又有评比型说课、主题型说课、示范型说课等类型。

（一）课前说课

课前说课是一次预测性和预设性说课活动。课前说课是教师在认真研读教材、领会教学目标、分析教学资源、初步完成教学设计的基础上的一种说课形式，是教师充分备课后进行的一种教学预演活动。通过课前说课，可以借助集体的智慧来预测课堂教学的效果，进而改进和优化教学设计。

（二）课后说课

课后说课也可以被认为是一种反思性和验证性的说课活动。它是教师按照既定的教学设计进行上课，在上课后由授课教师将自己在教学活动中的得失感受、体会、想法与听课教师、教学研究人员相互交流的一种说课形式。课后说课是建立在教师个体教学活动基础上的一种集体反思与研讨活动。通过课后说课讨论课堂教学中存在的问题，分析其产生的原因，并提出实质性的改进意见，可以使说课者和参与研讨的教师对教学的成败得失有更加清晰的认识，也为进一步改进和优化教学设计提供了可能。

（三）评比型说课

评比型说课是把说课作为教师教学业务评比的内容或一个项目，对教师运用教育教学理论的能力、理解课程标准和教材的实际水平、教学流程设计的科学性和合理性等做出客观公正的评判的活动方式。评比型说课可以是课前说课（预测性说课），也可以是课后说课（反思型说课）。评比型说课可以发现优秀教师，是带动教师队伍建设、促进教师专业发展的有效途径。

（四）主题型说课

主题型说课是教师在教学实践的基础上，把实际工作中遇到的重点、难点或热点问题作为研究主题进行探索，以说课的形式向其他教师、专家和领导汇报研究成果的教育教学研究活动。主题型说课是一种更深入的问题研究活动，更有助于教育教学重点、难点的解决，有利于新的教学模式、教学理念等在教学中的应用。

（五）示范型说课

示范型说课是在教学能手和学科带头人等优秀教师做示范说课的基础上，并按照说课内容进行上课，然后组织教师该课进行评议的教学研究方式。

示范型说课也是培养教学骨干的有效方式和重要途径。听课教师在这种形式的教研活动中，可以从听说课、看上课、参评课中增长见识，开阔视野，不断提高自己的教学实践能力。示范型说课适于在校内开展，也可以扩大规模在区内或市内开展，每学期一般可以进行1～2次。

第二节 说课的设计

说课的内容及侧重点随说课类型的不同而有所差别，一般来说，完整的说课至少应包括以下五方面的内容。

一、说教材

说教材，主要说明“教什么”的问题。即在个人钻研教材的基础上，说清本节课的教学内容的主要特点，它在整个教材中的位置，作用和前后联系，并说出教者是如何根据课程标准和教材内容的要求对教材的处理与整合，并根据教学内容，确定本节课的教学目的、目标、重点、难点和关键点，将三维目标化解到具体内容的教学过程中。也就是说课者在认真研读课程标准和教材的基础上，系统地阐述所选定课题的教学内容，本节内容在教学单元乃至整个教材中的地位和作用，以及它与其他单元或课题乃至其他学科的联系等。

说课者应尽量阐明自己对教材的理解和感悟，以此展示自己对教材的宏观把握能力和对教材的驾驭分配能力。说教材应力求做到既“说”得准确又具有特色；既要“说”出共性，也要“说”出个性。说教材主要包括以下几个内容：

1. 说教材的地位、体系及结构。指授课的章、节及本课时教材在整体教材体系中的地位、意义和作用，说出本课时教材所在该章节、单元教学结构中的性质及其与其他相关知识的纵横联系和其他背景材料等等。

2. 说课程标准。说出课程标准对本章节和本课内容教学的要求，将知识与技能、过程与方法、情感态度与价值观等方面的目标化解到具体的教学环节中，以确定教学的重点、难点和教学实施的安排等等。课程标准是教学的依据，也是说课的依据，因此，必须说明课程标准对教学的总要求，以及所授的课如何体现课程标准的要求。教师必须通过认真深入钻研课程标准及教材，才能掌握课程标准及教材编写的思路和内涵，并把它变成自己的教学思路。

3. 说教材处理。由于教材是教学的依据，说教材处理是指对教材内容的取舍和重点的选择。教材处理是否恰当，是教师教学能力水平的综合反映。

教材处理包括本课基础知识的基本技能、重点、难点及突破的关键。这些都依据本课在教学大纲和教材知识中所占位置来确定,同时结合本班学生知识水平和能力来考虑的。

二、说目标

教学目标是指教学活动预期所要达到的结果,教学目标是对学生学习终结行为的具体描述,教学目标是教学的出发点和归宿,也是检查教学效果的标准和尺度。

教学目标作为规定教学活动方向的重要指标体系,它对教学活动发挥着导向、激励、检测的作用,是教学活动的出发点和归宿。教学目标的制定应体现合理性、明确性、可评价性。说目标应将具体学习内容与各项目标有机地整合,应注意避免千篇一律地说"通过教学,使学生能掌握……"一类的套话,而是将教学目标从认知性学习目标、技能性学习目标和体验性学习目标等方面进行分层化解,阐述实现这些目标的途径与方法。要求说的正确、具体、全面,并结合实际。"正确"是指要根据课程标准和教材的要求来说,同时,要结合所授教材在整个教材体系中所占的位置来说。"具体"是指在教育、教养和发展等方面,明确规定出具体教育指标,便于在教学实践中实施和课后检查。"全面"是指教学实践中要全面落实素质教育(课堂落实素质教育四要点:切实抓好双基,强调学法指导、注重培养能力、加强思想教育)。着重表现在应说清以下几点:

1. 要说清教学目标的分类设置以及对教学目标的深层考虑,一般从知识目标、能力目标和情感态度与价值观目标三方面进行论述。

2. 要说清每一类教学目标中不同层次的具体要求和重点把握。知识目标、能力目标和情感态度与价值观目标具体到本节课中,其不同层次的具体要求是什么。还要明确在本课中三个教学目标的侧重点。在这三个目标的侧重点的区分上,教师必须认真解读信息技术课程标准,对新课程的内涵精神要做到心领神会,再结合教材内容的呈现方式,方能灵活把握。

3. 要说清这些分类设置的教学目标的具体知识点、情感教育点和能力训练点;教师应该认真研读教材和课程标准,将知识点的教学活动和教学目标的实现有机地结合起来。

三、说学情

所谓学情,是指学生的年龄特征、认知规律、学习方法以及已有知识和技能基础等的总和。它是教师组织教学活动的依据，是学生学习新知识的基础。不同的学生学习起点不一样，学习个性、风格也不尽相同。说学情，就是要全面客观地阐述学生已有的学业情况和已经掌握的学习方法等，预先判断学生对学习新知识的关注和接受程度，为优化教学设计提供参考。说学情应重点关注以下几方面的内容。

1. 学生已有的知识和经验。学生已有的知识和生活经验是学生学习新知识和技能的基础，有利于实现学生“旧知”向“新知”的迁移，说课中应把如何利用这些知识与经验说清楚。

2. 所谓学习方法，其实就是学生掌握知识的方法，它具有传递性、交互性的特点。在进行新知识教学时，认真分析并把握学生已有的学习方法和技巧，可以有针对性地指导学生从已有的学习方法和技巧体系中检索有用信息，用于当前知识的学习和问题的解决。说学习方法和技巧，就是要说出学生从已有学习方法向新的学习方法转化的切入点或途径，阐明学习新知识所适用的学习方法，有助于解决“怎样学”的问题。

3. 个性发展和群体提高统一。说学情的较高层次就是能够实现群体水平提高的同时，实现个性的发展。能够说出个性发展和群体提高在教学内容中是如何实现整合的，它的落脚点在哪里。教育的最高理想之一，就是要使每一个学生都能在原有的基础上得到提高和发展，因此教师既要对学生群体中的学风、合作精神和团队意识等进行整体分析，又要对特殊个体（如后进生、特长生）进行单独分析，真正做到因材施教。

四、说教法和学法

说教法是根据学科特点、教学内容的特点、教学目标和学生学业情况，说出选用的教学方法和教学手段，以及选用的理论依据。“教学有方，教无定法”。教师通常需要在教育教学理论的指导下，对常用的直观教学、启发式、掌握式、探究式、讨论式、合作式等教学方法进行合理选择，优化组合；根据教材内容、学生特点、教学媒体、授课时间和自身的教学风格等，采用适宜的教学方法。在说课中，教师应当说出采用的方法及相关的理论依据。在新课程背景下，教学方法的设计要体现新理念、新策略、新思路，要符合教学原理，遵循教学规律，要研究学生的求知起点、技能状态、思维方式和考虑可接受性，不能脱离学生实际，应体现新课程的基本理念，做到灵活多样，具有主导性，体现主体性和有效性。

说教法还要有利于激发学生的兴趣，利于学习过程的顺利实施，利于学习

能力的培养和提高。说课者在说教法时，就必须阐述其对教学方法合理选择和利用，阐述其所选择的教法，对于学生学习过程的顺利实施具有促进作用，阐述其在教学活动中如何引导学生学习，如何参与学生的学习。说教法还包括教师在教学过程中如何选择和使用教具、学具或多媒体技术手段，使用的依据是什么。

说学法则应注重阐述在学生学习方式的变革方面的做法。学习方式的转变是课程改革的显著特征。改变原有的单一、被动的学习方式，建立和形成旨在充分调动、发挥学生主体性的多样化的学习方式，促进学生在教师指导下主动地、富有个性地学习，鼓励开展探究性学习，信息技术教师在阐述学习方法的指导时，应突出对学生自主性、探究性、协作性学习的引导，要把学生在学习过程中发现、探索、研究等认识活动突显出来，使学习过程更多地成为学生发现问题、提出问题、分析问题、解决问题的过程①。

五、说教学程序

教学程序是教学活动的系统展开过程，它表现为教学随时间推移的活动序列，描述了教学活动是如何发起，怎样展开，最终又是怎样结束的。教学过程是学生在教师的指导下认识世界，接受前人积累的知识经验的过程，是教师根据制定的教学目标、任务、引导学生掌握系统的科学文化知识和技能、技巧，认识客观世界掌握科学研究方法的过程，是教学生在教师指导下主动掌握知识、发展智能、提高自身素质的实践活动的过程。说教学程序是说课教师组织实施一节课的方案，是说课的一个重要环节。

说教学程序包括说出教学的设计思路、教学流程、教学媒体的运用、实验设计、板书设计等，体现了教师的教学安排是否合理、科学和艺术，反映了教师的教学思想、教学个性与教学风格。说教学程序应关注以下几个环节：

（一）说设计思路

设计思路是对教学流程主要环节的概括。说设计思路，有助于听者更清晰地了解和把握说课者关于教学活动的整体安排，既可以单独作为一个"说课"部分，也可以隐含在教学流程中。

说教学设计思路要突出学生的课堂主体性。教师首先要完成角色的转变、摆正位置，成为真正意义上的参与者、组织者和促进者。不仅尊重每一位

---

① 方帅军、杜召凤：《浅谈新课改理念下的生物学说课》，载《阜阳师范学院学报（自然科学版）》2006年第23卷第3期。

学生，更会欣赏每一位学生；要处理好传授知识和培养能力的关系，注重培养学生独立性和自主性，引导学生质疑和调查探究，在实践中学习，使学习成为教师指导下主动且富有个性的过程；要关注个体差异，满足不同需要，创设能引导学生主动参与的教育环境，激发学生的学习积极性，使每位学生都得到充分发展。其次要改变传统的学习观念，认识到学生是具有独立意义的，有充分发展潜能的个体，要把学生视为朋友，实现师生的平等对话，共同发展，把课堂的主动权还给学生.

（二）说教学流程

说教学流程，就是围绕教学设计思路，说具体的教与学活动安排及这样安排的理论依据。说教学流程不能像给学生上课那样详细讲解，而要力求详略得当，重点、难点详细说，理论依据简单说，使听者明了这节课要“教什么”、“怎样教”、“为什么这样教”就可以了。

在说教学程序中，要突出精心设计的导言和结束语。设计导言要有科学性、艺术性、趣味性，可采用提问、讲故事、猜谜语、俗语等形式，设疑激趣，扣住学生心弦，激发学生的学习兴趣，使其积极步入求知的兴奋状态。结束语也要巧妙安排，使人有“虎头凤尾”之感。可用简明的总结语，或精选典型的习题作结束，或为下节课埋下伏笔而设疑激趣。

如：对于新授课教学要说明课堂教学过程和步骤安排以及这样安排的理论依据，这是说课中更为具体的内容，要说出教学过程中教学各环节的衔接和过渡。一般地说，一节课的教学环节包括新课的引入，课题的提出，新课教学的展开，巩固练习，课堂小结，作业布置等，还要说出课堂教学的板书设计，现代教学媒体的应用等内容，用以体现教师的教学安排是否合理、科学和艺术，反映教师的教学思想、教学个性与教学风格。

（三）说教学媒体准备

教学媒体准备是指教师为了提高教育教学活动的质量，根据授课内容或优化教学的需要，选择使用诸如挂图、幻灯、投影、录音机、电视、计算机等教学媒体的安排。在说课中，这部分内容通常在具体教学环节中阐述，也可单独介绍。

（四）说板书设计

主要谈谈板书的结构组成，设计的依据、原理和方法。板书要能体现教学思想在本课中是如何实现的。介绍板书时，要求把板书的完整系统，简明扼要，重点突出，直观形象地表达出来。

第三节　说课的运用

一、说课的基本原则

（一）完整性和突出重点相结合的原则

说课必须根据说课内容的特点，坚持“四层”（教什么、怎么教、为什么这样教、教的如何）和“五说”（说教材、教法、学法、程序、效果）的完整性，但不是平均分配力量，一定要根据具体情况具体分析，如教材的特点、学生的实际、办学的条件、说课的对象等来决定说课的轻重、详略，注意突出重点，因为有重点才会说出深度，说得精彩。

（二）理论性分析与课堂教学实际操作设计相统一的原则

说课必须展示出说课者“一桶水”的质和量，就是对教师理论水平的检阅。因为没有充分的理论分析，便没有说课的价值。但是，说课的最终目的还是为了讲好课、提高课堂的教学质量。因此，必须把理论与操作设计紧密地挂上钩，把理论通过操作变为实际的基本功说清楚，显示出说课者运用理论的水平和能力。

（三）要坚持现实性与发展性相统一的原则

说课一定要从教学现实的现状出发，不可好高骛远、夸夸其谈，应根据说课者自身对教学现实的了解及对所运用的教育教学理论理解的现状，要坚持实事求是，这样才会真正在教育教学改革中发挥其作用。另外，说课不要局限在眼前的需要，不要为说课而说课，应顾及发展的需要，为知识的发展、学生的发展、教学改革的发展、群体教学水平的发展等等，使人们逐步认识过程，获得系统的全面的完整的认识，以使说课活动落到实处。

二、说课的方法和技巧

1. 说“亮”点。说课作为教师之间的教学信息交流和对话的独特方式，应该遵循高效率的原则，尽可能减少无效信息。为此，说课的教师应着重讲出对有关问题比较特别的认识和理解。课程标准、教材已明确给出的内容和已成共识的问题，在说课中应少说或不说，而将本人教学设计中有特色的“亮”点进行详细的阐述和分析，这样说课才具有鲜明的个性，才能达到彼此交流和借鉴

的目的，从而使自己的说课充满活力和特色。

2.说教学新理念。说课不是宣讲教案，不是浓缩课堂教学过程。说课的核心在于说理，在于说清"为什么这样教"。因为没有理论指导的教学实践，永远是经验型的教学，只能是"高耗低效"的。因此，说课应该结合教学实践，强调切实可行的教学理念，让教学新理念和教学思想贯穿说课的始终。反对向听课者抽象地阐述教育教学的理论，详细介绍某理论成果，生搬硬套一些教育教学理论的专业术语，这会给听课者产生"故弄玄虚、故作深奥"的感觉。

3.教法与学法并重。教师不仅要说如何运用各种教学方法，而且要说如何注重对学生学习方法的传授。应当多考虑探究式学习、自主性学习、合作性学习等方法在教学中的合理应用。重视学法指导，还要结合教材的具体内容和学生的实际水平，研究如何发挥学生在课堂教学中的主体作用，如何根据不同层次学生的学习规律，合理调动各个层次学生的学习积极性和主动性，把学习方法传授给学生，从而提高学生的整体学习水平。

4.凝练语言，条理清晰。说课要语言简明，讲究语言组织的条理性和系统性，要让听者能听得清楚、明白。知道你这节课准备达到什么目标，并且为实现这些目标有哪些科学的学法、教法作保证。因此应该有一个事先准备好的说课稿，必要时配以演示文稿进行讲解和说明。

三、说课的基本要求

按照现代教学观和方法论，成功的说课必须遵循如下几条原则：

1.说理精辟，突出理论性。[①] 说课应精辟地阐述理由，并有很强的理论依据。因此，执教者必须认真学习教育教学理论，主动接受教育教学改革的新信息、新成果，并应用到课堂教学之中。

2.客观真实，具有可操作性。说课的内容必须客观真实，科学合理。要真实地反映自己是怎样做的，为什么这样做。通过相互切磋，达成共识，进而完善说者的教学设计。说课是为课堂教学实践服务的，说课中的一招一式、每一环节都应具有可操作性，如果说课仅仅是为说而说，不能在实际的教学中落实，那就成了纸上谈兵，使说课流于形式。

3.不拘一格，富有灵活性。说课可以针对某一节课的内容进行，也可围绕某一单元、某一章节展开；可以同时说出目标的确定、教法的选择、学法的指

---

① 朱琦：《生物学教师说理能力的培养与要求》，载《生物学教学》2004 年第 4 期(第 9.9 卷)。

导、教学程序的全部内容，也可只说其中的一项内容，还可只说某一概念的如何引出，或某一规律的如何得出，或某个演示实验的如何设计，或某一技能的如何使用等等。要做到说主不说次，说大不说小，说精不说粗，说难不说易；要坚持有话则长、无话则短、不拘形式、自由研讨的原则，防止囿于成规的教条式的倾向。同时，在说课中要体现教学设计的特色，展示自己的教学特长。

四、说课应该注意的几个问题

说课，是介于备课之后，授课之前的教学活动。新教师们容易将说课与备课、上课混淆，因此，要说好一节课，就要弄清说课与备课、上课之间的关系。

1. 说课不同于备课

二者形式、内容和作用不同。备课主要是个体独立思考，做好一切上课前的准备工作；而说课则是说课者与评说者共同参与的，是一种群体的交互教研活动。备课将教师个人对教材、教学内容、教学过程、教学媒体的钻研成果体现在教案中，是教师个体对课堂教学主观设计的蓝图；而说课则通过说课者对教学设计及其理论依据的口头表述，部分地把教案转化成教学活动，通过评说者评议，消除了教学过程中可能出现的缺点和失误，在一定程度上保证了教学效果。

说课源于备课，又高于备课，是备课的深化和提高，教师的备课是个体独立的、无声的半封闭式劳动。说课与备课不同，它所呈现的不只是教学设计本身，而且更重要的是要说出备课中的思考，即不仅要说“教什么”和“怎么教”，更要说“为什么这样教”。这样，可使教师将教学设计的思维活动过程从隐性变为显性，从无声变为有声，使教师半封闭式的个体备课劳动置于集体的活动之下。

2. 说课不是说教案

说课与教案既有联系又有区别，教案是教师备课这个复杂思维过程的总结，是教师备课结果的记录，是教师进行课堂教学的操作性方案。它重在设定教师在教学中的具体内容和行为，即体现了“教什么”、“怎么教”。而说课虽也包括教案中的精要部分，但更重要的是要体现出执教者的教学思想、教学意图和理论依据，即思维内核。简单地说，说课不仅要精确地说出“教”、“学”内容，而且更重要的是要从理论和实践的结合上具体阐述“我为什么要这样教”。教案是平面的、单向的，而说课是立体的、多维的。

因此说课中教学理念应占有突出的地位，可以说是整个说课的灵魂所在。虽然，教案的编写需要理念的支撑，但这时的理念往往是作为一种素养发挥着潜在性的作用或影响，而说课则要使教师的教学理念摆在灵魂的位置，发挥它的控制、指导功能和支撑作用。因此没有贯穿教学理念的说课，是没有分量、没有力度和光彩的。

3. 说课有异于上课

说课是教学过程中的一种教研形式，上课是教学过程中的一种基本教学形式。

课前说课是上课的准备，上课是说课的目的之一；课后说课是上课的反思，上课是说课的基础。说课主要解决“怎么讲？为什么是这样讲，这样安排？”的问题；上课主要解决教学设计实施的问题。说课侧重于教学的设计依据，出发点在于提高教师的教育教学的理论水平；上课侧重于解决教学问题，出发点是顺利完成教学任务。说课主要反映教师备课的基本功和教育理论素养；上课则反映教师课堂教学的基本素质和综合能力。教学功底在说课中磨炼，教学效果在上课中体现。说课的构成要素主要有说课教师、听课教师、说课内容、说课手段等；上课的构成要素有讲课教师、教学媒体、教学内容、学生等。

说课与上课有以下四点的基本区别。(1)对象不同：说课的对象是教师或教学领导者，是在同行之间的一种教学研究活动。通过共同研究教学中的一系列问题，优化课堂教学，从而提高教师的教学水平和能力。而上课的对象是学生，是师生之间的知识、智能等方面的双边活动。通过“教”和“学”的活动，促进学生的全面发展。(2)内容不尽相同：说课与上课在教材内容上有一致的方面，但也有不尽相同的方面，说课侧重叙述“为什么这样做”和如何指导学生“怎样学”的科学理论依据、对课堂教学的“教”和“学”起了指导作用。而上课侧重结合学生具体情况，传授给学生具体的基础知识、基本技能和形成能力发展方面的内容。(3)组织形式不同：说课的组织形式灵活多样，有个别形式、小组形式、群体形式等等。它不受时间、地点、人数的限制。比起上课它有较大的机动性。(4)时间不同：因“说课”是在同行中进行的，知识层面高，所以要求在15～20分钟内，用凝练、浓缩的语言，说完厚实的内容，而非一节课的40分钟。

因此，说课要处理好说课与上课的区别，千万不能把上课的内容和形式浓缩后作为说课来对待。上课是教师依据自己所编制的教案，实现教学目的、完成教学任务的具体的教学实践活动，拥有动态生成的师生活动，严密的教学程序和系统的操作流程，还拥有学生这一鲜活的教学对象。说课则不同，说课面对的是领导、同行或教学研究人员，侧重于理性的阐述。说课与上课的性质是

根本不同的，从某种程度上讲，说课回答了自己怎样上好这节课的问题。

综上所述，说课与备课、上课之间有着很大的区别，但三者之间也有着密不可分的联系。备课是说课和上课的基础与前提，备课的质量直接决定着说课与上课的效果。而说课、上课是备课结果的表述和检验，通过备课与说课这两个环节，整合了课程，促使上课更具科学性、计划性、有效性。①

4.说课不能说得过于“悬”

教学方法和学法指导要避免说教学方法太过笼统，说学习方法有失规范。这是说课过程中不可缺少的环节，有些教师在这环节中多一言以蔽之：“我运用了启发式、直观式……教学法，学生运用自主探究法、讨论分析法”等等。至于教师如何启发学生，怎样操作，却不见了下文，甚至有的教师把“学法指导”理解为：解答学生疑问、学生习惯养成、简单的技能训练。如此将二者混为一谈，即是连什么是学法指导的概念都没弄清楚。

5.说课应详略得当

说课教师应对说课内容做出取舍，注意详略得当。说课不能面面俱到、平均用力，对于教学的重点难点、教学流程及理论依据等一定要详讲，对一般问题则要略讲。若不分详略，没有主次，会使听者感到茫然或厌烦。

说课教师在准备说课教案时应尽量自我提问，多问几个“为什么”，并力争做出科学合理的解释。为使说课更准确，说课时应尽量避免使用“可能”、“大概”、“或许”等词语。为提高说课质量，对于自己还没有搞清楚的一些问题，应在准备说课之前认真学习教学理论、研读课程标准和教材，查阅相关资料或请教专家与其他教师。当然，说课质量的高低在很大程度上还取决于教师的实践经验、语言表达能力及知识面等。

说课重在“说”字，说课应紧紧围绕课程标准与课程的设计与安排，突出“说”字：找准“说”点，选准“说”法，把握“说”度，把课“说”好。

6.说课手段、形式应灵活多样

说课过程可以借助各种辅助手段和材料，手段、形式应灵活多样。有的教师在说课过程中，既无说课文字稿，也没有幻灯片或运用任何的辅助手段。说课者说得头头是道，洋洋洒洒，听者却听得云里雾里。这样的说课，是难以达到预期的效果和目的。更有甚者，明明说自己设计了多媒体网络型课件来辅助教学，但在说课过程中，始终不谈如何制作和应用课程网页，让大家不禁怀疑其真实性。所以，说课教师可以运用一定的辅助手段，如多媒体课件的制

① 夏志清：《论说课》，载《河南师范大学学报教育科学版》2003年第4期。

作，实物投影仪，说课文字稿、幻灯片等，在有限的时间里向同行及评委们说清楚课的设计方法和原理。

总之，说课没有僵化的模式，其内容不必包罗万象，应有所侧重，详略得当，洋溢出教学理论素养。教师应避免说课读讲稿，防止把说课变成教学过程的"流水账"。

五、说课案例

案例一　《表格信息的加工与表达》第一课时说课稿

大家好，今天我说课的内容是广东教育出版社出版的高中《信息技术基础》必修模块第三章第二节《表格信息的加工与表达》。这一节分为2个课时，我今天说的是第一课时的内容，也就是3.2.1～3.2.3小节。

下面我将从以下五个方面进行分析：

一、教材分析

1.本节课的地位和作用

本节课的主要内容是通过表格的形式来组织和存储数据，对数据进行简单的分析。它属于信息素养中信息加工范畴的内容。另外，熟练使用Excel加工表格信息、表达意图是用计算机处理信息的方法之一，也是每个学生必须掌握的基本技能。因此学好本节课对于提高学生的信息加工素养和基本技能很有帮助，也为以后学习信息集成和信息交流奠定基础，有承上启下的作用。

根据课程大纲和课程内容标准的要求，我确定了以下三个维度的教学目标：

2.教学目标：

(1)知识与技能

① 描述表格信息的加工和表达过程；

② 学会建立表格的方法，并能够根据实际需求建立合适的表格；

③ 会利用表格进行数据的计算操作及分析。

(2)过程与方法：

体验表格信息的加工和表达过程，培养对实际问题进行需求分析的能力。

(3)情感态度与价值观

激发和保护学生对数据统计分析的求知欲，积极主动地在社会活动中学习和使用数据统计分析的知识，形成良好的信息活动态度。

3.教学重难点：

重点：熟练 Excel 的基本操作；

能根据实际进行需求分析，并根据需求建立合适的表格，直观地表达意图。

难点：合并单元格；

填充柄的使用；

利用简单的函数进行数据分析，完成布置的任务。

二、学生情况分析

教学对象为高一学生，他们已经具有一定的逻辑思维能力，能够自主独立完成一定要求的学习任务，喜欢具有挑战的任务。通过前阶段的学习，学生具备了基本的计算机操作能力，并且学生在初中已经接触过 Excel，了解了 Excel 的界面，会建立 Excel 表格。但学生对于根据任务需要对问题进行分析、整体规划和用 Excel 表格输出表达还是比较欠缺的。

三、教法和学法分析：

根据上述的教材分析和学生情况分析，我决定采用以下教学方法：情境创设法、讲授示范法、任务驱动法、个别指导法。

相对应的学法有：讨论法、自主探究法

（这些我将结合教学过程进行分析）

四、教学过程：

教学在网络教室进行，我将通过以下 7 个环节展开。

教学过程	教师活动	学生活动	设计意图
一、情境引入（4m）	以书本上的“文明班集体评优活动”的案例引入教学，提出问题：如何对这些数据进行收集和统计分析，并获得有效的信息？	产生疑问	通过情境创设，引起学生注意，激发学生兴趣

续表

教学过程	教师活动	学生活动	设计意图
二、呈现表格信息的加工和表达的过程(3m)	用PPT呈现表格信息加工和表达的过程的示意图,讲解分析 明确任务→建立表格→ 分析数据→形成报告	带着问题听讲	更有目的性 示意图很直观,有助于学生理解
三、引导学生思考、讨论,明确任务需求(4m)	引导学生讨论,对案例进行需求分析,得出结论:要用统计软件,如Excel表格进行数据统计和分析。	讨论,得出结论	学生相互探讨,相互交流
四、建立Excel表格(4m)	(广播教学)简单复习Excel界面、建立Excel表格和录入数据,重点讲解合并单元格的方法。 (先展示已经建立好的第一周评优活动成绩表,使学生对Excel有一个形象上的了解,然后示范建立第二周的成绩表,第三周的成绩表留给学生当上机练习。)	回顾相关知识	教师边讲授边示范,很直观,有助于学生理解
五、深化问题,进行数据分析(10m)	提出问题:"如果要对这些数据进行分析,可采取什么方法?" (广播教学)示范利用Excel计算平均分和总分,重点讲解Average函数、Sum函数和填充柄的应用。	学生讨论 听讲、思考	教师讲授示范,很直观,有助于学生理解
六、任务驱动,学生操作(15m)	布置任务:①独立完成书本上的任务2和任务3 ②如何用图表对已建立好的表格信息进行分析 巡回查看学生操作的情况,并对部分学生进行个别指导	上机操作,自主探究,独立完成任务1.学有余力的学生可以尝试完成任务2.遇到困难可以及时向老师求助。	动手实践,加深印象 基础知识,自主探究,独立掌握 个别指导,及时帮助有困难的学生
七、总结(5m)	对学生上机过程中出现的普遍问题进行统一讲解,总结这节课的主要内容,布置作业:复习Excel的基本操作(建立表格、求和及求平均数),并预习下节课的内容。	知识回顾、思考	及时解决学生遇到的问题,使学生能顺利地进行后续内容的学习

案例二 “素材的采集与加工”说课稿

一、教材分析

1. 教学内容分析

“素材的采集和加工”是选自广东教育出版社出版的《信息技术基础》第三章第三节(多媒体信息的加工与表达)中3.3.4节的内容,它是继文本信息,表格信息处理内容的延伸和提高,同时也是选修模块“多媒体技术应用”的基础。本节课是以“革命先驱——孙中山”多媒体作品为例,讲述了“图片的处理与合成”,“文本信息的选取与加工”,“动画的构思与制作”三个部分内容,属于操作性较强的部分。它对于培养学生进行素材的加工和处理能力有重要的作用。

2. 教学目标

根据课程标准和教材内容,我分别从知识与技能、过程与方法、情感态度与价值观三方面对教学目标设计如下:

知识与技能目标

(1)学会选择恰当的工具软件处理多媒体信息,呈现主题,表达创意。

(2) 能熟练使用 Power Point 软件进行操作,能对图片,文本进行加工与处理,完成作品中动画效果的制作。

过程与方法目标

(1) 采用合适的工具和方式呈现信息,发表观点,交流思想。

(2) 能应用信息技术的方法来表达信息,完成多媒体作品的制作。

(3) 观赏自己和他人的作品,思考信息表达最基本方式。

情感态度和价值观

通过让学生动手实践,体验进行信息处理的过程,获得学习的兴趣和探索欲望。养成积极主动地学习和使用信息技术,参与信息活动的态度。

3. 重点和难点

重点:

学会选择恰当的工具软件(Power Point) 处理多媒体信息,呈现主题,表达创意。

(依据:选用工具软件进行信息的加工和处理,是实现多媒体创作的关键)

难点:

怎样选择恰当的多媒体信息组织和表达形式,并通过技术手段的实施呈现理想的效果。

使用 Power Point 软件进行信息加工和处理,使用 Power Point 软件进行动画设计。

(要能很好地组织和表达信息,需要有较强的操作能力,需要更多的实践)

二、学习者分析

对象:高一年级的学生

学生特点:在此之前,学生已经学习了文本与表格信息的加工与表述,也在一定程度上学会了用相关的软件工具进行信息的处理。不少学生已经具备了一定的信息处理能力和对信息的敏感.但学生之间在操作能力上还是存在不少的差异,比如学习环境不同,已有认知不同等都会导致学生的差异。

三、教法与学法

根据教学内容及对学情的分析，本节课我采用的教法和学法有：

1. 讲授法：主要是讲解素材处理时的注意点，让学生学会怎样来处理多媒体信息。

2. 小组合作法：学生在操作能力上存在差异，通过小组合作方式，学生之间可能互相帮助，交流思想。

3. 提问法：展示出一组图片，让学生通过对比分析，获得更深的体会。

4. 任务驱动法：通过布置任务让学生上机实践，提高学生的操作能力。

在教学中，我主要是以课文案例为主，但会结合学生的兴趣主要通过层层任务驱动，一步步让学生体会到信息处理这一过程的乐趣，让学生在乐中学习。

四、教学过程

教学过程	教师活动	学生活动	设计意图
复习旧知，引入新知 （讲授法，提问法） （2分钟）	提问学生："制作多媒体作品的基本过程是哪五个过程"； 小结并引入课题：素材的采集与加工。	思考并回答老师提问。	复习旧知，引入新知。
新课教学 一、图片的处理与合成（12分钟）	陆续播放四张不同的孙中山封面图，提问学生四张封面图的不同点，让学生比较分析。 对学生的分析结果进行小结； 讲解怎样在Power Point里设置图片的透明色； 提出任务一：进行孙中山效果图的设计，可参考已经设计好的效果图，但希望能看到学生更好的创意。	学生比较，并回答原因 上机实践。	让学生对封面图片进行对比分析，激发学生的学习兴趣，调动学生的积极性； 提出任务，让学生上机实践中发现问题，解决问题.鼓励学生的发散性思维
二、文本信息的选取与加工（12分钟）	播放孙中山ppt作品，关于"人物"，"足迹"，"怀念"，"传承"，"开拓"五个部分的内容； 提问学生人物版面的设计意图； 讲解文本信息选取与加工的关键点； 布置任务：两人组成一组，每组从"人物"，"足迹"，"怀念"，"传承"，"开拓"这五个版面任选一个，每组至少完成一个页面的设计	两人组成一组合作，利用所提供的素材合作任务	培养学生重点精选材料，体现设计意图，根据媒体表达形式的特点，在有限的版面中使得内容表达更加丰富、深刻的能力。 小组合作学生之间互相帮助，发展学生构思。

续表

教学过程	教师活动	学生活动	设计意图
三、动画的构思与制作(12分钟)	提问学生,欣赏孙中山的作品中最吸引他们的地方是什么,引入动画的制作; 演示制作孙中山封面文字滚动效果,并进行相应的讲解; 布置任务三:小组同学继续任务二所设计的版面,设计制作文字及图片的动画效果。	依然两人一组合作.学生进行大胆设想,发挥最大的想象力,尝试操作。	由问题引入,引起学生注意; 通过任务驱动,让学生亲历动画制作过程,体验其中的乐趣。
作品展示(5分钟)	展示同学优秀作品,肯定学生作品并指出不足。	同学互相评价优点和不足。	展示学生作品,肯定学生的能力,激起学生更大的学习兴趣.学生之间互评,从中找到自己的缺点和不足之处.也能学习别人的长处。
归纳总结(2分钟)	1. 学会了图片背景设置透明色; 2. 学会了对象的组合; 3. 懂得对象动画效果的设置: 4. 理解了恰当的动画效果可提高作品的表现力,反之则影响作品的表现力。 5. 布置作业,巩固知识(要求学生复习且要预习声音和视频的处理和加工)。		通过对本节课总的内容的回顾,学生形成系统的知识。

五、教学效果预测

学生在操作过程中,对合并单元格、填充柄和函数的应用可能会存在一些困难,但是经过老师的辅导,大部分学生能完成布置的第一个任务,少数程度比较好的学生能完成第二个任务。

第四节　说课的评价

为了引导和把握说课的方向,保证说课的质量和水平,必然要评说课。说课技能不仅指开展说课，还包括评价说课，只有将二者有机结合，才能使教师更理性地对待说课，研究说课，说好课，才能更有效地促使教师加强教学反思，不断提高教学研究的有效性。

然而，要恰如其分的评价说课却比较困难。首先，评价的本质是一种价值判断，而教育价值判断具有很大的主观性，常常取决于评价者自身的教育理念；其次，教学活动是一个多因素参与的复杂过程，要以非常明确的评价标准来客观的衡量教师说课的好坏还有较大的困难，因此目前说课的评价技术与方法也都不够成熟，并且在基础教育学科众多，各有特点的情况下，很难形成一套适合各学科特点的说课评价体系；最后，说课不仅有多种方式，而且也有各种不同的目的指向，因而评价也会有不同的侧重点和方法。

一、说课评价的原则

尽管对不同类型的说课，评价标准不同。但是，一般来说，评价说课应该评价说课者：理解和把握教材的情况；贯彻落实教学目标的意识；选择的教学方法；设计的教学程序，选用的教学机制几方面的内容。为切实发挥说课活动在促进教师专业成长及提高课程实施水平方面的重要作用，在对说课进行评价时可以遵循以下原则。

（一）及时性原则

为了防止因遗忘而降低评价的效果，使说课评价能达到良好效果，说课评价应该采取"当场说、当场评"的方法。心理学的研究也说明，只有置身现场氛围，人的情绪才会高涨，人的新鲜思想才容易迸发，现场的氛围容易使人形成思路，易于阐述个人的观点。因此，"当场说、当场评"，可以使说、评双方都能得到有效的启发，有助于教学研究的深化。

（二）客观性原则

客观性原则就是强调要以实事求是、客观、公正的态度，对说课内容进行评价，绝不能片面地、掺杂个人因素地评价说课。客观评价要求评价者既要善于发现说课中的闪光点，肯定教师成功的做法或探索，以鼓励教师参与说课的积极性；又要实事求是地指出说课中存在的问题，针对不足提出建设性的意见以及改进和优化的方法或策略，坚持用"一分为二"的辩证观点来审视教师的说课。

（三）参与性原则

从说课活动的形式来看，说课实际是一种说听双方全体参与、共同研讨的教学研究方式。参与性原则是开展说课评价的基本原则，也是提高说课效果

的重要因素。

(四)校本化原则

不论采用何种方式或途径来实施说课,其目的都是为改进和优化教学实践。立足学校,以教研组或年级组为单位开展说课活动,让教师在研讨中共同提高,这是整体提高教师队伍专业素质的有效方式。因而,说课评价日益呈现出校本化的特征。建立以校为本的教学研究机制,促进教师在合作与对话中共同提高,已成为学校发展和培养教师的重要途径。

二、说课量化评价表

说课量化评价表(表12-1)

表12-1 说课量化评价表

项目	评价内容	等级分数			得分
		A	B	C	
教材分析 20%	说明教学内容的地位和作用	8	6	4	
	说明教学目标、要求及成因	7	6	4	
	教学重、难点及其成因分析	5	4	3	
教法分析 20%	阐述教法设计的理论依据和对激发兴趣、建构知识、培养能力、提高素质等方面的积极意义	8	6	4	
	说明实验或现代教育手段在突出重点、突破难点上的作用和优势	7	6	4	
	说明教学反馈、控制与调节的措施及设计思想	5	4	3	
学法指导 15%	能恰当分析学生的基础、能力、特点、和素质	8	6	4	
	说明指导学生自我建构知识的措施、方法及成因	7	6	4	
过程分析 35%	说明课堂引入的方式及其优越性	5	4	3	
	重点说明教学过程中的关键环节对启发思维、建构知识、培养能力、提高素质等方面的作用	20	15	10	
	说明教学过程对体现新课程理念、实现教学目标的作用和意义	10	8	6	
教师素养 10%	教态端庄自然,语言简练生动,普通话准确且具感染力;板书设计精炼、有条理,辅助教学操作熟练	10	8	6	
满分	100分	得分			
特色加分	教学设计有创新可加1—3分,但总分不得超过100分				

思考与练习

1. 什么是说课？
2. 说课有哪些特点和作用？
3. 说课有哪些类型？
4. 说课的内容及其设计。
5. 说教学程序的内容和方法。
6. 说课应遵循的基本原则。
7. 说课的方法和技巧。
8. 说课有哪些基本要求？
9. 说课与备课、讲课的区别与联系。
10. 说课评价的原则。

第十四章

评课技能

在当前的教研活动中，学校经常要求教师对所听的课作出一些课后点评与评论。然而，要对自己和别人的教学做好评价，说出个子丑寅卯来，却不那么容易。有的老师在点评时束手无策，语言苍白无力，缺乏理论上的支撑；有的则泛泛而谈，不着边际；有的碍于情面，一味吹捧……种种不良现象，不一而足，影响了评课的质量，削弱了评课对改进教学所起的作用。出现这种现象，可能是教师评课的态度有问题，或者是缺乏教育教学理论知识储备、或者是经验积累不足，而对评课应遵循的原则及评课的方法、技巧的知之甚少也是影响教师评课质量的主要原因。当前，评课作为一种特殊形式的教学交流与评价活动，是提高教师从教能力，促进教学反思，提高课堂教学质量的有效途径，也是衡量教师教学水平的重要方式，是教师必须具备的一项教学技能。

第一节　评课技能的含义

一、什么是评课

评课是一项常规的教学研究活动，一般指评课者在随堂听课后对授课教师这节课的教学行为和结果进行的一系列评价活动。科学化的评课可以客观地评判教师课堂教学水平以及不同的教学方法和内容所产生的教学效果，并以此为教师提供反馈信息，利于教师改进教学。评课作为一种特殊形式的教学交流与评价活动，是提高教师从教能力，促进教学反思，提高课堂教学质量的有效途径，也是衡量教师教学水平的重要方式，是教师必须具备的一项教学技能。

二、评课的作用

评课是教学、教研工作过程中一项非常有意义的活动，通过评课，同事之间可以相互学习，相互促进；领导可以发现不足，推介经验；专家可以了解动态，发展教学理论。

（一）导向作用

评课本身就具有方向性和目标性，通过好课标准评价目标和评价体系的指引，可以为教师的“教”和学生的“学”以及应达到的程度指明方向。这样，通过评课过程的不断反馈和调节，可以使教师了解学生达到目标的程度，发现教学中存在的问题，使教师的教学不断改进，学生的学习不断强化和提高。因此，评课对课堂教学起着导向和指挥的作用。

（二）激励作用

上课者通过评课可以看到自己的成绩和不足，找到成功和失败的原因，促使他们发扬优点、克服缺点、不断改进教与学，启动他们的内驱力，调动教与学的积极性。这是评课功能的重点。

（三）改进作用

运用反馈原理，通过评课及时获得有关教与学的反馈信息，判断教学过程是否有效。好的地方得到强化，缺点和不足得到改正，使课堂教学不断改进、提高和优化，达到大面积提高教学质量的目的。

（四）鉴定作用

评课能对教学行为、学习行为和教学结果进行价值判断。通过评课来比较、区分教师的教学能力和学生的学习能力，获得确定学生水平和教学有效性的证据，以便制定周密的计划，有利于今后的指导和培养。

（五）教研作用

评课作为教学研究和教学实践的工具，通过评价不断地明确为达到一定教学目标所应选择的方法和程序，为教学研究和教学实践提供必要的信息，同时也为教师专业成长拓展了一条有效途径。

三、评课的类型

从不同的角度评课可以划分为不同的类型，不同类型的评课其特点和要求都有所不同。

(一)依据评课的目的划分[①]

评课的类型很多,依据评课的目的,可分为对教学经验丰富的优秀教师的示范性课堂教学所做的观摩式评课;旨在诊断课堂教学存在的问题和不足,提高授课教师和青年教师的授课水平的培训式评课;旨在发挥集体优势,取长补短,共同提高评课参与者的教研水平的研究式评课;旨在衡量课堂教学水平,评价授课教师教学素质的考核性评课。

1. 观摩性评课

观摩性评课通常是选择教学经验丰富的优秀教师做课,组织专家与其他教师对授课教师的示范性课堂教学作点评,交流、总结其教学经验,从而使参与评课的青年教师从中受益。

2. 培训性评课

培训性评课一般以年级组或教研组为单位,骨干教师与青年教师共同参与。在随堂听课的基础上,可先由授课教师自我评课,再由青年教师充分评课,最后由骨干教师进行有针对性的总结评课。培训性评课旨在诊断课堂教学存在的问题和不足,提高授课教师和青年教师的授课水平。

3. 研究性评课

研究性评课一般以课题组或学科组为单位,通常采取集体备课的形式,相互切磋,共同探讨,写出教案,然后指定几位教师分别讲课,课后逐一进行集体评课,不断完善教学方案。研究性评课旨在发挥集体优势,取长补短,共同提高评课参与者的教研水平。另外,在教学改革的尝试阶段通常也采用这种评课形式。

4. 考核性评课

考核性评课一般由学校领导或上级教育部门组织评课专家组,在随堂听课的基础上,对授课教师的课堂教学行为和效果作出一系列综合评价,侧重对授课教师的教学质量进行专项测评。考核性评课旨在衡量课堂教学水平,评价授课教师的教学素质。

(二)根据组织形式划分[②]

根据组织形式,评课也可划分为个别面谈式、小组评议式、书面材料式、调查问卷式、陈述答辩式、点名评议式、师生评议式、专家会诊式和自我剖析式等

① 王洪录:《现代教学技能》,http://broadcase.chsnenu.cn/edu/chapter/ch 06_4_2.asp,下载日期:2013 年 1 月 14 日。

② 杨九俊:《新课程说课、听课与评课》,教育科学出版社 2004 年版,第 85~86 页。

形式。

1.个别面谈式。听课者与执教者面对面地单独交流;更容易进行双向沟通。既可以保护执教者的自尊心,探讨问题也更容易深入。当然,这只限于听课人数只有一两个人的情况下采取。

2.小组评议式。人数较多往往采取小组评议的方式进行,特别是学校举行一些示范课、研究课等。程序主要为:一是执教者说课。二是听者评议。三是领导、专家总评。

3.书面材料式。评课要受时间、空间、人员、场所等多种因素的影响,有些不便在公共场合交谈的问题可以通过书面传达自己的见解,还可以填写举办者设计的评课表。

4.调查问卷式。主要有三种形式,其一是学生学习效果调查表,二是听课者对课堂教学情况的评价表,三是教师自评表。这要根据评课者或组织的需要来决定。

5.陈述答辩式。先由执教者陈述自己的上课设想、教学思路、教学方法、教学理念、教学特色、教学成败等问题,可有侧重地谈谈。接着就像辩论比赛一样,评课者提问,双方再各自阐述自己的观点,然后进行总结。最后,权威专家点评。

6.点名评议式。这种评议方式有点像考试,有评课组织者或负责人采取点名的方式请参加评课者进行现场点评。

7.师生评议式。这是体现教学民主的一种评议方式。执教者评议学生学习态度、学习效果、学习方式、合作情况和技能掌握情况等,多肯定积极因素,少批评。学生则主要评议教师上课的精神面貌、自己学的情况,有没有没搞懂的知识等方面。

8.专家会诊式。邀请专家对执教者的课进行会诊,更容易帮助青年教师扬长避短,尽快迈上课堂教学的轨道,尽快成长起来。由于专家看问题比较准确,比较深入、能够有理有据,所以专家会诊更有说服力。

9.自我剖析式。这是重要的一环。在听取了别人的评价后,执教者要及时进行反省性的修改、优化,进行二度设计。特别是在反思时要根据自己的不足,探究失误的原因并及时记录,以防止类似问题的出现。

另外,依据评课主体可分为同事之间互相学习、共同研讨评课;学校领导诊断、检查的评课;上级专家鉴定或评判的评课等。

(三)微格教学评课

以上评课都是在真实的教育情境中进行的,而微格教学是一个运用教育

技术的手段有控制的教学实践系统,带有实验室情境的性质。微格教学中的评课,主要任务是让实习生或年轻教师掌握教学评价的原则和技能,在自我评价和评价他人的过程中,进一步加深对教育教学理论的理解,对教学策略的应用进行研究和反思,逐步提高教学评价能力。在这种微格教学这种实验室情境下的评课,依据评价主体的不同,可采用自我剖析式、小组评议式、师生评议式三种形式。也可以将三种形式结合起来使用,先由授课教师自我评课,再由小组成员充分评课,最后由指导教师进行有针对性的总结评课,以提高评课质量。

第二节　评课的内容和要求

课堂教学是评课的主要对象,而看似平常,并不平常的课堂教学,涉及教学思想、教材处理、教学内容的组织,教学方法和手段的选用、学生活动的组织等等多个方面。构成教学的各个要素就成为我们评课的内容。

一、评教学思想[①]

教学思想是教学行为的灵魂,是教学实践和教学价值观的体现。教学思想的优劣,不仅决定着教学行为的方向,还影响着教学效果的好坏。所以,针对课堂教学的成功与失败,首先应从教师教学思想方面做出肯定与否定的评析。具体来说,从教学的宏观模式来看,是素质教育的模式,还是"应试教育"的模式;是对社会需求和学生终生发展负责,还是对学生一己一时(升学)负责。从教学的微观过程来看,主要评价教授与反馈是否注意到教育对象的全体性,教学是否面向全体学生,突出个性,体现差异性;教与学的组织是否体现教师"主导"与学生"主体"的角色作用,是否突出了学生的主体地位,树立了以学生为本的理念,师生关系和课堂气氛是否融洽和谐;教学活动是否体现了情感意识,教师在教学中是否引导学生独立自主地学习,体现知识的形成过程;是否注重了精讲精练,体现以思维训练为教学重点。知识传授、能力培养、德育渗透等是否有所偏废或顾此失彼的现象,是否注重了对学生创新能力和学习动机、兴趣、习惯、信心等非智力因素的培养。

---

① 吴仲平:《评课评什么》,载《教学与管理》2002 年第 5 期。

二、评教学态度[1]

如果说教学思想决定着教学行为的方向，那么教学态度就决定着教学行为的努力程度。教学态度是否严谨认真，主要从以下三个方面看：

一是教师在教学设计时，对教材、课程标准等相关资料及学情是否研究透彻、把握准确。教学目标不够明确、具体或过高过低，重、难点把握不准，教学内容的内在逻辑结构不清楚，出现知识性错误等，首先就是一个教学态度的问题，是教师课外的功夫下得不够造成的。之所以不将其归因为教学水平问题，是因为目前教师队伍基本是“科班”出身，且各类配套“教参”齐全。

二是课前准备是否充分。教案不熟、教具不全；演示实验课前不试做，课堂上出现问题；课堂表现慌乱以至丢三落四，出现明显的教学遗漏等现象，就属于课前准备不充分。

三是课堂表现是否严谨。偏离课题夸夸其谈，浪费有限的教学时间；不注意留心学生的反馈和情绪反应，表现目中无人；遇到偶发事件，采取不负责的处置方法等现象，就属于课堂表现不严谨。

评教学态度，一是要结合教学常规、工作要求，以体现教学管理的严肃性；二是要结合教师本人的成长进步，动之以情、晓之以理，帮助确立正确的教学态度和人生态度。评教学态度，要注意就事论事，不可笼统直言“教学态度”好坏，不可夸大其词，更不可就事论人。

三、评教学目标

教学目标是课堂教学评价的重要指标。在教学之初，教师要明确陈述目标，在教学过程中还要经常提醒学生关注教学目标，把注意力集中到如何使自己达标的内容及其活动上。这是提高课堂教学质量和效率的一条重要措施。评价教学目标要注意：(1)目标的表述是否准确、合理、明确具体，是否有明确的知识、能力、情感三维目标，便于学生理解和把握，并且便于检测。(2)预定的教学目标是否达成。这可以通过观察教学过程(三维学习目标是否贯穿于教学过程的始终)，检测教学效果(课堂结束时教学目标的达成情况)来确定。

四、评教材处理

处理好教材是上好一节课的关键。教学效果如何，主要就看教师在课堂

---

① 吴仲平：《评课评什么》，载《教学与管理》2002年第5期。

教学中处理教材的能力。评析对教材的处理，一是看教师对教材理解是否深刻、正确。如，对所教内容的地位作用的理解是否正确，能否看出教材编写的思路和深意，深入理解知识内容的内在联系，是否准确地把握住教材的重点、难点和关键等。二是看教师对教材的处理合理、得当。如，是否能根据教学目标、学生的知识基础、认知规律以及心理特点，对教材进行合理的调整充实与处理，科学安排教学程序；选择合理的教学方法，使教材系统转化为教学系统，形成明晰的教学思路；能否结合教学内容的特点，捕捉教材中的或与教材有关联的甚至是各种迁移性质的能训练学生语言和思维能力的材料，用活教材，在探究、讨论与练习的实践中使学生活学活用，把能力提高；还要看教学内容分量安排是否适当，重点是否突出，难点是否突破；理论联系实际的事例材料是否准确、科学、典型，是否贴近社会和学生现实生活，是否有说服力；作业布置是否难易适度、分量适中，具有启发性、开放性，等等。

五、评教学程序

教学目标要在教学程序中完成，教学目标能不能实现要看教师教学程序的设计和运作。因此，评课就必须要对教学程序做出评析。教学程序评析包括以下几个主要方面。

1. 看教学思路设计

教学思路是教师上课的脉络和主线，它是根据教学内容和学生水平两个方面的实际情况设计出来的。它能反映出教者教学措施的编排组合，衔接过渡，教学内容的详略是怎样安排的。

教师课堂上的教学思路设计是多种多样的。为此，我们评教学思路，一是要看教学思路设计，符合不符合教学内容实际，符合不符合学生实际；二是要看教学思路的设计，是不是有一定的独创性，能不能给学生以新鲜的感受；三是看教学思路的层次、脉络是不是清晰；四是看教师在课堂上教学思路实际运作的效果。

2. 看课堂结构安排

教学思路与课堂结构既有区别又有联系，教学思路，是侧重教材处理，反映教师课堂教学纵向教学脉络；而课堂结构，则侧重教法设计，反映教学横向的层次和环节。它是指一节课的教学过程各部分的确立，以及它们之间的联系、顺序和时间分配。课堂结构也称为教学环节或步骤。课堂结构的不同，也会产生不同的课堂效果。可见课堂结构设计是十分重要的。通常，一节好课的结构应做到结构严谨、环环相扣，时间安排恰当，过渡自然，预习、质疑、实验探究、讨论总结、练习提高等环节有机结合。我们还要看在课堂教学中教师能否在围绕教学目标，注意学生的学习纪律和信息反馈，根据学生学习现状实时调整教学计划，实现了教学信息多向交流，反馈及时，矫正奏效。

六、评教学方法和媒体运用

评价教法运用主要评价教学方式手段是否恰当，是否符合认知规律，是否灵活且有实效；是否激发学生兴趣，是否启迪学生思维；是否注重学法指导及培养学生学会学习的能力；是否正确、有效地使用现代教育技术手段。所谓教学方法，就是指教师在教学过程中，为完成教学目的、任务而采取的活动方式的总称。但它不是教师孤立的单一活动方式，它包括教师“教学活动方式”，还包括学生在教师指导下“学”的方式，是“教”的方法与“学”的方法的统一。评析教学方法与手段，包括以下几个主要内容。

1.看是不是量体裁衣，灵活运用

我们知道，教学有法，但无定法，贵在得法。教学是一种复杂多变的系统工程，不可能有一种固定不变的万能方法。一种好的教学方法总是相对而言的，它总是因课程，因学生，因教师自身特点而相应变化的。因此教学方式、方法必须根据教学内容的特点、本班学生的实际状况，以及教师个人的教学风格，量体裁衣，灵活运用。

2.看教学方法的多样化

教学方法最忌单调死板，再好的方法天天照搬，也会令人生厌。教学活动的复杂性决定了教学方法的多样性。因此，评课既要看教师是否能够面向实际，恰当地选择教学方法，同时还要看教师能否在教学方法多样化上下一番工夫，使课堂教学超凡脱俗，常教常新，富有艺术性。

3.看教学方法的改革与创新

评析教师的教学方法既要评常规，还要看改革与创新，尤其是评析一些素质好的骨干教师的课。更要看课堂上的思维训练的设计，要看创新能力的培养，要看主体活动的发挥，要看新的课堂教学模式的构建，要看教学艺术风格的形成等。

4.看现代教学媒体运用

评课时，要看教师对现代化教学媒体的运用，能否从教学的实际需要出发，做到适用、适时、适当、有效，而不是搞花架子，赶时髦。

七、评学法指导[①]

在教学中渗透学法指导，让学生掌握一定的学习方法，达到自己学习的目的，这是评课的又一重要内容。评学法指导要评价课堂教学中是否渗透了学科思想方法的传授；是否对学生进行了有针对性的学法指导；学生是否掌握了解决疑难问题的一般思路与方法；教师的学法指导是否科学合理，是否面向全体，注重差异；学生能否积极地提出问题，并主动地探求解决问题的方法，等等。

八、评教学实效

评教学实效，要从教学效果和教学效率两方面分析。

1.评教学效果

教学效果如何，一是看学生学到多少东西，受到哪些教育，二是看学生获得了多少激励和满足。前者主要体现在学生知识的增长、学习方法的获得、技能的训练、智力的发展、情感的陶冶、意志的锻炼，以及思想方法、政治观点、道德信念和价值观的形成等方面，它是当堂教学效果的实质所在；后者主要体现在学生学习兴趣和信心的培养上。

评教学效果，要结合预定的教学目标、具体的教学内容、现实的教学设备、设施条件以及学生的学力状况、班级性格等进行。一般来说，没有明显的遗漏或遗憾，达到既定的教学目标，就可以视为教学效果好。

2.评教学效率

评教学效率，则不仅要评出教学效果的好坏，还要算一算时间账。教学效果好，但容量小，属于整体教学效率不高；弄简成繁，枝节问题纠缠不休，表现明显的徒劳无功，属于局部教学效率不高。

九、评教师教学基本功

教学基本功，是教师上好课的一个重要方面，所以我们评课，还要看教师的教学基本功。通常教师的教学基本功包括以下几个方面的内容。

1.看板书。好的板书布局合理，格式规范，设计层次分明，条理清晰，无笔误和错别字，书写流利、字体工整美观，板画是否娴熟规范。

---

① 王洪录：《现代教学技能》，http://broadcase.chsnenu.cn/edu/chapter/ch06_4_3.asp，下载日期：2013年1月14日。

2.看教态。据心理学研究表明：人的表达靠55%的面部表情+38%的声音+7%的言词。教师课堂上的教态应该是精神饱满，态度热情，仪表端庄，举止从容，表情配合讲解变化生动，富有感染力；身体尽量面向全体学生；与学生的眼神交流广泛。

3.看语言。教学也是一种语言的艺术。教师的语言，有时关系到一节课的成败。教师的课堂语言，应做到声音洪亮、普通话标准流利，语速快慢适度，语调高低适宜、抑扬顿挫，富于变化。讲解使用学科专业术语、准确清楚、无知识性错误；语言精当简练，生动形象，有启发性；过渡自然，无废话和口误。

4.看操作。看教师能否恰当运用各种教具以及运用教具的熟练程度；实验操作是否规范、熟练。有的还要看在课堂上，教师对实验的演示时机、位置把握得当，是否照顾到全体学生，并达到良好效果。

根据上述评价的内容和要求，可以构建评课的指标体系，划分评价的不同等级，为当前开展评课活动提供可资借鉴的价值标准，来测评授课教师的教学行为和实际效果。

第三节　评课的程序和方法

任何评价都是在信息搜集与整理的基础上所做的价值判断，信息搜集与处理的方法是否科学合理，将极大影响评价的客观公正性。评课的信息一般来自于课堂观察，因此，随堂听课或观看教学录像是进行教师课堂教学评价的最重要方法，也是课堂教学评价最常用最基本的方法。

一、准备阶段

（一）熟悉课标，掌握教材

在评课中获得发言权，关键在于精通业务，掌握课标精神，熟悉教材。因此，首先我们平时要善于学习，使自己具有较厚实的教学理论，了解教学改革的最新形势，吃透课标精神。其二，还应在听课前认真阅读教材，了解这一课的教学目的，教学重点、难点、练习内容等，同时自己设想一下，假如让我教这样的课，准备怎样教，以便听课时有个对比。如果听课不做准备，匆忙走进教室，不理解上课教师的教学意图，不熟悉教材，就不会有较大的收获。只有做到评课前有准备，才能在听课中看到教师的经验和找出闪光点，才能在评课中意见提得准确且具有指导意义。

（二）了解执教者的基本情况

上好一节课的决定因素在教师，教师的教学水平取决于教师的素养、能力。我们应对教者的基本情况有所了解，这样才能根据教师的具体情况进行具体分析，对不同层次的教师的课做出有针对性的评价。如：对业务能力差的教师，用骨干教师评课标准去评议他，那么他的课的毛病会很多，这会挫伤了他的积极性和自尊心；对业务能力较强的教师，用低水平的标准评议，对他的再提高就没有帮助。

（三）确定听课重点①

教学评价的内容广泛，如果要对课堂教学的方方面面进行观察和评价，不仅对评价者而言不太现实的，而且容易使评价流于宽泛，缺乏针对性，无论是对听课教师还是对授课教师而言，帮助都不大。因此，教师在听课前必须确定观察的重点，以便听课时能有目的、有重点的观察记录，而不是不分主次地观察所有的教学活动。只有这样，评课时才能以详尽的事实作为依据，有重点的进行评价。一般每次听课最多确定两个到三个听课重点，因为无论评价者的经验有多丰富，要求他注意太多的听课重点都是不现实的。

那么怎样确定听课的重点呢？

首先可以根据评价对象的意见确定重点。有些评价对象认为自己的教学语言不够精练，听课者就应该如实地记录教师的语言，特别是教师的过渡语。有的评价对象认为自己课堂教学结构安排不够合理，不能很好地控制教学时间，评价者就应该记录教师在各项教学活动中的用时，在听课后的反馈中与该教师讨论哪些地方讲得不够，哪些地方过于拖泥带水，哪些是可以省去的不必要的环节。

还可以根据评价者的意见确定听课的重点。例如评价者在对评价对象作了一定的了解后，认为该教师的课堂提问没有启发性，或者评价者根据最近一段时间的课堂观察经验，认为目前教师普遍存在着提问方式不当的问题，那么就可以把对提问技能的观察作为观察的重点。听课者应该如实地记录教师提出的问题以及学生回答，然后在听课后的反馈与讨论中，与教师探讨一下提问的技巧和效果。例如，可以把教师的提问分为：识记和再认问题（只需找到书上的词语即可回答，或者只需回答“是”“不是”、“对”、“不对”的问题），归纳和推理性问题（需要用自己的语言进行归纳和推理的问题）、创造性问题（答案不

---

① 唐晓杰等：《课堂教学与学习成效评价》，广西教育出版社 2000 年版，第 47～48 页。

唯一，需要学生提出自己独特见解的问题）等，指出教师各类提问的多少，提问应该难易交叉，既考虑到基础知识教学的需要，也考虑到创造力培养的需要。

（四）设计观察记录表和评价表

1. 课堂记录表

听课前如果能够根据听课重点设计一份记录表，会提醒自己观察的方向、注意的要点，并能防止记录不全或记录混杂。一般的课堂记录表的表头包括学校、班级、教师姓名、课题、听课时间等。记录用的课堂记录表可以分为两栏，一栏为课堂教学实录，第二栏为评析。如表14-1。

表14-1　听课记录表

评价项目	好　中　差	权重	
学校	班级	授课人	时间
教学科目	章节	课题	课型
课堂实录	（板书、投影、教学过程）	评析	

课堂教学实录一般包括教学环节和教学内容，以及教学时采用的方法（多以记板书为主）；各个教学环节的时间安排；学生活动情况；教学效果等。但是一堂课教学设计的内容很丰富，要非常详细地记录每一细节，是很难办到的，因此，应该有选择地做好记录，在设计记录表时，不妨采用分类法，根据听课重点设置几个栏目。例如对于新手教师或实习生，在教学时间的分配以及提问和过渡语上通常存在较大问题，这时可以将课堂实录栏再细分出三栏：第一栏记录"教学环节和时间"，第二栏记录主要提问和过渡语，第三栏记录板书和投影。如果听课重点是看"学生怎么学"，那么就有必要专门列出一栏记录学生的提问、回答和活动。通过分栏，可以对授课教师的表现进行有类别的记录，听课更有方向，评课更能重点突出。课堂记录也可以根据个人习惯，不采用表格的方式，而采用综合描述或对话记录的方式，这种方式比较适合有经验的评价人员。

评析一栏主要记录自己当时听课时产生的随感和评价，包括对教学方法选用、教学环节的优化、教学语言的特点、教学思想的体现等的思考和评价。一般来讲引起听课者思考的多为如下方面：一是施教者亮点即成功之处，比如一种好的教学方法，一个巧妙的教学设计，一种新的思维方式，对某一问题的独特的处理技巧，一个意外事件巧妙处理，一个巧妙的引入过渡承转，独具匠心的留白，甚至是一句实用的话，一个贴切的词语；二是施教者瑕点即不足之处，回顾、梳理和剖析这些"败笔"之处，重新思考设计，在以后自己教学时得以

改进和提高，同时引以为鉴，也可以使我们在以后的教学中少犯或不犯同类错误，减少失误，提高教学水平；三是发现学生的困惑和独特见解，可以使我们了解学生的思维，对教学设计的疏漏的进行补充和完善；四是听课者受启发闪现出来的灵感，马上记录下来可供评价交流探讨。

2. 观察量表

在确定了观察重点后，对于可以量化的部分，也可以设计课堂观察量表帮助我们进行观察记录。采用课堂观察量表进行听评课是一种定量研究课堂的方法，科学编制的课堂观察量表不仅可以指引观察重点、节省记录时间、还可以为分析教学行为和策略提供较为客观准确的评价依据。例如利用学生回答问题数量情况统计表，观察课堂上回答问题的学生的数量与分布情况，看教师是否关注每个学生，从中也可看出学生的座位编排是否合理；而对教师提问以及学生回答情况记录，这一记录可以反映教师设计问题的水平(包括问题的难度和数量是否适当)、学生回答问题的质量以及学生主动提问的情况，也可以反映整个课堂的开放与封闭、预设与生成情况等。

虽然课堂观察量表具有很多优点，但是编制较为困难；又因为课堂教学是生成性的，情境性的，量化的过程中往往会丢失宝贵的信息，并难以概括课堂的全貌，因此在听课记录中较少采用。

3. 评价表[①]

对于一些考核性的评课，听课前往往还会为评课者准备一份课堂教学评价表。这些评价表是在评价指标和评价标准的基础之上设计的表格或问卷，听课者可根据其中所列项目确定观察要点，以便将观察到的表现与表中选项对应打钩。如表 14-2。

表 14-2　基层课堂教学评价表

表现指标	表现好的例证	A　B　C　D　E	表现差的例证
教学设计	教学目标合理，内容选择适当 教学有明确重点，符合课程标准的要求		教学内容散乱 没有重点 重点明显偏离课标

① 唐晓杰等:《课堂教学与学习成效评价》，广西教育出版社 2000 年版，第 52～53 页。

续表

表现指标	表现好的例证	A B C D E	表现差的例证
	解决难点问题		回避难点
	符合学生的知识基础和能力水平 面向全体学生		内容明显低于学生的认知水平 多数学生难以理解
教学方法	教师能根据实际学习情况调整授课速度及内容		节奏过快或拖沓
	注意直观，讲演结合，指导观察与思考 教学方法配合体现重点 灵活运用多种教学方法		照本宣科 不利用教材和教具 教学方法单一
	将概念和技能充分应用于日常情况 联系学过的材料		没有启发性 不注意知识的迁移
教学表达	教师的解释和指导均清楚并有系统 语言规范、简练、流畅 板书简要、工整、清晰、美观		教师的语言逻辑混乱 口齿不清、语速过快 板书杂乱
	抑扬顿挫、有激情		语调平板、不吸引学生
教师的学科知识	内容与科目相关且正确 教师掌握正确的应用技能 教师对学科的内容、应用及教学趋势有透彻的认识		出现科学性错误
教师态度及管理方式	教师教学投入、热情关心学生、有耐心		对学生冷淡、不耐烦
	师生关系融洽		教师是权威
	教师是指导者 用建议的方式解决纪律问题		用指责的方式解决纪律问题
学生情绪和课堂气氛	课堂气氛轻松活泼 学生情绪高涨，兴趣盎然		学生无精打采 气氛沉闷 师生缺乏交流
	活动的转换井然有序		课堂秩序混乱

在一些基层的课堂教学评价活动中，常常采用评价表的方式，把指标分为优秀、良好、合格、不合格几等，或者让评价者给每个指标按5分制的标准打分。为了避免不同评价者对每个等第的标准理解不一，评价表中应该列出对不同等第表现的描述作为参考。这种评价表指标以及标准一目了然，对于评价经验不够丰富的人员比较有帮助。但是这类评价只给出结论，对教师教学水平的提高难以有切实的帮助。着眼于教师发展的评价应避免采用这种简单的方式。发展性评价是对教师个人的教学水平和个人的进步所作的评价，而不是与他人作比较。所以，在使用评价表的同时，"质"的描述也是必不可少的。此外，课堂教学评价的标准不是一成不变的，好课的标准不是绝对而是相对的，探究教学法也不是适用于任何教学内容、任何课型的。因此，课堂教学评价还要根据学科特点和教学阶段选择适当的指标，而不是用划一的指标来评价不同类型的课，确定评价表时应当在充分考虑评课的目的、类型以及评价的对象基础上来编制或选用。

二、听课阶段①

（一）进入课堂

评价人员应该在上课开始前就进入教室，坐在教室的后面或角落里。这样既能看清学生和教师的活动，又能避开任课教师的视线，从而尽可能地减少对任课教师的压力和对学生视线的干扰，消除课堂听课带来的负面影响。

（二）听课记录

课一开始，评价人员就进入记录状态，将教师和学生的语言、行为、活动转换的时间记录下来。记录时尽量避免与教师和学生的目光接触，以免干扰教学过程。

听课过程中可以观察的内容很多，包括教学内容、教学方法、教学效果、课堂环境和课堂教学条件、课堂气氛等。要完整地记录教师和学生的一言一行是不可能的，记录内容必须根据评价的重点有所侧重和选择。还应及时把自己对教者某一教学环节的感受写在听课笔记相对应的地方，为评课准备好第一手材料。

经验丰富的评价人员比较重视记录教师的导入和过渡语、教师的提问、教师独特见解、教师对学生回答问题或完成情况的反馈、学生的提问、学生独特

---

① 唐晓杰等:《课堂教学与学习成效评价》，广西教育出版社2000年版，第50～51页。

的见解、典型错误、学生在听课时的表现、学生在小组活动中的表现、各项教学活动所用时间等。通过对这些内容的记录,可以分析教师的教学设计、教学方法和教学效果。例如,教师的导入和过渡语体现了教师对教学的设计和构思,经验丰富的教师都非常重视课的导入以及不同教学活动之间的过渡和衔接,力求流畅、自然、吸引学生的注意力和兴趣。再如,记录教师对学生回答问题或完成情况的反馈,可以看出教师是否贯彻了有效教学的一些原则:采取积极的态度肯定学生,理解和关注学生是如何学习的,以及他们学到了什么。

记录学生的回答和表现,可以了解学生的学习效果。记录上课开始的时间和各项活动实际占用的时间则有助于了解教学结构和时间分配以及授课者的授课重点。这包括:(1)计算教学环节的时间分配。要看教学环节时间分配和衔接是否恰当,要看有没有"前松后紧"或"前紧后松"的现象,要看讲与练时间搭配是否合理等。(2)计算教师活动与学生活动时间分配。在课堂教学中,教师应努力为学生的主动学习提供足够的自主学习的时间。一堂课必须有二分之一以上的时间让每个学生都能进入读书、思考、练习、交流等学习活动。在评课时就要看有没有教师占用时间过多,学生活动时间过少的现象。(3)计算学生的个人活动时间与学生集体活动时间的分配。要看学生个人活动、小组活动和全班活动时间分配是否合理,有没有集体活动过多,学生个人自学、独立思考和独立完成作业时间太少的现象。(4)计算优差生活动时间分配。要看不同层次学生活动时间分配是否合理,有没有优等生占用时间过多,后进生占用时间太少的现象。(5)计算非教学时间。要看教师在课堂上有没有脱离教学内容,做别的事情和浪费课堂教学时间的现象。

(三)记录方法

为了尽可能记录丰富的内容,课堂记录可以根据个人的习惯采用一些速记的方法,记一些关键词,起到提示作用,在课后整理时再及时补充使之完整。也可以采用符号作评论,如用"√"、"×"、"☆"分别表示学生回答正确、错误、有创意、鼓励等。对于一些实验课、技能课等也可采用图表记录法,将操作程序用流程图表示出来。

三、课后调研、整理阶段

(一)搜集学生反映

课堂教学效果如何,学生是最有发言权的。因此要评价一节课,除了听取教师讲课的过程和观察学生在课堂上的反应外,最好还要搜集学生的反映,特别是在诊断性评价或研究性评价中。听课教师在课后可选择几名不同层次的

学生进行调研，了解他们的体验和感受，这样，教师在评课时就会更加客观、科学。一是在课后发放问卷和调查表让学生填写，也可以借助于测试手段，也就是当上完课时，评课者出题对学生的知识掌握情况，当场做测试，而后通过统计分析，对课堂效果做出评价。在大样本的比较研究中用这种方法的比较多。二是课后与一些学生个别交谈，了解他们对所教内容的掌握程度，以及对教师教学方法的意见，例如可以将教师提出的问题变化一下方式来问学生，或者针对学生课堂上的回答或练习的答案进行反问：真的是这样吗？你能肯定是这样回答吗？或者举一个反例让学生辨析等等，主要目的是看看学生是不是真的掌握了。

（二）整理听课记录①

整理听课记录的主要任务有两个：一是理清课堂教学的结构和思路。听课记录也是评价者领会教师的设计思路和教学活动安排的过程，听课结束后，虽然作为评价人员，说出课堂教学的基本结构和基本思路不成问题，但是重新看一遍课堂记录，对课堂教学的过程和思路进行再次梳理仍然是必要的，有利于对教师的教学设计和结构安排作出统筹考虑和评价。二是把重要的细节补充完整。听课时，由于来不及把细节记录下来，只是大概地记一两个提示性的关键词，所以听课结束后要及时整理，时间一长就回忆不起来了，就会损失很多有意义的内容。三是针对听课重点对课堂记录表进行整理分类统计，得出结论。例如为了查明教师提问所涉及的学习水平，可将记录下来的教师的提问进行分类：识记和再认问题，归纳和推理性问题、创造性问题等，并统计各类提问的多少，从而看出教师提问存在的问题，作出合理的令人信服的评价。

（三）拟好提纲，确定评价重点

写提纲之前，应先对所听的课进行较全面的回顾，再看看教材，翻翻听课笔记，在认真分析的基础上，拟出评课的提纲，如本节课的优点或经验、主要特点、不足和需要探讨的问题、建议等。

四、评课阶段

如果不借助录像设备，仅仅依靠眼看、耳听、手记的信息，很难做到定量的评价，所以课堂听课评价以定性描述为主，必要时辅以量表评价。定性描述的评课主要从教学目标、教学内容、教学方法和手段、教学结构、学生参与情况和

---

① 唐晓杰等：《课堂教学与学习成效评价》，广西教育出版社 2000 年版，第 51～52 页。

学习效果等几方面阐明这节课的得失，既要有观点又要有依据，要体现这节课的“质”。为了突出重点，一般不作面面俱到的评价，而是选择比较有意义的、有典型性的方面作点评。评价还要从建议的角度，指出可供选择的改进做法。评课要想评出观点、评出水平，评出实效，必须遵循如下原则。

（一）评课遵循的原则①

1. 客观公正原则

评课应尊重事实，本着实事求是，客观公正的原则评价课堂教学。通过听课仔细观察授课教师的课堂教学行为，这是评课的主要事实依据。评课过程中采用的一些测评数据，必须是真实可靠的，没有任何情感因素和虚假成分。评课结论必须真实反映授课教师现有的教学业务水平，不能人为拔高或随意贬低。另外，评课人必须具备一定的教学理论与实践功底和评课经验，才能够科学、客观地分析评议他人的课堂教学。

2. 重点突出原则

尽管我们在前面谈到了评课可以从九个方面去进行，但这并不意味着评课要面面俱到。评课要体现主次分明、重点突出的原则。评课时切忌面面俱到，平均用力，主次不分。无论是教学中体现出特色的地方还是需要改进的地方，都应抓住问题的主要方面，结合实际教学过程，详细地进行分析评点；而次要的则宜简略地讲，点到为止。评课还应做到语言简洁，观点鲜明，条理清楚，重点突出。

3. 理论联系实际原则

评课要坚持理论联系实际的原则。评课既不是生硬的、泛泛的理论说教，也不是简单的、细琐的教学行为描述，而是一项理论性很强的实践活动。评课要注意理论联系实际，将教育教学理论与课堂教学环节紧密结合，围绕着“如何教”来阐明观点，切忌泛泛而谈和平铺直叙。例如有些评价者只给出优秀、合格、不合格这种简单的结论，或只说“不错”、“讲得比较熟练”，这种笼统的反馈意见，这些模糊的评语，对被评价者并没有多大的帮助。所以，评课不仅要有教育教学理论的科学铺垫，而且要有教学例子的有力论证，说好要指出好在什么地方，说不好也要指出不好在什么地方，做到夹叙夹议，这样的评课才具有说服力和感染力。例如，一位教师在评点一节化学课时说：“这节课有采用探究教学方法的意图，但教师没有调控好，表现在学生讨论时没有让学生充分

---

① 王洪录：《现代教学技能》，http://broadcase.chsnenu.cn/edu/chapter/ch06_4.asp，下载日期：2013 年 1 月 14 日。

发表意见，暗示太多，对学生回答中的错误也没有解释清楚，可能是因为课堂时间不够的原因。关键是在教学时间结构上安排还可以更合理一些。教学重点没有抓准，作为高一化学必修课，化学反应速率的计算只要求简单应用，然而你在教学中花了一半的时间进行化学反应速率的计算讲解和练习。这里只需要举一两个简单计算的例子和练习就可以了，重点应放在影响化学反应速率的因素及其在生活中的应用上。"

4. 激励性、指导性原则

评课要坚持激励性和指导性原则。评课者要以帮助、促进者的身份，站在授课教师的角度来考虑、分析问题，用诚恳的态度提出意见，充分肯定闪光点，以激励为主，对教学中出现的问题，从建议的角度，指出可供选择的改进做法。

5. 差异性原则

差异性原则要求评价时根据不同的课型、不同的受评对象，做到因课制宜，因人而异。如前所述，教学过程是极其复杂的系统过程，任何一种因素都会对上课产生影响，用一个标准或少数几个标准是无法进行教学评价的，而任何一个标准也不可能对所有的教学进行评价的。因此评课时要具体问题具体分析，针对不同的课型，采用适宜的评价标准。而对于不同水平的授课教师，评课的重点也要因人而异。例如对能力较弱的教师，评课的侧重点宜放在备课、上课等教学基本功是否扎实方面，评课的目的重在鼓励和引导他们尽快入门；而对教学能力较强的教师，评课的目的则是在充分挖掘、总结优秀教学经验的同时，全面深入地提出教学中仍存在的问题，使教学精益求精。甚至面对个性不同的授课教师，评价人采取的语气和评价策略也要相应改变，这就涉及评价的艺术性原则了。

6. 艺术性原则

评课要讲究说话技巧，掌握谈话的方法与策略。评课的语言要做到简明、易懂，避免晦涩、生僻，语气要平和谦虚，避免说教的口吻。评课还要注意人的心理变化，掌握评议的尺度。例如，对性格内向、自尊心强的，评课者宜采用委婉的语言指出问题所在，或者保留部分问题在私下交谈时再议。此外，评课者提出问题宜委婉含蓄；提出教学建议时，尽量使用商量的语气。评课者要以帮助、促进者的身份，站在授课教师的角度来考虑、分析问题，用诚恳的态度提出中肯的意见，这样的评课才能使授课者和听课者都乐于接受。

（二）注意事项

在掌握上述评价原则的基础上，评课时还应注意如下要点：

1. 及时反馈

通过评课及时获得有关教与学的反馈信息，判断教学过程是否有效，从而提高教学水平，这是评课利用反馈原理而起到的改进作用。因此听课结束后要“趁热打铁”，及时反馈。特别是需要使用评价表评分的评课，评课人的评分应当及时，如果评课时间拖延较长，就会产生对评课印象淡化，这样也会造成评分误差，因此，评课最好当堂打分。如果需要集体讨论后才能给予反馈，或者采用录像滞后评价方法，也必须抓紧时间，否则不仅会使接受评价的教师感到不安，也会因为不了了之、没有回音，时间一长，连教师也忘了你是针对他哪一节课、哪一个问题来说的，从而丧失了评课的意义。

2. 发扬民主

评课要发扬民主，调动每一个参与者的积极性，尊重每一个人的问题与建议，做到人人敢讲，畅所欲言。评课不能把授课教师排除在外，也不能仅仅由专家评，应该让所有参与听课的人都来评价，包括听课的学生。针对听课中出现的问题，评课者与授课教师通过充分的沟通与交流，民主讨论，可以使评课在不同层次、不同角度得到升华，让参与教师能博采众家之长形成一己之技。

3. 统一认识，统一标准

这一点是针对使用课堂评价量表进行评课而言的。因为评课是以评课人的主观感觉为评判依据的，由于评课人知识水平、教学能力、教学观念等不同，在评课中对某些问题会产生不同认识、理解，在评课时会造成认识上的误差，因此评课人在评课前应先学习评课要求，统一认识，统一思想，统一标准，将“量化”的过程中的误差降到最低。

第四节　评课技能的评价

如前所言，评课可采用定性描述与定量统计两种方式，同样，对评课技能的评价既可依据评课应遵循的原则进行“质”性点评，也可采用量表形式统计得分。或者将这两者结合起来使用。

表 14-3“评课技能评价量表”，就是以评课应遵循的原则作为评价标准编制的，其中一级指标中的量表设计可以省略，原因就在于评课可以只是“质”性的。因此，此表只作为评课技能评价时参考使用。

表 14-3 评课技能评价量表

评价指标		评价等级				
一级指标	二级指标	A	B	C	D	E
评课原则的掌握	客观公正,实事求是 兼顾整体,把握重点 理论联系实际,有理有据 语言精当,评议尺度适当 发现问题并提出解决方法或建议,指导性强					
评课量表的设计	指标体现评价目的 指标明确具体 分数权重分配合理					
总计						

注:每级赋值分别为A级90分～100分;B级80分～89分;C级60分－79分;D级0分～59分。

思考与练习

1. 什么是评课？评课的作用和类型？
2. 评课的内容和要求？如何评教学程序？
3. 评课的程序和方法。
4. 如何设计观察记录表和评价表？
5. 评课遵循的原则、注意事项。
6. 评课技能的评价方法。

参考文献

1. 刘舒生主编:《教学法大全》,经济日报出版社 1990 年版。

2. 孟宪恺主编:《微格教学基本教程》,北京师范大学出版社 1992 年版。

3. 郭友等编著:《教师教学技能》,首都师范大学出版社 1993 年版。

4. [美]德瓦埃特·爱伦、王维平著:《微格教学》,新华出版社 1995 年版。

5. [美]B. S. 布卢姆等编,罗黎辉等译:《教育目标分类学》第一分册,《认知领域》,华东师范大学出版社 1987 年版。

6. [美]D. R. 克拉斯沃尔、B. S. 布卢姆等编,施良方、张云皋译:《教育目标分类学》第二分册,《情感领域》,华东师范大学出版社 1989 年版。

7. [美]A. J. 哈罗、K. 卜辛普森编,施良方、唐晓杰译:《教育目标分类学》第三分册,《动作技能领域》,华东师范大学出版社 1989 年版。

8. [澳]C. Tumey, K. J. Eltis, etc: *Sydney MicroSkills*, GriffinPress Ltd., 1987。

9. 赵祥麟、王承绪编译:《杜威教育论著选》,华东师范大学出版社 1981 年版。

10. [美]B. S. 布卢姆等著、邱渊等译:《教育评价》,华东师范大学出版社 1987 年版。

11. 乔际平主编:《中学物理课堂教学设计的理论和实践》,高等教育出版社 1995 年版。

12. 荣静娴、汪思谦编:《中学物理课堂教学技能研究》,高等教育出版社 1994 年版。

13. 王耿海主编:《课堂教学技能微格训练》,吉林人民出版社 1998 年版。

14. 孟宪恺主编:《微格教学与小学教学技能训练》,北京师范大学出版社 1998 年版。

15. 胡淑珍等编:《教学技能》,湖南师范大学出版社 1997 年版。

16. 区培民著:《语文教师技术行为概论》,贵州人民出版社 1998 年版。

17.《北京教育学院学报》(微格教学研究专刊),1990 年、1992 年、1993 年、1994 年、1995 年。

18. 王琴:《课堂教学中的变化技能》,载《河南教育》2000 年第 7 期。

19. 李亚文:《谈教师教学的变化技能》,载《沈阳教育学院学报》2003 年第 1 期。

20. 孙立仁主编:《中学物理微格教学教程》,科学出版社 2002 年第 2 版。

后 记

信息技术微格教学，是信息技术教育专业以及从事信息技术教育的教师进行信息技术课堂教学技能训练的一门必修课程。该课程通过各项信息技术教学技能的训练，使学习者熟悉和掌握信息技术教师所必备的教学技能，为顺利适应中小学信息技术教育及教学工作打下基础。因此，本课程的开设对培养合格的信息技术教师具有重要的意义。

本书在参考了国内外有关微格教学研究资料的基础上，根据信息技术学科教学的特点，对各项信息技术教学技能的概念、作用、类型、应用和评价等作了可操作性的阐述，选择的典型案例，力图结合当前基础教育新课程改革的现状，以求与当前中小学信息技术新课程改革相衔接。

本教材的编写，得到了福建教育学院信息技术研修部及福建师范大学教育学院的教师及研究生的支持，杨宁、李呈林、陈凤斌、陈颖心、马子驎等同志参与本教材的编写和审阅。全书由黄宇星策划、改编、统稿。

本书的出版得到了福建教育学院“教育技术学”优势学科扶持项目的资助。在此一并表示衷心的感谢！

黄宇星

2014 年 2 月 10 日

图书在版编目(CIP)数据

中小学信息技术微格教学教程/黄宇星主编.—厦门:厦门大学出版社，2014.2(2018.4 重印)
(教师教育专业课堂教学技能训练系列教材)
ISBN 978-7-5615-4951-3

Ⅰ.①中… Ⅱ.①黄… Ⅲ.①计算机课—教学研究—中小学—师资培训—教材 Ⅳ.①G633.672

中国版本图书馆 CIP 数据核字(2014)第 017714 号

厦门大学出版社出版发行
(地址:厦门市软件园二期望海路 39 号 邮编:361008)
http://www.xmupress.com
xmup @ xmupress.com
厦门市金凯龙印刷有限公司
2014 年 2 月第 1 版 2018 年 4 月第 2 次印刷
开本:720×970 1/16 印张:18 插页:1
字数:313 千字 印数:3 001～5 000 册
定价:45.00 元